脱贫奔小康的

福建省中国特色社会主义理论体系研究中心 | 编

海峡出版发行集团 | 福建人民出版社
THE STRAITS PUBLISHING & DISTRIBUTING GROUP | FUJIAN PEOPLE'S PUBLISHING HOUSE

编委会

主　任： 邢善萍

副主任： 叶继革　许守尧　叶　燊　黄华康
刘宏伟

编　委：（以姓氏笔画为序）
吕宏波　苏俊和　吴功铭　张华荣
郑传芳　黎　昕　潘良镇　戴永务

主　编： 黎　昕

执　笔：（以姓氏笔画为序）
曲鸿亮　许维勤　张文彪　周道华
耿　羽　黄太勇　鄢木秀　谭　敏
黎　昕

前言

党的十八大以来，以习近平同志为核心的党中央从全面建成小康社会、实现中华民族伟大复兴中国梦的战略高度，把脱贫攻坚摆到治国理政的突出位置，提出一系列新思想新观点，做出一系列新决策新部署，全面打响脱贫攻坚战，推动我国脱贫攻坚取得了决定性成就，走出了一条中国特色的扶贫道路，彻底撕掉了千百年来困扰中华民族的“绝对贫困”的标签，为全面建成小康社会打下了坚实基础。

在治理贫困的过程中，福建经验极其具有典型意义。

福建是习近平总书记关于扶贫工作重要论述的发源地、实践地，习近平总书记的《摆脱贫困》一书就是基于宁德地区的实践而作。在书中，习近平提出了“弱鸟先飞”“滴水穿石”精神等重要观念和思想，展现了宁德在摆脱贫困的过程中涌现出的典型案例。

多年来，福建始终牢记习近平总书记的嘱托，大力传承和弘扬习近平总书记在福建工作期间的创新理念与重大实践，坚持“省负总责、市县抓落实、工作到村、扶贫到户”工作机制，形成了省市县乡村五级书记抓扶贫的工作格局，涌现出了大量鲜活的、具有推广价值的典型案例。鉴于此，福建省中国特色社会主义理论体系研究中心决定编写《脱贫奔小康的福建经验》以总结福建脱贫奔小康的典型经验，为中国特色的减贫事业贡献力量。

本书坚持以习近平新时代中国特色社会主义思想和习近平总书记关于扶贫工作重要论述为指导，采取“案例+点评”的方式，通过讲述福建在脱贫奔小康征途中的典型案例、首创案例、具有推而广之的经验等，对福建脱贫奔小康的经验进行提炼和总结。

全书主要分为五个部分。第一部分为导语，主要对福建脱贫奔小康的历程、做法、经验和启示进行总结和提炼。第二部分为第一章至第四章，主要反映福建在脱贫奔小康的实践中最具特色和习近平总书记特别关注的典型案例，如弱鸟先飞、滴水穿石的“宁德模式”，绿色发展、生态脱贫的“长汀经验”，东西协作共同发展的“闽宁模式”，区域协调联动发展的“山海经”等。第三部分为第五章至第七章，主要反映福建在脱贫奔小康的过程中，注重发挥改革牵引作用，创新机制助力脱贫攻坚的典型案例，如三明“348”工作机制、龙岩“九措到户”、资产收益扶贫机制、林票制、医疗改革助力脱贫攻坚、从福建走向全国的“科特派”制度等。第四部分为第八章至第十章，主要反映福建在脱贫奔小康过程中坚持精准施策，通过扶贫搬迁“拔穷根”的造福工程、发展产业扶贫脱贫、构建社会动员协同发力的扶贫格局等精准措施，实现全面脱贫的典型案例。第五部分为第十一至第十三章，主要反映福建在脱贫奔小康过程中，坚持以党建引领脱贫攻坚、扶志扶智激发内生动力、推进脱贫攻坚与乡村振兴的有效衔接，走具有福建特色的乡村振兴之路的典型案例。

我们希望通过对这些做法和经验的总结，为福建各地各部门持续推进和巩固拓展脱贫攻坚成果提供可学可用的参考，同时也为推动全国和人类的减贫事业提供借鉴。

目录

导语：福建脱贫奔小康的探索

> 民亦劳止，汔可小康。
> 惠此中国，以绥四方。
> ——《诗经·大雅》

消除贫困、改善民生、逐步实现共同富裕，是社会主义的本质要求，是我们党的重要使命。新中国成立以来特别是改革开放以来，我们党带领人民持续向贫困宣战，实施大规模扶贫开发行动，使贫困人口大幅减少，贫困群众生活水平显著提高，贫困地区面貌发生根本变化。党的十八大以来，以习近平同志为核心的党中央从全面建成小康社会要求出发，把脱贫攻坚作为实现第一个百年奋斗目标的重点任务，作出一系列重大决策和部署，全面打响脱贫攻坚战，中国的扶贫开发进入了脱贫攻坚的历史性阶段，迈进了精准扶贫精准脱贫的新时代。福建省认真贯彻落实习近平总书记关于扶贫的重要论述和中央决策部署，大力发扬“弱鸟先飞”“滴水穿石”精神，聚焦全面小康目标，全面实施精准扶贫、精准脱贫基本方略，深入开展脱贫攻坚，截至2019年底，全省现行标准下农村建档立卡贫困人口45.2万人全部脱贫，2201个贫困村全部摘帽，23个省级扶贫开发工作重点县全部达到退出标准，老区苏区生产总值增速、农村居民人均可支配收入增速均高于全省平均水平，少数民族聚居区、海岛等欠发达地区加快发展，援疆援藏援宁援甘扎实有效，是全国第7个基本消除现行扶贫标准国定贫困人口的省份，探索走出了一条特色鲜明的脱贫奔小康之路。

弱鸟先飞，滴水穿石，推进贫困地区扶贫开发

“弱鸟先飞”“滴水穿石”是习近平同志在《摆脱贫困》一书中倡导的一种精神、一种意识，这种精神和意识如影随形，始终像一条红线贯穿于福建扶贫开发进程中。

福建地处东南沿海，由于历史地理的原因，中华人民共和国成立后较长一段时期，福建建设投入少，基础设施落后，群众生产生活比较困难，特别是农村地区贫困人口发生率比较高。如何励精图治，发愤图强，以中国的繁荣昌盛为己任，在深化改革扩大开放的同时，以经济建设为中心，大力推进扶贫开发，在短时间摆脱贫困，走上繁荣富裕之路，就成为改革开放面临的一项重大而紧迫的任务。1984年6月24日，《人民日报》头版刊登一篇反映宁德地区赤溪村下山溪畲族自然村群众贫困状况的“读者来信”，并配发《关怀贫困地区》的评论员文章，在全国引起强烈反响。同年9月，中共中央、国务院发布《关于帮助贫困地区尽快改变面貌的通知》，从而拉开了全国大规模扶贫工作的序幕。福建历届省委省政府认真贯彻中央的路线方针和政策，从不同层面积极探索扶贫开发的政策措施和工作机制。在这些探索实践中，习近平同志当年在宁德地区的实践具有极其深远的意义。

宁德是当时福建经济最不发达地区，集革命老区、少数民族地区、边远山区、海岛地区于一体，也是全国18个连片贫困区之一，全区9个县有6个属于贫困县，其中贫困的情形、原因，几乎涵盖了全国所有贫困类型，扶贫开发任务非常繁重。1988年6月至1990年5月，习近平同志

任宁德地委书记期间，深入实际调查研究，带领闽东人民寻求脱贫致富之道。他提出，“扶贫先要扶志”，“‘摆脱贫困’，其意义首先在于摆脱意识和思路的‘贫困’。”确立“弱鸟先飞”的意识；他提出贫困地区的发展最根本的是要靠党的领导和人民群众的力量；提出要有比较明确的脱贫手段，要推广“一村一品”，提倡科技扶贫；要把脱贫与农村社会主义精神文明建设结合起来；扶贫要注意增强乡村两级集体经济实力，增强脱贫后劲；对于一些因连年病灾造成的特困户，要给予适当的救济补助，并扶持他们发展一些力所能及的生产经营项目；对于居住在山高偏远地方的少数民族，要制定一些扶持少数民族乡村发展的特殊、优惠政策，给他们以更好的帮助；要把发展林业作为脱贫致富的重要途径，完善林业责任制，健全林业经营机制，求得经济、生态、社会三大效益的统一。

习近平同志在闽东围绕摆脱贫困所进行的思考和探索，揭示了扶贫开发工作的客观规律，主要是基于共同富裕的社会主义基本价值理念，在党的领导下，通过各种资源灌输、要素调整和机制建构创新，激发和挖掘贫困群体的内生力量，使之逐步产生和扩大自我减贫能力和创造力，实现扶贫的机制化和脱贫的可持续化。

1996年5月，福建、宁夏两省区根据中央关于加快沿海地区经济发展和帮助支持中西部地区发展的战略思想和开展东西部扶贫协作的决策部署，决定全面开展闽宁对口扶贫协作。福建援宁群体在宁夏有效开展建井窖、坡改梯、发展马铃薯产业等对口帮扶项目，还运用福建扶贫易地搬迁的成功经验，进行移民吊庄试点，建设闽宁村，从极端贫困的西海固移民搬迁了几千户到银川附近，从根本上改善了这些群众的生产生活条件。经多年实践，闽宁对口扶贫逐渐形成“联席推进，结对帮扶，产业带动，互学互助，社会参与”的协作机制，取得突出成效。

1998年，福建省委做出山海协作全面部署，2001年初，省委省政府出台《关于进一步加快山区发展推进山海协作的若干意见》，就加快山区基础设施建设，改善山区生态环境，进一步加大对山区财政、金融政策扶持力度等方面做出具体规定。其后福建省又出台了一系列相关政策，完善和细化相关措施，形成山海联动、融合发展、持续缩小区域差距的有利态势，成为消除连片贫困的有力抓手。

1999年2月，福建南平率先推出科技特派员制度，得到时任省长习近平的肯定，并迅速在全省推广，实施“部门挂钩、资金捆绑、干部驻村”工作机制，提高贫困村脱贫致富的“造血功能”，有力地改变了贫困村贫穷落后的面貌。

20世纪90年代到21世纪初，习近平同志先后担任福州市委书记、福建省委副书记、省长，扶贫开发一直是他关心和重视的重要工作，福建省许多率先实施并且卓有成效的扶贫工作机制如造福工程、山海协作、干部驻村、挂钩帮扶、东西协作等都是在习近平同志亲自领导下，逐步实践总结形成的。这些工作机制的形成，标志着福建省走出了一条特色鲜明的扶贫开发新路子。习近平同志早年在福建工作期间的扶贫探索与实践，是中国精准扶贫、精准脱贫方略和思想的重要发源地，是决胜脱贫攻坚的宝贵经验，是习近平新时代中国特色社会主义思想的重要来源。

科学扶贫、精准扶贫，深入开展脱贫攻坚

党的十八大以来，以习近平同志为核心的党中央着眼于全面建成小康社会和实现中华民族伟大复兴的中国梦，坚持以人民为中心的发展思

想，作出了坚决打赢脱贫攻坚战的重大决策，实施精准扶贫精准脱贫基本方略。2014年11月，习近平总书记来福建视察时强调：加快科学扶贫和精准扶贫，支持和帮助贫困地区和贫困群众尽快脱贫致富奔小康，决不能让一个苏区老区掉队。福建省认真贯彻习近平总书记的指示，突出问题导向，注重发挥改革对扶贫开发的牵引作用，以“敢于担当”和啃“硬骨头”的决心和行动，深入开展脱贫攻坚，确保现行国定、省定扶贫标准贫困人口如期脱贫。

（一）改革创新，不断完善脱贫攻坚政策体系和长效机制

改革是实现中华民族伟大复兴的重要步骤。福建省在深入开展脱贫攻坚过程中，十分注重改革的牵引作用，通过深化改革，不断完善脱贫攻坚的政策体系和长效机制，确保中央政策的红利毫不走样地全部落实到基层、落实到每一个农民。

一是坚持政策引领，注重落实领导责任。福建省委自2013年召开九届九次全会专题研究部署扶贫开发工作以来，每年都召开一至两次全省扶贫开发工作会议，相继出台了一系列政策文件，形成扶持贫困户、贫困村、扶贫开发工作重点县的政策支撑体系，不断提高政策支持的效率和效益，发挥政策在全面取得精准扶贫精准脱贫实效上的合力和引导作用。制定出台《关于打赢脱贫攻坚战三年行动的实施意见》，全省建立省负总责、市县抓落实的领导体制，推进脱贫攻坚责任链闭环管理、无缝对接，构建横向到边、纵向到底的责任体系，形成省市县乡村五级书记一起抓扶贫的治理格局。全省纪检监察机关紧紧围绕习近平总书记提出的“六个精准”目标要求，以严明的纪律为打赢脱贫攻坚战提供坚强的纪律保障。

二是坚持深化改革，不断完善脱贫长效机制。第一，率先实施

造福工程易地扶贫搬迁。习近平同志当年在宁德就开启了造福搬迁的实践，创造了茅草房改造、连家船民上岸等行之有效的做法。1994年以后，福建省委省政府连续26年将扶贫搬迁列为为民办实事项目，把易地搬迁与新型城镇化、产业发展、完善公共服务、生态修复、乡村振兴相结合，实施大规模“造福工程”，釜底抽薪解决条件恶劣地区群众的居住环境问题。截至2019年，累计搬迁改造172万人，整体搬迁7300多个自然村。第二，强化山海协作和驻村帮扶。通过共建挂钩帮扶机制、共建山海产业园区、共建培育发展支柱产业、共同开展干部人才交流，不断提高精准服务的针对性和实效性，形成山海联动融合发展、持续缩小区域发展差距的有利态势。第三，深化东西部扶贫协作。按照“优势互补、互惠互利、长期协作、共同发展”的指导原则，探索形成了东西部扶贫协作的“闽宁模式”，从单向的扶贫解困，发展到经济合作、产业对接、互利共赢的新阶段，有效带动了当地经济发展和农民增收。第四，夯实村级组织基础。认真落实“四下基层”工作机制，按照“高位嫁接、重心下移、互动联动、一体运作”原则，坚持把选派驻村第一书记作为扶持贫困村发展的重要措施，围绕“党建带扶贫，扶贫促党建”，着力在抓引导、强班子、打基础、优服务、建机制、聚合力上下功夫，使党建优势转化为扶贫优势、党建活力转化为攻坚动力。十多年来，福建省从省、市、县三级累计选派1.6万名优秀年轻干部到1.1万多个贫困村和村级组织薄弱村担任党组织“第一书记”，每批任期3年，为改变贫困村面貌起了极其有力的作用。

三是接续推进全面脱贫与乡村振兴有效衔接。按照有利于激发欠发达地区和农村低收入人口发展的内生动力，有利于实施精准帮扶，逐步实现共同富裕的要求，积极探索打赢脱贫攻坚战和实施乡村振兴战略统筹衔接工作机制，在脱贫攻坚期内，通过集中统筹公共资源和社会资源，补齐贫困地区基础设施和基本公共服务短板，以乡村振兴巩固脱贫成果。积极探索缓解相对贫困、统筹解决城乡贫困问题等有效机制，推动减贫战略和工作体系平稳转型，建立长短结合、标本兼治的体制机制，走具有福建特色的乡村振兴之路。

（二）精准发力，真正做到扶真贫、真扶贫、真脱贫

福建省按照精准识别、动态管理、应进则进、应退则退的原则，以省定的扶贫标准为主要依据，综合考虑“两不愁、三保障”，采取进村入户、逐户走访摸底、实地察看核实的办法，重点把农民收入算清楚、算准确，同时通过“五看法”和“六看六比”等有效方法，深入核查、相互印证、科学识别，对全省的贫困人口、贫困村和扶贫开发工作重点县进行了全面建档立卡。坚持“输血”和“造血”并举，精准落实产业、就业、金融、健康、教育、低保兜底等扶贫措施，探索出了不少具有地方特色的扶贫经验，如“宁德模式”、三明“348”工作机制、龙岩精准扶贫“九措到户”、政和与屏南县小额信贷扶贫等。

一是推进产业发展与生态扶贫相结合。把绿色发展理念融入精准扶贫精准脱贫过程中，努力把生态优势转化为发展优势。加大贫困地区、生态敏感区、水土流失地区的生态保护和修复力度。长汀县以习近平同志对长汀水土流失治理作出的两次重要批示精神为动力，发扬“滴水穿石，人一我十”的精神，把治理生态与根治贫困结合起来，开展大规模的治山治水，生态文明建设取得显著成效，形成“长汀经验”。

二是推进就业扶贫与金融扶持相结合。加大以工代赈力度，安排专项资金支持各地开展技能培训，提升贫困户就业能力。实施扶贫小额贷

款贴息，解决贫困户贷款难、贷款贵的问题，让有劳力和劳力弱的家庭都能享受到金融活水带来的可持续扶贫效益。

三是推进产权制度改革与开展资产收益扶贫相结合。坚持把深化集体林权制度等改革与加快脱贫攻坚结合起来，积极组织和引导贫困户盘活宅基地使用权、集体林权、土地承包经营权等自有资产，将耕地、林地等流转到龙头企业或专业合作社进行规模经营，持续探索创新“借林”扶贫等一系列综合配套改革。

四是着力提升贫困地区基本公共服务水平。积极探索医疗保险精准扶贫机制，通过政府主导、商业运作，制定医疗保险精准扶贫政策，积极解决因病致贫、因病返贫等突出问题；探索低保与扶贫有效衔接机制，采取多种措施提高救助水平，全面落实困难残疾人生活补贴制度和重度残疾人护理补贴制度。

五是统筹推进疫情防控与脱贫攻坚。面对新冠肺炎疫情的影响，出台《积极应对新冠肺炎疫情影响决战决胜脱贫攻坚十九条措施》，聚焦老区苏区脱贫奔小康，积极克服新冠肺炎疫情对脱贫攻坚的影响，在支持贫困人口务工就业、加大产业扶贫力度、强化“三保障”和饮水安全、开展脱贫攻坚住房安全“回头看”、加强对贫困家庭学生居家学习跟踪指导、加强临时救助和兜底保障等方面，采取针对性措施，精准施策、精准发力，确保决战决胜脱贫攻坚，全面建成小康社会目标的如期实现。

（三）扶志扶智，充分发挥贫困地区群众的主体作用

习近平同志指出：“贫困地区的发展靠什么？千条万条，最根本的只有两条：一是党的领导；二是人民群众的力量。”加强和改善党的领导，发挥农村贫困群体摆脱贫困的主观能动性，一直是福建精准扶贫

精准脱贫工作的重要内容。多年来，福建省一方面强调要坚持政府主导、坚持统筹发展，坚持专项扶贫、行业扶贫、社会扶贫等多方力量，多种举措有机结合，互为支撑，加大政府投入和社会支持。“十二五”以来，全省各级财政共筹集60多亿元用于扶贫，在此基础上，2016年开始，福建每年按上年度地方一般公共预算收入的2‰筹集资金专项用于精准扶贫精准脱贫。同时，还鼓励各类企业通过多种形式带动贫困户创业、促进贫困劳动力就业、增加贫困户收入。开展“百龙联百村”活动，先后有150家省级重点龙头企业与151个村结对共建，投入资金14亿元，实现与精准扶贫的有效对接。另一方面则强调，贫困群众既是脱贫攻坚的对象，更是脱贫致富的主体。把激发贫困地区和贫困群众的内生动力，调动贫困地区和贫困群众的积极性，不断加大内生动力培育力度，作为精准扶贫精准脱贫的重要着力点。福建是全国著名的革命老区，红色文化资源十分丰富，福建在加大对老区脱贫攻坚政策资金支持的同时，十分注重用红色文化扶志，大力弘扬“滴水穿石”的攻坚精神、“弱鸟先飞”的进取意识，主动作为，坚决破除“穷自在”“等、靠、要”等懈怠思想，帮助贫困户掌握一定的实用、管用、有用生产技能，用现代科技致富。寿宁县下党乡下党村积极推动“互联网+TV”党媒精准扶贫模式，抓住茶叶和乡村旅游两个主产业，打造扶贫定制品牌“下乡的味道”，为消费者提供全流程可监控无污染的绿色新产品，有效地带动了建档立卡贫困户脱贫和村集体收入的增加。“中国扶贫第一村”赤溪村干群抛弃“要我脱贫”的被动想法，确立“我要脱贫”的积极进取观念，十年“输血”就地扶贫、十年“换血”搬迁扶贫、十年“造血”“旅游+产业”扶贫，因地制宜、精准发力，终于走上了脱贫致富的小康路，成为全国脱贫奔小康的典型。

思考与启示

党的十九大报告指出：从现在到2020年，是全面建成小康社会决胜期。紧扣我国社会主要矛盾变化，坚决打好精准脱贫攻坚战，是决胜全面小康社会的关键，是建成人民认可、经得起历史检验的全面小康社会的必然要求。改革开放以来，特别是党的十八大以来，福建省认真贯彻落实习近平总书记关于扶贫开发重要论述和中央决策部署，坚持精准方略，在思想认识、资源整合、政策支撑、制度保障、责任落实等方面精准发力，奋力推进脱贫攻坚，取得了显著成效。

福建的探索和实践给我们的重要启示是：

（一）脱贫攻坚必须坚持以人民为中心，共享全面小康

脱贫攻坚是以人民为中心发展思想的生动体现，是全面建成小康社会的底线任务和基本标志，是维护人民群众根本利益的重大民生工程和民心工程。只有始终坚持以人民为中心的发展思想，聚焦问题，精准发力，协调推进脱贫攻坚各项工作，才会在每一项具体的工作中做到真正贴近人民意志、体认人民意志、回应人民意志，让困难群众最大限度地获得实实在在的利益，尽快补上农村贫困人口脱贫这块经济社会发展最突出的短板，使全体人民朝着共同富裕方向稳步前进，共享全面小康。

（二）脱贫攻坚必须坚持全面深化改革，不断完善政策体系和扶贫开发长效机制

习近平总书记指出："改革开放是决定当代中国命运的关键一招，也是决定实现'两个一百年'奋斗目标、实现中华民族伟大复兴的关键

一招。”改革开放是当代中国进步的活力之源，是解决中国现实问题的根本途径。推进精准扶贫精准脱贫，深入开展脱贫攻坚，必须进一步深化改革开放，不断完善有利于贫困地区和扶贫对象加快发展的扶贫战略和政策体系，构建扶贫开发的长效机制。尤其须要处理好问题导向政策和目标导向政策的关系，中央扶贫开发政策和地方配套响应政策的关系，综合性精准扶贫精准脱贫政策和专门性政策的关系，精准政策设计和政策落地的关系。根据不同推进阶段出现的问题和目标任务，及时进行政策的更新调整，努力做到政策稳定性与灵活性的有机统一，确保中央政策的好处毫不走样地全部落实到基层，落实到每一个农民。

（三）脱贫攻坚必须坚持从实际出发，找准路子精准施策

习近平同志2012年12月29日至30日在河北省阜平县考察扶贫开发工作时强调：“推进扶贫开发、推动经济社会发展，首先要有一个好思路、好路子。”福建省的实践证明，贫困地区和贫困人口要实现真正脱贫，关键是要找准治穷致富路径，针对致贫原因，对症下药。贫困地区和贫困人口只要立足实际，廓清发展思路，找准主攻方向，发挥好比较优势，锲而不舍地干下去，完全可以加快发展，脱贫致富，走上共同富裕之路。

（四）脱贫攻坚必须坚持群众主体，激发内生动力

在现代社会，贫困问题不仅仅是一个经济问题，同时也是一个社会问题、政治问题、文化问题。这就要求我们在脱贫攻坚中充分运用辩证思维：既要见物，更要见人。全面小康不仅要实现物质上的必要丰富，更要实现人的全面发展，因此真正解决贫困问题决不能忽略群众的主观能动性。“治贫先治愚，扶贫先扶志。”扶贫，既要富口袋，也要富脑袋，要坚持以促进人的全面发展的理念指导扶贫开发，提升贫困群众教

育、文化、健康水平和综合素质，振奋贫困地区和贫困群众精神面貌。只有充分发挥政治优势、制度优势、文化优势，坚持扶贫与扶志、扶智相结合，正确处理外部帮扶与贫困群众自身努力的关系，把思想引导放到更加突出的位置，让积极向上的正能量成为贫困群众脱贫致富的良药，才能达到真正调动贫困地区、贫困群众的主体积极性，实现可持续发展的脱贫长远目标。

（五）脱贫攻坚必须坚持党的领导，强化组织保证

脱贫攻坚是党的十九大提出的三大攻坚战中对全面建成小康社会最具有决定性意义的攻坚战，是一场必须打赢打好的硬仗，是我们党向全国人民作出的庄严承诺。当前，脱贫攻坚成效巨大，但面临的困难挑战也同样巨大，需要解决的突出问题依然不少。因此，越是进行脱贫攻坚战，越是要加强和改善党的领导。强化组织保证，根本是要落实好中央统筹、省负总责、市县抓落实的管理体制，坚持发挥各级党委统揽全局、协调各方的作用，落实脱贫攻坚一把手负责制，省市县乡村五级书记一起抓，为脱贫攻坚提供坚强政治保证；要加强脱贫第一线的核心力量，建设好农村党组织，发挥基层党组织战斗堡垒作用，以更加昂扬的精神状态、更加扎实的工作作风，团结带领广大干部群众团结一心，坚定信心，顽强奋斗。唯有如此，才能夺取脱贫攻坚的全面胜利！

第一章 /

弱鸟先飞、滴水穿石的“宁德模式”

宁德曾是典型的老、少、边、岛、贫地区，1985年，全区人口274万，年人均纯收入不足150元的贫困人口有77.5万，约占全区农村人口的1/3，9个县中有6个是贫困县。

1988年6月至1990年5月，习近平同志任宁德地委书记，他以“摆脱贫困”为主线，系统地提出了“以改革创新引领扶贫方向、以开放意识推动扶贫工作”原则，大力倡导“弱鸟先飞”“滴水穿石”精神和“四下基层”作风等，推进扶贫开发。经过30多年扶贫攻坚，按现行脱贫标准，至2019年底，全市77.5万人脱贫，6个贫困县摘帽，实现了整体性脱贫目标。宁德扶贫的成功经验被称为“宁德模式”，成为习近平总书记扶贫开发战略思想的成功实践，也成为中国特色扶贫开发道路的一个典范。

“宁德模式”具有以下几个鲜明的特征：一是始终强调摆脱意识和思路的贫困，坚持扶志与扶智相结合，引导干部群众逐步破除“等、靠、要”等懒惰思想，激发内生动力，变外生性扶贫为依靠内生发展脱贫致富。二是始终坚持精准方略，瞄准主攻方向，突出工作精准、突出造福搬迁、突出产业带动，推行精准扶贫精准脱贫“664”工作机制，即干部帮扶、龙头带动、造福搬迁、信贷扶持、能力培养、社会保障“六到户”，领导挂钩、项目资金、扶持村集体经济、龙头企业结对帮扶、基础设施和公共服务配套、党建扶持“六到村”，资金扶持、山海协作、交通改善、城镇化推进“四到县”的工作机制，并鼓励引导社会力量参与脱贫攻坚，形成全方位发力的工作格局，推动精准扶贫精准脱贫落细落实。三是始终坚持因地制宜，创新扶贫开发方式，找准产业项目实施与贫困户受益的结合点，扎实开展“一村一品”“一户一增收”行动；创新金融服务，建立扶贫小额信贷风险基金池，有效地解决贫困群众发展生产缺资金的问题；创新科技帮扶，发动乡土人才与困难群众结对帮扶，带领群众脱贫致富。四是始终坚持“四下基层”的优良作风，推动重心下移。建立健全精准扶贫领导责任、一线帮扶、政策保障、财力投入、执纪监督、督促考评六项机制，形成党委、政府、部门、社会共同帮扶发展的责任体系，在全省率先成立精准扶贫督导室，坚持常态化监督和专项监督相结合，以铁的纪律助推脱贫攻坚取得实效。五是始终坚持“小康路上一个都不能少”的要求，加强少数民族地区发展，推进革命老区建设，全面落实扶贫兜底。六是始终坚持加强党的领导，把加强基层党组织建设作为打好脱贫攻坚战的“龙头工程”和核心来抓，突出领头雁引路，突出党员示范带动，紧扣脱贫攻坚，选好干部，配强班子，打造一支“永不走的扶贫工作队”。

宁德推进精准扶贫精准脱贫的探索实践，给决战脱贫攻坚、决胜全面小康社会提供了有益的启示：一是坚持党的领导、强化组织保证是开展精准扶贫与决胜脱贫攻坚的根本保障；二是坚持扶志扶智相结合，着力“拔穷根”，是开展精准扶贫、决胜脱贫攻坚的先决条件；三是实施精准滴灌与织密兜底保障相结合，着力“改穷业”，是开展精准扶贫、决胜脱贫攻坚的基本路径；四是发展区域经济与改善农村基础设施和生活条件相结合，着力“挪穷窝”，是提升造血能力、摆脱贫困的重要突破口；五是落实扶贫责任与推进共同富裕相结合，着力“摘穷帽”，是开展精准扶贫、决胜脱贫攻坚的重要目标；六是接续推进脱贫攻坚与乡村振兴的有效衔接，是巩固脱贫攻坚成果，以精准帮扶促进逐步共同富裕的战略任务。

1 “中国扶贫第一村”

——福鼎市赤溪村的发展变迁

有着“中国扶贫第一村”之称的赤溪村，是闽东大山深处的一个畲族行政村。这个只有400多户1800多人的小山村，是习近平总书记十分牵挂的地方。2015年1月，习近平总书记曾作出重要批示，盛赞赤溪干部群众“艰苦奋斗、顽强拼搏、滴水穿石、久久为功，把一个远近闻名的‘贫困村’建成了‘小康村’”。2016年春节期间，他又通过人民网同当地干部群众进行视频连线，并亲切寄语：“我在宁德讲过，滴水穿石，久久为功，弱鸟先飞，你们做到了。你们的实践也印证了我们现在的方针，就是扶贫工作要因地制宜，精准发力。希望赤溪村再接再厉，在现有取得很好成绩的基础上，自强不息，继续努力。”

赤溪村有何神奇之处？这个村虽地处福建东南沿海地区，却被绵延的群山阻隔，长期交通不便，信息闭塞，林地众多，耕地匮乏，村民常年缺衣少食，“地瓜苦菜是主粮，一碗盐水做成汤”。

这只人均年收入不足两百元的“弱鸟”，是如何实现先飞的？

“挪穷窝”“拔穷根”，搬出一片新天地

如今，当我们走进赤溪村，映入眼帘的是一个山环水绕、空气清新、充满活力的美丽乡村。全长700多米的长安新街两旁是一栋栋白墙黛瓦的楼房，与村外绿意绵延的茶山交相辉映，构成一幅美丽的山乡村居图。在这条村中主路上，不仅可以找到白茶店、特产店、农家乐、小

◎下山溪村民居住的茅草房

◎赤溪村新貌

超市等各种商铺，而且宽带服务中心、快递收发点、金融服务点等各类便民设施也一应俱全。

远处新建的大型停车场、七彩农场、蝴蝶生态园和各式休闲度假山庄等错落分列于碧波盈盈的九鲤溪两岸。每到周末或节假日，纷至沓来的游客更为山村注入了人气与活力。

但你肯定想不到，就在20世纪80年代中期，赤溪村还是另一番景象：路无一丈直，地无一尺平，村民们分散居住在14个“五不通”的偏远自然村，过着“家家竹木屋、顿顿揭锅难”的艰辛生活。其中下山溪自然村更是一个“挂”在半山腰的小村庄，22户村民的房子，无一不是紧贴着悬崖峭壁而建，瓦残木朽，一下大雨，室内滴漏不停，还有几户住的甚至是需要每年翻修的茅草房。

1984年6月24日，《人民日报》头版刊登了一封反映赤溪村下山溪畲族自然村群众贫困状况的“读者来信”和《关怀贫困地区》的评论员文章，引起党中央的高度关注和全国各地的强烈反响。

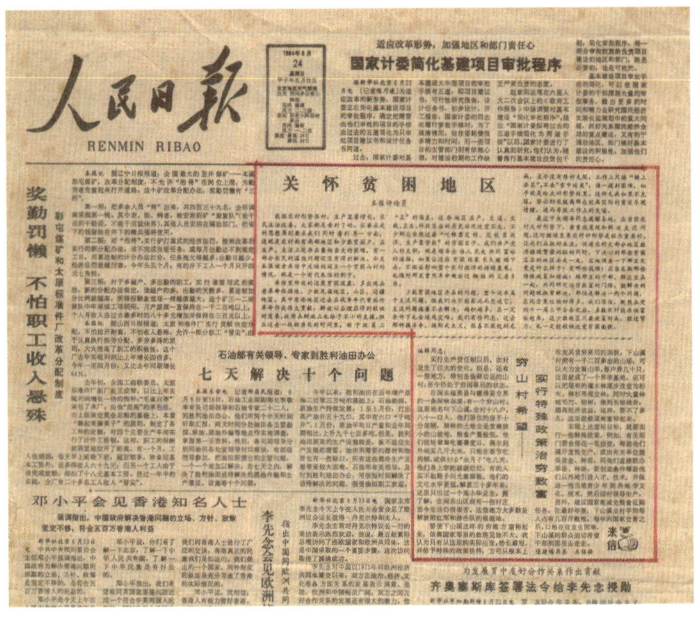

人民日报

RENMIN RIBAO

国家计委简化基建项目审批程序

关怀贫困地区

奖勤罚懒 不怕职工收入悬殊

七天解决十个问题

穷山村希望——实行特殊政策治穷致富

邓小平会见香港知名人士

齐奥塞斯库签署法令给李先念授勋

◎1984年6月24日人民日报一版原样

穷山村希望——实行特殊政策治穷致富

编辑同志：

实行生产责任制以后，农村发生了巨大的变化。但是，还有一些地方，特别是偏僻边远的山村，至今仍处于穷困落后的状态。

在闽东福鼎县与霞浦县交界的一条深峡谷里，有一个穷山村。这里地名叫下山溪，全村十八户，八十一口人。他们居住的房子十分简陋，耕种的土地全是贫瘠狭小的山坡地，粮食产量极低。他们祖祖辈辈吃蕃薯度日，偶尔到外地买几斤大米，只能在春节吃两顿，或供妇女“坐月子”吃几天。他们身上穿的破破烂烂，有的人买不起鞋子而光着脚板。他们的文化水平更低。解放三十多年来，这里只出过一个高小毕业生。据了解，在闽东山区尚有一些村庄至今生活仍很艰苦。这些地方大多数是解放前红军和游击队的根据地。

要使下山溪这样的穷地方富裕起来，依靠国家零星的救济见效不大。我认为只有从这里的实际出发，扬长避短，并给予特殊的政策扶持，方可从根本上改变其贫穷落后的面貌。下山溪村拥有一千二百多亩的山场，可以大力发展山羊，每户养几十只，这里就成了一个养羊基地。还可以把现有的灌木林逐步改变为杉木、柳杉等混交林；同时大量种植毛竹、棕树，做到长短结合，提高经济效益。这样，要不了多久，这里就能逐渐富裕起来。实现上述富裕目标，就要实行一些特殊政策，例如，有关部门要舍得花一笔投资，帮助他们搞开发性生产，或由有关单位提供资金、种苗，同他们直接联办羊场、林场。要创造条件帮助他们从外地引进人才、技术，并保送一些当地青少年到外地学文化、技术，然后回村领导生产。另外，建议国家能减免粮食征购任务。在最好年景，下山溪全村平均每人占有几百斤粗粮。每年向国家交售之后，口粮往往发生困难。下山溪的群众迫切希望干部到那里去走走。

福建福鼎县 王绍据

如何才能摆脱贫困？最初的办法和社会上的关怀，思路基本一致：送钱、送物。于是，“输血”开始了——福鼎县各个部门筹措资金，为下山溪22户村民每户送来3只羊和一些树苗、鸡苗。然而这种救济式扶贫的结果却不尽如人意：精心饲养的羊羔，不到一年损亡殆尽；年年栽下的树苗，由于山地太薄不长根，年年种年年死。

“输血”不治本、“穷根”依旧在。只有“挪穷窝”，才能“拔穷根”，对这些偏远山区贫困户实施有计划的搬迁，就成为改善贫困群众生产生活条件、实现脱贫致富的必由之路。

1995年5月，赤溪村下山溪22户88位畲民成为福建省第一批整村搬迁“造福工程”实施对象，他们告别了山上低矮破旧的茅草屋，整村迁到处于赤溪中心村地带的砖混结构的两层新楼房。此后20多年间，12个自然村地处偏僻的350多户群众，也分三期陆续搬至赤溪中心村，住进了宽敞明亮的砖瓦房。如今，赤溪中心村的规模已达1500多人。

◎1995年5月赤溪村下山溪自然村乔迁庆典现场

随后，各项基础设施建设也开始提速，通过政府出一点、社会资助一点、村民出一点和群众投工投劳的方式，赤溪村先后完成了通村公路、饮水安全工程、电网改造等基础设施建设。1996年，桑园水电站建成，赤溪村结束了不通电的历史。扶贫搬迁大“换血”，大大改善了村民的生产生活条件。

2009年，赤溪村被福建省委省政府确定为省级整村扶贫开发重点村，从2011年开始由福建省民族与宗教事务厅开展为期三年的挂钩帮扶。“造福工程”的实施，成为赤溪村从根本上摆脱贫困、改变命运的开始。

因地制宜抓产业，绿水青山喜成金山银山

搬迁成功了，生活环境改善了，孩子们也有学上了，不用再顿顿都吃地瓜米了。但新问题又来了：靠着人均不足1亩的土地，如何“稳得住”“能致富”？

赤溪村牢记习近平同志在宁德工作时提出的“抓山也能致富，把山管住，坚持十年、十五年、二十年，我们的山上就是‘银行’”的创新理念，确立了“生态立村、旅游富民”的目标，在生态优势和山地资源上做足了文章，背靠太姥山风景区，把整个村庄变成旅游景点，村就是景，景就是村。从2004年起，赤溪村相继引入和开发了九鲤溪竹筏漂流、真人CS野战基地、七彩蝴蝶园、杜氏生态农庄、天韵生态茶庄园、生态峡谷探险以及高空遨游、沙场健身、耕乐体验等一系列生态休闲旅游项目，日益成为闽浙边界游客钟情的旅游热点和村民增收致富的聚宝盆。

聚焦畲族文化，发展民族风情旅游业，是赤溪村脱贫方式的新升级。赤溪村在推动旅游富民的过程中，注重挖掘畲族文化、红色文化，聘请省内一流的设计单位编制村庄规划，通过改造提升赤溪老街及水街古村落等建筑，突出乡土特色和地域民族特点，着力打造融畲族文化、

养生健体、田园风光和生态农业于一体的畲族村寨。随着全村房屋立面改造，及“民族团结和谐”主题公园、扶贫博物馆及展览中心、杜家堡畲族古村落遗址、旅游集散中心项目二期（游服中心工程）、狐狸岗玻璃观景栈道及景观索桥、畲家客栈、环村防洪堤和沿溪景观带的建设，村在景中、景在村中、缘山近水的优美景色更加醉人。

慕名而来的浙江游客陈华在游览狐狸岗玻璃观景栈道后说：“在栈道上行走，近可手触白云，远可俯瞰万重大山，赤溪村和九鲤溪的美景尽收眼底，真是不虚此行。”

一业兴带动百家富。因为生态美、畲族风情浓，赤溪村的乡村游方兴未艾，2019年，赤溪村共接待游客27万人次，旅游相关产业收入达2160万元，占全村产业收入总额的一半。村民们增收的路子也越走越宽，山地农业、乡村体验、餐饮住宿、旅游产品、劳务服务……越来越多的农户足不出村就实现了就业，腰包逐渐鼓了起来，如今，全村年收入稳定在10万元以上的约有180户。村里还通过出租土地、外包鱼塘、入股公司和合作社等，不断增强村集体经济造血功能。

“自然生态是赤溪村的优势，生态旅游、观光农业发展对整个环境、资源不会破坏。”福鼎市农业局下派到赤溪村担任第一书记的王纯华表示，将着重把村庄打造得更加优美，让游客来这边看到的都是山清水秀。

筑牢堡垒强活力，扶志扶智奔小康

农村要发展，农民要致富，关键靠支部。抓好以村党支部为核心的村级组织建设，选好配强村“两委”班子，扶贫工作也就有了坚强领导核心。

为此，福鼎市通过下派驻村第一书记、选派优秀大学生村干部、做好村两委换届、落实“四强四引领”党建工作机制等措施，不断强化村“两委”班子整体水平及找政策、找项目、引资金的能力，同时实行目标管理，设岗定责，把各个扶贫重点项目分解落实到村“两委”成员和党员骨干身上，公开承诺，接受监督，强化以党支部为核心的村级班子的战斗力和带动力。

队伍建强了，干部心齐了，发展也就有了凝聚力。村党支部以“党支部+合作社+基地+农户”模式，带领村民成立了7家农民专业合作社，发展名优水果、珍贵苗木、油茶、淡水养殖、食用菌等，并针对村里相对贫困的村民，因人施策，通过结对子、补助资金、土地入股、提供公益岗位等方式，让他们参与进来，有了一份稳定的收入。

◎食用菌生产

为了斩断代际贫困链，彻底消除贫困现象，村党总支除了加强与群众的沟通与交流，定期组织村干部入户走访，了解、收集村情民意，及时解决村民的实际问题外，还注重观念脱贫，着力转变贫困群众“等、靠、要”想法，引导村民进一步解放思想、更新观念，做到自力更生、自强自立。他们十分重视有文化知识的年轻人在观念脱贫方面的“头雁”效应，尊重和鼓励他们的创业精神，通过金融扶贫等渠道帮助40多位大中专毕业生回乡创业及就业，探索“电商扶贫”等新的产业模式，让村民们既开阔了眼界，又获得看得见、摸得着的实惠。他们还委托赤溪小学兼办“农民文化技术学校”，开通远程教育平台，开设科技培训班、电子商务室，特邀有关专家或职能部门负责人到校，开展旅游礼仪、餐饮服务、茶叶种植、淡水养殖、果树栽培等项目授课和指导，不断提升村民整体的造血功能。

赤溪村还致力于补齐民生基础设施短板，加强医疗设施保障，行政村原有卫生所在开展“海云”工程的基础上，扩建成为镇卫生分院，基本做到小病不出村、大病能治疗，防止“辛辛苦苦奔小康，一场大病全泡汤”的返贫现象出现。

30多年来，从单纯依靠外界支援，到下山移民、集中居住，再到当前通过农旅结合，带动村民增收致富，赤溪村经历了从“输血”、“换血”到“造血”的转变。如今，赤溪村已经走上奔小康的道路，农民人均纯收入从1984年的166元增长到2019年的22698元；村财收入从1984年的负债10多万元到2019年的130万元；人均住房面积从8.4平方米的“茅

◎中国扶贫第一村

草屋与木瓦房”升级为人均42平方米的“砖混结构房”；通村公路从无到有，总里程达58.6千米。“中国扶贫第一村”的名号被大家自发地写在了村口的石碑上，写在了店面的招牌上，也写在了每一块待售的茶饼上。

点评

赤溪村在党的扶贫政策的支持下，历经十年“输血”就地扶贫、十年“换血”搬迁扶贫、十年“造血”“旅游+产业”扶贫的艰苦历程，走出了一条“旅游富村、农业强村、文化立村、生态美村”的精准扶贫路子，实现了从集“老、少、边、穷”于一体的贫困村向小康村的华丽转身。

赤溪村的脱贫之路是福建省艰苦奋斗、摆脱贫困、全面建成小康社会的一个生动缩影，是“宁德模式”的一个经典范例。2016年2月16日，习近平总书记通过人民网视频连线赤溪村干部群众，指出：“它（赤溪村）的历程就是我们全国扶贫的一个历程，我们要很好地总结，而且要不断地向全面建成小康社会继续努力。”赤溪村的实践告诉我们，扶贫开发是一项长期而艰巨的工程，只要继承和发扬滴水穿石的精神，咬住青山不放松，自强不息、艰苦奋斗、顽强拼搏，就一定能取得实效。

“弱鸟可望先飞，至贫可能先富。”赤溪村的实践也印证了党的十八大以来，以习近平同志为核心的党中央提出的精准扶贫方略的科学性和实践力量。赤溪村之所以能够由一个远近闻名的“贫困村”变成“小康村”，一个根本原因就是坚持从实际出发，因地制宜；精准发力，注重“输血”扶贫与“造血”扶贫相结合，注重绿色发展与生态富民相结合，注重扶志扶智与脱贫攻坚相结合，把基层党组织建设成为带领群众脱贫致富的战斗堡垒。

2 从特困乡到美丽乡村

——寿宁县下党乡精准扶贫脱贫之路

寿宁县下党乡，这是一个让习近平总书记深情牵挂的地方。它地处闽东大山深处，曾是宁德地区四个省定特困乡之一。1988年建乡时，人均收入还不到200元，贫困率达到70%，是福建省唯一的无公路、无自来水、无照明用电、无财政收入、无办公场所的“五无乡”。习近平同志在闽工作期间，曾三进下党调研指导扶贫工作，留下了“异常艰苦、异常难忘”的印象。经过30年的不懈奋斗，下党天堑变通途，旧貌换新颜。2019年8月4日，习近平总书记给下党乡的乡亲回信，祝贺他们实现了脱贫，并希望他们继续发扬滴水穿石的精神，努力走出一条具有闽东特色的乡村振兴之路。

破瓶颈，以干得助找“出路”

“车岭车九天，九岭爬九年”，这是当地百姓形容过去寿宁县山路崎岖、跋涉艰难、被人视为畏途的一种说法。下党是寿宁县西部最偏远的山乡，距县城45千米，1988年建乡时，没有一条公路，老百姓的生产生活用品全靠肩挑背驮；没有电灯，“朝迎山村风寒，夜伴泥塑灯盏”。当地群众有“三怕”：一怕生病，二怕挑化肥，三怕养大猪。因此，通公路，就成了一代又一代下党人的梦想。寿宁县历届党政领导也强烈意识到，没有路，就走不出真正的“脱贫路”。

时任宁德地区行署专员陈增光谈过一件事：1989年7月19日，时任

◎改革开放前的下党村村口旧貌

◎建乡初期的下党卫生院

◎下党新貌

宁德地委书记的习近平同志第一次到下党调研，当时从地委到下党，用了好几种车，先是我们的小车送到寿宁县城，后来是军用吉普车送到岔头坂，然后就没有通车的路了，大家只好沿着山路往下走，一直走了两个多小时。当时下党没有办公用房，习近平同志一行到了下党，就在那座叫鸾峰桥的廊桥对面的小学校开办公会。最后决定支持下党乡建设资金72万元，主要用于修公路、建电站，以尽快解决生产生活用电和交通问题。此后，1989年7月26日和1996年8月7日，习近平又两次来到下党，看望慰问当地群众，研究解决发展难题。

◎下党鸾峰桥

30年来，下党人忘不了当年习近平同志三进下党，对下党的关怀和恩情。他们不等不靠，用实际行动赢得各级各部门和社会各界更多的帮助，先后兴办了水、电、路、通信等基础设施，面貌焕然一新。

1991年，寿宁县芹洋乡溪源村至下党乡总长12.6千米的公路建成通车，成为下党乡第一条通乡公路。下党乡下屏峰村至下党村全长9.3千米的公路也贯通。之后，下党至浙江庆元县龙溪乡的16千米跨省公路，下党至碑坑、曹坑、西山、葛垅等村的出村公路又陆续开通，结束了下党人出乡肩挑背驮的历史，打开了下党通往外界的通道。

2015年，寿宁县决定对杨溪头至下党村公路进行拓宽，全线浇注水泥，但公路拓宽涉及杨溪头近百户群众30多亩茶园、果园及林木。群众提出，不要一分补偿，全部无偿捐献。工程开工之后，建设工地热火朝天，群众义务投工投劳，帮助清理边沟、加固路肩。2018年1月，下党至杨溪头及杨溪头到浙江界的公路水泥硬化工程贯通，制约农村发展、农业增效和农民增收的瓶颈问题终于得到解决。

如今的下党乡，有5条进乡公路、10条通村公路。通畅的道路使下党乡自身的特色产业得到了发展的机会，老百姓不仅生活方便了，返乡创业也变得更加容易。

树品牌，打造“下乡的味道”

路通了，就业创业的空间大了，但外出务工和人口的外流等，也导致大部分村庄空心化。如何改变这种状况？根本之策是因地制宜，发展产业，促进农民增收致富。

茶叶，是下党最大的土特产资源。下党乡山青水绿、云雾环绕，具备良好的高山茶生长环境，全乡有6008亩茶园分布在海拔500~900米山间，且土壤富含硒、锌等微量元素，茶叶质量好。

可酒香也怕巷子深，下党优质的农产品，如何走出去？

2014年4月10日，《人民日报》海外版刊载了一篇《下乡的味道》文章，对习近平总书记在下党乡调研的细节进行了报道。时任下党村驻村第一书记的曾守福看到后，萌发了一个想法：何不尝试着将“下乡的味道”打造成一个品牌，把习近平总书记为民服务的故事、思想和情怀延续下去？经过深入调研，2014年9月，下党村以“下乡去，尝尝下乡的味道”为广告语，注册了“下乡的味道”多类商标使用权，并得到了国家商标局授权。以“下乡的味道”为品牌，下党村随即探索创新了中国第一个可视化扶贫定制茶园项目。

所谓定制茶园，就是将原来一家一户零散的茶园进行整合，推出600亩扶贫定制茶园，利用互联网和物联网技术，以每亩茶园每年租金2万元、合同期5年的形式，面向全国招募茶园主。通过参与这个项目，茶园主每年可获得100斤生态茶叶回报，茶农每年每亩茶园可增收4000元左右，村“两委”以茶叶加工包装费、管理费等形式可增加村财收入10万元以上，可谓一举三得。

很快，村里成立了蓉党茶叶种植农民专业合作社，注册了梦之乡农业综合开发有限公司，在1600多平方米的标准化厂房内，安装了8个探头，在300亩茶园上架设26个探头，开发24小时直播的可视化系统和农产品可追溯系统。茶园主通过APP客户端，就可随时点击查看茶园种植管理和茶叶生产加工状态，让产品实现可追溯。

◎定制茶园

蓉党茶叶种植农民专业合作社合伙人王菊弟说：“可视化扶贫定制生态茶园这个项目，建立起了从茶园到茶杯的产品可追溯体系，消费者、市场都比较认可。目前全村600亩茶园都已经被定制，能带来1200万元的产值。”茶产业已经成为下党村村民的主要收入来源，得益于此项目，村民的收入与之前比，每亩地增加了4000多元。

2016年，“下乡的味道”扶贫定制茶园案例被列为“国务院扶贫办精选12则精准扶贫典型案例”之一，并进行推广。“下乡的味道”迅速形成品牌影响力，下党乡茶叶通过扶贫定制模式销往全省甚至全国。同时，山茶油、脐橙、地瓜扣等当地特色产品，也加入到“下乡的味道”产品队伍中来，实施可视化定制模式。

如今，通过品牌合作、品牌授权、品牌入股等方式，村集体收入也大大增加。2014年以前，下党村的村民人均年收入仅4200元，村财收入为零。而到2017年，下党村村民人均纯收入增加到12500多元，村财收入达到23.3万元，带动全村31户建档立卡贫困户全部脱贫。

拓思路，建设“中国红色旅游新地标”

结合精准扶贫，推动乡村振兴，以讲好“下党故事”为抓手，以“突出作风建设永远在路上”为主题，把下党建设成为“中国红色旅游新地标”，是下党乡发展的新定位。

在“难忘下党”主题展馆内，下党乡党委书记项忠红每天都要接待前来参观、学习、调研的客人。她说：“过去交通闭塞，思路也保守，免不了有‘等、靠、要’的思想，在村庄发展上只盯着自己的一亩三分地，不了解外面的世界。现在，交通四通八达，通信实现了Wifi全覆盖，发展了电商。村民们接收到各种新鲜信息，‘我要发展’的意识越来越强了。”

近几年，下党乡通过“修缮一条连心路”“升级一批旅游景点”“提升一堂课内涵”“策划一批富民项目”“培育一批新型产业”“完善一批基础设施”等6个方面，着力提升红色旅游内涵，打造“清新福建、难忘下党”品牌，努力把下党乡打造成党风建设的展示基地、群众路线的教育基地、摆脱贫困的实践基地。目前，下党乡已策划实施30个红色旅游配套项目，其中停车场、污水排放系统、公用卫生配套设施、乡卫生院、城市果园等项目已完工。下一步，他们还将以“下乡的味道”为示范品牌，借助电商平台，精心构建“互联网+红色旅游+乡村旅游”的发展模式。

下党乡百姓的日子越过越红火，八方游客也纷至沓来。仅2019年，到下党乡的游客就达18.5万人次，有效带动了民宿、农家乐等第三产业的发展，为村民直接增收900多万元。

2016年，下党村村民沈有花抱着试试看的心态，把自家房子重新设计改造后，在村里开了第一家民宿——“85民宿”。“之前没有人做，投进去的钱能不能收回来，能不能赚到钱，一开始我心里也没底。”如今，“85民宿”每年都能为沈有花带来几万元的收入，起初的疑虑变成了收获的喜悦。

45岁的下党村村民王光栋是下党民宿协会的会长，前些年，借助旅游产业的兴起，在外务工的他返乡在下党新村盖起了一栋450平方米的4层楼房做民宿，取名“如归民宿”，每年都有4万~8万元的盈利。随着外来游客的增多，2018年，他又与人合资创办了“下党的味道”餐馆，带动5个村民就业。餐馆开张以来，多的时候，每天有200多个游客，一年下来，盈利20多万元，他个人分红5万元以上。

“我们家的变化是下党乡发展变迁的一个缩影。”王光栋感慨地说，如今他们4个兄弟都住上了宽敞明亮的楼房，不仅家庭富裕了，还培养出了好几个大学生。

目前，下党有民宿20多座200多个床位，农家乐9家，可同时接待1200多人。2018年，下党乡实现脱贫“摘帽”，全乡建档立卡贫困户117户508人全部脱贫。农民的人均纯收入也从1988年的186元增长至2019年的14777元，曾经的“五无乡”变成了现在的“幸福乡”。

点评

三十多年接续奋斗，三十多年旧貌换新颜。如今，下党乡的路通了、村美了、民富了、发展后劲更足了。从偏远的“闽东西伯利亚”到生机勃发的“红色旅游新地标”，下党乡的变化翻天覆地。

2019年8月4日，习近平总书记得知下党实现了脱贫，乡亲们的日子越过越红火，非常高兴。他在给寿宁县下党乡的乡亲们的回信中写道：“‘车岭车上天，九岭爬九年’。当年‘三进下党’的场景，我至今还历历在目。经过30年的不懈奋斗，下党天堑变通途、旧貌换新颜，乡亲们有了越来越多的幸福感、获得感，这生动印证了弱鸟先飞、滴水穿石的道理。”并“希望乡亲们继续发扬滴水穿石的精神，坚定信心、埋头苦干、久久为功，持续巩固脱贫成果，积极建设美好家园，努力走出一条具有闽东特色的乡村振兴之路”。

下党的经验表明：脱贫攻坚既需要政府和社会的大力支持，更需要贫困地区干部群众增强主人翁意识。习近平同志三进下党，谆谆话语、殷殷嘱托，在下党人心中树起了摆脱贫困的坚定信心，使他们不等不靠，不怨天尤人，干部群众齐心协力，以滴水穿石的韧劲，在绝壁上修路、在大山中谋发展，靠着经营茶园、发展旅游和现代农业，实现了脱贫致富。不耻落后的自强意识，对摆脱贫困、追求幸福生活的渴望与热情，是下党发展的不竭源泉。

3 “贷”动农户脱贫帽

——小额信贷扶贫的“屏南经验”

屏南县地处闽东山区腹地，境内山多田少，是福建省省级扶贫开发重点县。2014年11月成为全国第二批34个农村改革试验区之一，承担扶贫开发综合改革试点任务。在扶贫开发的试验田里，如何做到精准，实现能“造血”、见实效、可持续？

金融扶贫成为突破口。

屏南县针对小额贷款到户难、政策与农户对接不到位、长期以来贫困户资金需求得不到满足而无法实现自身“造血”的实际，搭建从县到

◎屏南县建立金融扶贫服务中心

村的小额信贷三级联动平台，实现金融扶贫不出村；创新推出三种金融扶贫模式，让有劳力和劳力弱的家庭都能享受到金融活水带来的可持续扶贫效益。2016年，福建省委省政府将小额信贷扶贫创新列入为民办实事项目，在全省推广。

创新担保贷款机制，实现贫困户贷款便捷可得

缺乏资金一直是农民创业致富最难突破的瓶颈，对于贫困户来说更是如此。如何才能让贫困户也能贷到款?

2007年，屏南县在全省率先探索建立扶贫小额贷款促进会，将省级扶贫小额信贷资金和县级配套资金等存入合作的农信社等金融机构，作为风险保证金，并为贫困户提供无抵押贷款担保服务。

张希平，屏南县甘棠乡浙洋村村民。2009年前，他替别人开货车，月收入只有1000多元，一家5口人挤在一间旧房里。为改变现状，他瞄上当地的特色食用菌，但资金不足，想去银行贷款，又没有财产抵押，也没有人替他担保。

走投无路之际，村支书李兴远及时伸出援助之手，张希平如愿以偿。2009年，他通过促进会获得了当地信用社的5000元贷款，购买了食用菌栽培材料，栽培了6000多个菌包，当年就赚了1万多元。第二年，他将规模扩大为1万多个菌包，并再次申请贷款，这次他的贷款额度为1万元。2014年，他栽培了5万多个菌包，投入资金10多万元，贷款额度增至5万元，成为村里的食用菌栽培大户，年收入达五六万元，并用栽培食用菌赚来的钱盖起了三层半的小楼房。

村支书李兴远说：“村里还有40多户村民通过促进会申请了小额贷款，额度根据村民的综合能力来审查。”负责审查的正是李兴远，因为他熟悉村里每家每户的情况，促进会便聘请他当村里的金融协理员。

在屏南县，像李兴远这样的金融协理员有500多名。乡金融协理员主要由“三农”服务中心等单位的工作人员构成，村金融协理员主要聘用村主干。摆脱贫困要持续扶持，需要两三年贷款的帮助。以前，扶贫资金就像撒胡椒面，每家贫困户都能分到一点，但针对性不强。现在，有了扶贫小额信贷促进会，依托金融协理员，根据贫困户所从事的不同产业，发放相应的贷款。针对具体的贫困户，根据实际情况进行动态管理，分步骤分类来扶贫，提高了扶贫的精准性。

此外，屏南县还开通了多种电子通信渠道，贫困群众通过手机或登录村服务平台便能实现贷款申请，5万元以下贷款当天放款，更有集中批量办贷、延长贷款期限等方式简化贷款流程，实现了贷款申请不出村，发放贷款“跑一趟，不隔夜”，大大便利了村民。

创新金融扶贫机制，助力农民增收致富

有了信贷资金，贫困户就多了一线脱贫希望和发展产业的机会。但怎样才能更好地发挥好信贷资金的“造血”功能，既让贫困户贷款贷得到、贷得快，又能用得好、能脱贫？

屏南县根据当地贫困户特点和农业、产业特色，创新推出了“553”金融精准扶贫模式，即针对一般贫困户、生产经营达一定规模的贫困户及扶贫带动户，分别给予5000元起、5万和30万元以内的授信及优惠利率贷款扶持，并拓展了贫困户自主创业、合作服务、投资分红3种产业扶贫方式，以金融力量推动当地贫困户脱贫致富。

合作服务产业扶贫方式，就是经济实体优先提供贫困户富余劳动力就业，为自主发展产业的贫困户提供产前、产中、产后“保姆”式服务。村民不但获得了种植和劳务收入，还学到了技术，后期还可以成为企业的骨干技术人员。

由屏南瑞恒农业发展有限公司和岭下乡横坑村村民合建的葡萄园就属于这种合作服务。这10多亩葡萄园，公司前期投入约20万元。村民加入合作社后，把每人5万元的小额贷款借给企业使用，企业支付利息，并无偿提供基础设施、肥料和技术辅导等，村民出工打理，前3年的产出完全归村民所有。贫困户很是积极。

投资分红的产业扶贫模式，是指贫困户将小额信贷资金委托产业扶贫服务中心认定的经济实体经营，连续3年，每年享受15%以上的分红，农户分红收益再投入自主创业或留在经济实体经营。

郑贵生，原是棠口乡贵溪村的贫困户，靠耕种家里的4亩地，一年纯收入大约1万元，但由于父母和妻子都得了重病，3人的医药费让他难以承受。2015年，他以小额贷款5万元入股村里的兰花基地，委托白水洋兰花有限公司经营，企业每年向他支付24%的分红。扣除利息，再加上政府2500元的贷款贴息，可获得超过1万元的分红。目前，贵溪村已建档的26户贫困户中，有16户加入了这种扶贫模式。

这种投资分红模式通过资金、土地等信托管理，一般贫困户年均增收在5000元以上。目前，屏南已有15家企业加入这种模式，涉及兰花、葡萄、食用菌、酿酒等产业，带动贫困户310多户。

创新风险分散机制，多重保障风险可控

金融扶贫引来“活水”，但如果村民或企业种植和经营亏本，产生不良贷款怎么办？

为降低信贷风险，屏南县创新风险分散机制，在建立起较完善的农户信贷信息档案，把有劳动能力、致富愿望、贷款意向、信用良好的建档立卡贫困户纳入贷款对象，确保小额扶贫贷款精准发放的基础上，通过农户出资、财政扶持和社会资助等渠道，筹集1600万元资金建立担保贷款风

险金；对2万元以上的小额贷款实行农户向促进会反担保的措施，贫困户通过自然人信用担保、林权抵押担保、土地经营租赁质押担保、预期农产品收入担保、农民宅基地抵押担保等十多种方式向促进会提供反担保。

屏南县扶贫办主任胡小青是这样说的，“村民贷款，大多用于种植菇类、板栗和蔬菜，风险不大。如果真的有一时难以还款的村民，我们有过桥周转基金帮助临时渡过难关。”的确，金融扶贫运转几年下来，还真没出现不良贷款。

点 评

农村金融服务一直是世界性难题，为贫困人口提供有效的金融服务更是难题中的难题。习近平总书记在2015年11月27日中央扶贫开发工作会议上强调：“要做好金融扶贫这篇文章。解决这个问题，根本上要靠改革。”“要加快农村金融改革创新步伐，提高贫困地区和贫困人口金融服务水平。”为了让贫困户也能贷到款，而且“贷得快、用得好、能脱贫”，屏南县按照“政府搭台、多方参与、市场运作、中介对接”的原则，探索“小额信贷促进会”扶贫模式，集贷款推介担保、农户小额借款、农户信用评价、农户项目对接于一体，充分发挥“小额信贷促进会”和“扶贫小额信贷风险基金池”的作用，通过资源叠加打组合拳，多措并举防风险，合作扶贫增实效，搭建了县、乡、村三级金融服务平台，创新了“553”金融扶贫机制，探索了贫困户自主创业、合作服务、投资分红等3种产业金融扶贫模式，不仅破解了贫困户信贷“最后一公里”难题，实现了有贷款需求的贫困户全覆盖，而且充分发挥了信贷资金的“造血”功能，有效地促进了产业发展和农民增收致富，走出了一条可复制、易推广、深受贫困群众欢迎的精准扶贫精准脱贫之路。

4 从“海上漂”到“海角明珠”

——福安连家船民上岸定居

在福建省沿海的宁德福安地区，曾居住着这样一群人——他们“上无片瓦，下无寸土”，一家几代人挤在一条长七米、宽不足两米的小木船上生活，他们就是连家船民。连家船民那些渔船大都破败不堪，没有电、没有水，低矮、昏暗、潮湿，“一条破船挂破网，祖宗三代共一船，捕来鱼虾换糠菜，上漏下漏度时光”，说的就是连家船民的生活。20世纪90年代，福建宁德一带仍有约25000名连家船民在海上漂泊。

◎连家船民船舱当床，生火做饭也都在船上

1997年，福建省将连家船民上岸问题列为脱贫的重要任务。1998年12月，习近平主持召开连家船民上岸定居现场会，专门研讨连家船民上岸定居政策，推动了连家船民上岸。2000年，习近平又前往下岐村考察连家船民搬迁上岸后的生活情况。在习近平同志的关心和推动下，连家船民真正过上了幸福生活。

从海上到岸上，连家船民“搬上来”

老一辈船民，双腿弯曲，走路“罗圈腿”，这是常年在窄小船上屈膝劳作导致的身体变形，船民十之七八都有风湿病、关节炎。船民在旧社会被蔑称为“曲蹄”，长久以来饱受歧视，不被允许上岸定居。20世纪60—80年代，有船民零星上岸，建成一批“石头房”。但陆续又有船民回到海上，因为他们当时除了依靠大海，难觅谋生之路。整体推动闽东连家船民上岸定居，是在20世纪90年代末至21世纪初。福建省将“连家船民搬迁上岸”和山区茅草房改造搬迁纳入全省为民办实事项目，强调要让所有的连家船民都能跟上全省脱贫致富奔小康的步伐，实实在在地过上幸福生活。

在福安市，由政府免费提供土地，负责路、电、水、通信、广播电视信号等“五通”工作。通过吹沙填海、造地安家，一幢幢渔家新院拔地而起，船民纷纷圆了安居梦。

连家船民、溪邳村村主任江宽全是亲历者，多年后他深情地回忆说，当时，凡上岸船民，比照普通“造福工程”搬迁农户，给予优惠的建房补助，如对上岸船民每人建房补助650元等，解决了我们村349户1425人的上岸定居问题。

据统计，1997—2000年，宁德2万多连家船民上岸定居，其中，仅福安就营建、续建连家船民新村或安置点21个，新建新居1335幢，搬迁安置船民对象1583户7419人。

从靠天吃饭到多元发展，连家船民“富起来”

连家船民搬迁后，如何才能让他们有出路，挣着钱，真正上岸并定居？

◎霞浦县溪南镇虾塘村岱溪头自然村连家船民林阿柱一家的幸福生活嬗变

谈起早年靠天吃饭的海上漂泊生活，溪尾镇溪邳村村民刘德仁感触颇深：“父辈们早年吃住都在船上，没有储蓄的习惯，可以说是吃了上顿没下顿。”刘德仁是地地道道的连家船民，16岁就辍学帮衬家里，当时船民全部以讨小海为生，基本靠天吃饭，遇上台风天饿上几顿也是常事。

“临海而居，靠海吃海。在村里，大家都没有丢掉老本行，不过，讨小海已经过时，经略海洋才是发展之路。”荣获“2020年全国脱贫攻坚奖奋进奖”的下岐村党支部书记郑月娥说。上岸后，有了家，就有了安稳的落脚点，船民们也开始着手长远计划，从讨海为生向牧海耕田转变。

为帮助船民实现“岸上富”，福安市专门制定22条优惠政策，引导船民大力发展养殖业、海上捕捞业、海上运输业、商贸旅游业等，推动船民脱贫致富。

在下岐村北斗都海域，现代化网箱养殖有序分布。郑月娥组织村民发展2000多亩名、特、优新品种鱼类网箱养殖，鼓励村民进行远海捕捞，并对接市场监管、税务等部门，为上岸村民经营海产批发、销售等提供优惠政策，联系邀请福安市相关部门的专家到养殖区现场指导养殖技术。现在，村里已形成了以滩涂鱼养殖、大黄鱼网箱养殖、海鲜批发、水产销售为主的渔业特色产业链。

在科技助力、规模养殖、经济互助等一系列举措推动下，溪邳村养殖业同样发展迅猛。如今，溪邳村已发展养种藻贝类3000多亩、渔排1500多亩。刘德仁就是个养殖能手，他除了养殖海蛎、龙须菜等传统海产品，还开始养生蚝，一年纯收入就有十几万元。这在以前，他想也不敢想。

下岐村村民江成财则进行了几轮创业，成为远近闻名的致富能人。上岸初期，他瞄准海蛏养殖，带领30多个村民承包了100多亩滩涂，每亩年产值2万多元，村民人均年收入达到七八万元。之后，他又带领20多个村民转行从事建筑业，这些村民人均年收入都达到10万元。

郑顺如则联合了几户村民共同成立了远洋捕捞队，开渔时出海捕捞，休渔时留在小区边上的船舶拆解基地打工。

水产养殖、海洋捕捞等做大做强后，商贸业随之繁荣。村里还将原有的船寮、连家船等保留下来，发展观光旅游业，带动村民致富。下岐村村民刘秀梅在下白石镇区开设了餐馆，6个包厢时常爆满。2018年，下岐村年产值达1.4亿元，村民年人均纯收入超过2万元；溪邳村村民人均年收入19875元，村集体收入超120万元……万千连家船民纷纷成功转型。

从富钱袋到富脑袋，连家船民“筑新梦”

只有摆脱“精神贫困”，才能真正走上幸福之路。从海上到岸上的一跃，不仅改变了连家船民“生”的水平，也改变了他们“心”的状态。溪邳村老支书刘向禄说：“过去连家船民上岸买东西，低头颔首，畏畏缩缩，一看就和岸上人家不一样，如今你已很难分清谁是海上的、谁是岸上的。”

让连家船民更欢喜的是，年轻一代中“文化人”多了起来。20岁就到溪邳村当民办老师的花甲老人林兴久记得，20世纪70年代，很多连家船民仍漂泊海上。大潮时，孩子们跟着家长出海劳作，落下学校许多功课；小潮来时，船只停靠外澳，林兴久他们赶紧带着课本和小黑板，踩着滩涂上船给孩子们补课。这被称为“潮水班”的一幕，随着连家船民上岸定居，已定格为历史。

1999年连家船民上岸，村里一下子多了300多人要上学，市里、镇里紧急协调，拨了20万元，让学校加盖了一些教室。如今下岐村已出了200多个大学生。

老支书陈寿章的儿子陈凌2011年从南京工程学院毕业后，进过大企业，开过酒楼，2018年回到村里成了村支部委员。小伙子学的是环境工程，改造村容村貌时专长得到发挥，他在村里的渔民广场上增加了海马、石斑鱼图案等诸多海洋元素，村民们挺喜欢！

下岐村大学生欧松弟从福建中医药大学毕业后，回到乡镇卫生院工作，用一技之长服务乡亲。他说：“如今家乡环境越来越好，刚回来时的担心消失了，我觉得自己回来对了，这里大有用武之地。”

下岐村90后大学生连云毕业于大连海洋大学环境工程专业，现在就职于福建省林业勘察设计院，他深有感触地说：“我的童年是在船上度过的，读书和工作的机会来之不易，因此我倍加珍惜，决心以所学回报社会。”

2019年4月，下岐村来了一位外国客人——老挝人民革命党中央委员会总书记、国家主席本扬。他风尘仆仆来到这个渔村，了解精准扶贫的中国故事和中国经验。

点评

“鸡火渔翁共一船，生涯都在箬篷间。”连家船民长期生活在中国南部沿海，靠捕鱼为生，以船为家、居无定所。旧时，他们被禁止上岸，并且不能和岸上居民通婚。中华人民共和国成立后，对连家船民的所有歧视性政策全部被废除。但由于大多数船民生活贫困，只有很少的船民上岸定居。

1997年，习近平同志带队到闽东民族地区调查研究后，向省委建议尽快解决闽东地区“茅草屋”和“连家船”问题，开启了一场连家船民上岸定居工程。由于船民们没有自己的土地，政府填海造陆，免费提供土地供船民建造房屋。自此，一些从没在地图上存在过的小村落在宁德海岸线上陆续出现。此外，政府还负责路、电、水、通信、广播电视信号等“五通”工作，对上岸的船民，给予建房补助。按照“分期分批、全面搬迁”的原则，宁德市先后实施了两轮连家船民上岸定居工程，共完成福安、蕉城、福鼎、霞浦和古田等5个县（市、区）2.4万名连家船民上岸定居工作，并通过发展滩涂养殖、捕捞、运输、建筑等产业使其有了稳定可靠的收入。如今，闽东所有连家船民实现了“岸上有房，作业有船”的梦想，昔日的“海上漂”，如今陆地新生活蒸蒸日上，演绎了一段“搬上岸、能致富”的佳话。

5 告别“茅草屋”

——霞浦县东山村的蝶变

宁德市霞浦县东山村是一个以畲族群众为主的少数民族聚居村，20世纪90年代，多数村民分散居住在大山深处，山高路陡、交通不便、信息闭塞，人均年收入才450元，是典型的贫困村。村民们除了农耕，几乎没有其他任何收入，只能就地取材，用茅草盖房，很多人世代住在低矮的茅草屋中。黑暗低矮的茅草屋冬天冷，夏天热，当然最怕的还是下雨。风吹、日晒、雨淋，茅草会烂掉，最多3年，就必须重新换茅草，而换的这一天必须是个大晴天，要是干不完，当晚就没地儿住。茅草屋里的村民生活穷困艰难。

1997年，一份福建省政协的调研报告摆在时任福建省委副书记习近平的案头，这份报告反映了宁德霞浦县部分村民仍住在茅草屋里，生存状态与当今社会相去甚远，请求政府正视并解决这一问题。习近平同志阅后，多次召集有关部门负责人，商讨解决办法，并在1997年和1998年两次专程深入东山村调研茅草房改造，形成专题调研报告，向福建省委提出全面实施闽东茅草房改造方案。在习近平同志的关心推动下，福建省省级财政一次下拨600万元，改造了

◎20世纪80年代，霞浦县部分偏远乡村群众居住的茅草房

1000多户共计几千人的茅草房。从此，以东山村为代表的闽东茅草屋村落的贫困面貌发生了根本性改变。

百年山民终出山

湖家山是东山村下辖的一个自然村，坐落在白岩里山脚下，连绵的山峰环抱着村庄，村口横亘着大龙溪，村民外出必须蹚水。每逢雨季，溪水暴涨，村庄常常受淹。水患来临，村里的人出不去，村外的人进不来，湖家山便成了孤岛。60多岁的村民钟新水仍记得，过去住在湖家山时，儿子在东山小学读书，每天上学放学都要蹚过大龙溪，雨季来临时，溪水暴涨，有时接连着十多天都无法外出上学。

钟新水是过去湖家山贫困生活的亲历者，提到茅草房，他说：“茅草房土墙仅一人高，进出房子时都要低头以免撞到。下雨天，屋外下大雨，屋内下小雨。夏天气温高，屋内泥土为地，水汽一蒸发，不仅湿热难耐，泥地也变得湿滑，在屋内走动经常打滑摔倒。”

茅草房抗灾能力几乎为零。1993年台风来袭，钟新水家的茅草房的屋顶整个被吹翻，土墙也严重损毁。

湖家山村民世代务农为生，村民靠天吃饭，生活贫困。“平常都吃地瓜米，大米舍不得吃，都留着换钱做人情。”钟新水回忆说，“所谓做人情，就是亲戚间红白喜事时的随礼。”这样的状况不只出现在湖家山，距离东山村十多千米的罗伍自然村的4户村民也住在茅草房里，生活状态大同小异。

1997年，闽东仍有部分少数民族群众住在以茅草为顶、泥土为地的茅草房的现象，引起了福建省委省政府的重视。当年，福建省出台了帮助闽东少数民族实施茅草房改造的有关政策和扶持措施，湖家山和罗伍的茅草房开始改造。很快，由政府无偿提供土地，并对建房提供资金补助，村民投工投劳的茅草房改造工程随即展开。1997年底，湖家山和罗伍的13户村民搬进了全新的砖瓦房。房子占地面积近50平方米，水泥地、红砖墙、黑瓦顶，这样的房子对世代居住在茅草房的钟新水来说，简直不可想象。

在此后的20多年里，在省、市、县统一部署和大力支持下，东山村集中力量，因地制宜，全面实施茅草房改造、造福工程等一系列措施。

东山村党总支书记钟祖钦介绍说：“我们根据不同对象，采取不

◎昔日东山村的茅草房

◎今日东山村

同方式进行茅草房改造，并将远离主村、边远偏僻的150多户少数民族村群众，集中搬迁至东山主村，建设二坑、三坪两个‘造福工程’新村小区。”至2010年，东山村先后改造茅草屋、实施易地搬迁155户600多人。

新房带来新生活

与钟新水一样，张李忠也是茅草房改造后搬迁到东山村的村民。但不同的是，40多岁的张李忠对过去在罗伍生活的记忆已经模糊，他的记忆更多地与现在的生活有关。从罗伍搬到东山村后的10年里，张李忠卖过早餐、做过刨冰。2009年起，张李忠开始养殖山羊。

“清明节时，我卖了80多只山羊，把羊圈里的山羊都出清了。”张李忠说。每头山羊出栏时重35千克到40千克，每千克的批发价约60元，他和两个朋友合作，每年饲养山羊近200头，效益不错。他还管理了十几亩西瓜田。

同一年，张李忠在陇头村离沈海高速三沙互通口约1千米的地段买下了一座5层半的楼房，一家人搬出了当年茅草房改造所得的红砖房。2013年他又在霞浦城关买了套房子，为方便往返还买了部小车。如今一有空，张李忠就驾着车与朋友出海垂钓。

精准施策共富裕

村民们搬到了山下，一部分人率先找到了致富路径，但也有一些人不太适应，一度有些老人又搬回了茅草屋，继续种地瓜、稻谷。要发展，靠“输血”更要靠自己“造血”。当地政府因地制宜，开发资源和开拓市场并举，引导村民最终走出了一条具有畲族山区特色的市场、技术、资源相结合的开发路子。

产业扶持、技能培训、小额信贷、到户帮扶，随着各项精准扶贫措施的落实，东山村几乎家家户户都从事与紫菜相关的产业。目前，全村已有80多户村民从事紫菜养殖，建设紫菜育苗室3800平方米、天然无污染的优良养殖地3360亩、生态绿色紫菜养殖基地1200亩，年加工各类紫菜、海带等系列产品1300多吨，总产值1.2亿元。在村支书钟祖钦的带领下，东山村还成立了淳盛农民专业合作社，统一商标、统一生产、统一销售，减少成本、扩大渠道，抱团发展紫菜养殖和加工。紫菜产业成了主产业，但是浅海海域面积有限、受气候影响较大这些不确定因素，都会大大影响紫菜的产量，为了保产增产，钟祖钦在深12米的海域开辟了400亩试验田，开始试验一种新型的深海养殖技术。钟祖钦介绍，用新的养殖技术一亩大概可以收到1000多斤，而原来只能收几百斤。

与此同时，村里还引导农民种植水果，目前，已种植300多亩四季柚、630多亩高优品种茶园，120多户茶农收入明显增加。此外，还借助毗邻台湾水产品集散中心这一地理优势，积极与园区沟通联系，推荐搬迁群众200多人入园就业。

像“造福工程”一样，东山村因人施策推动贫困户产业发展。对于有劳动能力的，主要通过帮扶激发内生动力；对于丧失或低劳动力的贫困户，采用入股合作社等方式助力脱贫。脱贫户陈时禄自身瘫痪，孩子还在念书，家中没什么劳动力。对此，镇、村干部动员亲戚朋友捐助，加上产业发展资金，让他入股紫菜合作社，同时争取教育补助解决孩子教育问题。脱贫后，镇里还帮他申请了低保户，通过政策帮扶进一步巩固脱贫成果。2019年，陈时禄的家庭纯收入达18640元。据了解，2016—2020年，东山村共申请并发放产业补助31户次10.56万元、小额贴息贷款73万元，鼓励贫困户种植果蔬、发展养殖业，增加收益。

村财增收是确保不返贫的另外一道“安全锁”。东山村投入94.2万元牵头成立福家山农业专业合作社，将贫困户贷款、帮扶资金作为“股本”入股，与宁德市乾元太和生物科技有限公司签订养殖、销售协议，推行公司化外包运作，无论盈亏收取固定分红，从2017年开始每户贫困户获得分红。2020年5月，东山村12户2017年已脱贫的贫困户分别领到了5000元分红，他们都是福家山农业专业合作社的股东。

点评

40年前，霞浦东山村的很多村民都散居在深山的茅草屋里，以种地为生，是远近闻名的贫困村。1997年和1998年，时任福建省委副书记的习近平同志两次专程深入东山村调研茅草房改造问题，在他的关心推动下，以东山村为代表的闽东茅草房村落的贫困面貌发生了根本性变化。如今，东山村不仅走出了大山，还成了远近闻名的紫菜村。

东山村实施造福工程易地搬迁后，当地政府结合新农村和美丽乡村建设，全面实施水、电、路、休闲广场、老人活动中心等基础设施和公共配套建设。安居后还要乐业，东山村按照“搬得了、稳得住、发展好”的目标，采取引导海上养殖、近海捕捞，发展山区传统农业项目，引导转移务工三大措施，增加群众收入。其中，依托国家农业合作社示范社淳盛农民专业合作社，对从山区村搬出的村民，实行“一对一”结对帮扶，传授海上捕捞、紫菜养殖和加工技术。交通不便导致贫困，政府就帮村民们集中搬迁，搬迁后谋生困难，那就因地制宜，帮村民们创造致富门路，精准扶贫，对症下药，让东山村走出了大山，走出了贫穷。脱贫致富并非是一朝一夕之功，东山村脱贫致富前后历时多年，选对方向，集中力量，还要目标一致，矢志不移，日复一日，年复一年，滴水穿石，这才能让一个又一个东山村摆脱贫困，奔向小康。

第二章 /

绿色发展、生态脱贫的“长汀经验”

福建是习近平生态文明思想的重要孕育地。习近平同志在福建工作期间始终重视生态环境保护、林业发展、可持续发展和生态省建设，提出了许多极具前瞻性、战略性的生态文明建设观念、工作思路和决策部署，强调“任何形式的开发利用都要在保护生态的前提下进行，使八闽大地更加山清水秀，使经济社会在资源的永续利用中良性发展”，强调要将治理生态与根治贫困结合起来，并多次就长汀水土流失治理问题进行调研、做出指示批示。2011年12月、2012年1月，时任国家副主席的习近平同志两次对长汀水土治理做出重要批示，提出“进则全胜，不进则退”的要求。几代长汀人筚路蓝缕，用数十年的努力，发扬“滴水穿石，人一我十”的精神，与百万亩荒山作战，创造了水土流失治理的“长汀经验”，成为中国生态扶贫的典范。

福建省委省政府认真贯彻落实习近平总书记提出的“生态资源是福建最宝贵的资源，生态优势是福建最具竞争力的优势，生态文明建设应当是福建最花力气的建设”的要求，按照习近平总书记亲自擘画的“建设机制活、产业优、百姓富、生态美的新福建”的宏伟蓝图，紧紧抓住福建省作为全国首个省级生态文明先行示范区和全国首个国家生态文明试验区的重要战略机遇，在精准扶贫精准脱贫的过程中，将绿色理念一以贯之，坚持扶贫开发与生态保护并重，通过实施重大生态工程建设、加大生态补偿力度、大力发展生态产业、创新生态扶贫方式等，推动贫困地区扶贫开发与生态保护相协调、脱贫致富与可持续发展相促进，使贫困人口从生态保护与修复中得到实惠，实现“百姓富”与“生态美”的有机统一。

1 从“火焰山”到“花果山”

——长汀县治山又治穷

长汀是我国南方红壤区水土流失最严重的县份之一，水土流失历史之长、面积之广、程度之重、危害之大，居全省之首。中华人民共和国成立前，长汀被描绘为“四周山岭尽是一片红色，在那里不闻虫声，不见鼠迹，不投栖息的飞鸟，只有凄惨静寂，永伴着被毁灭的山灵”。水土流失源于社会动荡，促于缺煤少电，成于群众砍伐。“山光、水浊、

◎1983年4月，时任福建省委书记项南在长汀视察水土保持工作，并与当地干部群众共同总结出《水土保持三字经》

田瘦、人穷”是以长汀河田为中心的水土流失区生态恶化、生活贫困的真实写照。据1985年遥感监测数据，长汀全县水土流失面积多达146.2万亩，最为严重的地区，夏天阳光直射下，地表温度超过70℃，被当地人称作“火焰山”。

水土保持三字经

项南

责任制，最重要；
严封山，要做到。
多种树，密植好；
薪炭林，乔灌草。
防为主，治抓早；
讲法制，不可少。
搞工程，讲实效；
小水电，建设好。
办沼气，电饭煲；
省柴灶，推广好。
穷变富，水土保；
三字经，永记牢。

长汀的严重水土流失引起了福建历届省委省政府的高度重视，1983年，时任福建省委书记项南同志考察长汀，写下了《水土保持三字经》，同年，省委省政府把长汀列为治理水土流失的试点。

1998年元旦，时任福建省委副书记的习近平同志为长汀水土流失治理题词：“治理水土流失，建设生态农业。”从2000年起，省委省政府多年持续把长汀水土流失治理列入省委省政府为民办实事项目，仅2000—2010年治理水土流失面积就达78524公顷，减少水土流失面积43060公顷，使当地的生态环境大为改善，昔日烈日炎炎的“火焰山”重新披上了“绿装”。

2011—2012年，习近平同志连续两次对长汀水土流失治理工作作出重要批示，提出“进则全胜，不进则退”要求，掀起长汀水土流失治理的新高潮。截至2019年初，长汀水土流失面积从2000年的105.66万亩下降到36.926万亩，水土流失率从2000年的22.74%降低到7.958%，森林覆盖率由59.8%提高到79.8%。全县生态环境大为改善，空气环境质量达国家一级标准，饮用水源地水质达标率均为100%，实现了“荒山—绿洲—生态家园”的历史性转变，基本圆了长汀老百姓的百年绿色之梦。长汀治理模式与成效被水利部誉为中国水土流失治理的品牌、南方治理的一面旗帜，被中国水土流失与生态安全院士专家考察团誉为南方水土流失治理的典范。

“放下斧头”，崩岗治理

长汀始终坚持统筹人工治理与自然修复，科学推进生态重建。采取“大封禁，小治理”的办法，依靠大自然的自我修复能力，恢复植被，修复生态；在“大封禁”的基础上，再辅以生物措施、工程措施、农业技术措施等人工“小治理”。始终坚持依靠科技治理水土流失，创新

◎昔日火焰山今日绿树成荫

◎河田罗地草山前后近30年的景象对比

治理模式和治理技术。针对流失区的成土母岩绝大部分是粗晶花岗岩，容易造成水土流失的实际，运用“反弹琵琶”的理念，创新实施“等高草灌带”、“老头松”施肥改造、陡坡地“小穴播草”、“草牧沼果”循环种养、幼龄果园覆盖、秋大豆春种等行之有效的治理新技术、新模式。水土治理初见成效后，为了让村民不再上山砍柴，长汀提出“放下斧头，扛上锄头”的口号，相继推行了燃煤、用电、建沼气池等各种补贴政策。即使这样，由于管护人员有限，在封山育林过程中，还是有不少群众上山偷伐。

如何从根本上解决问题，让群众成为治山治水的主体，在水土流失区探索一条“不砍树也能致富”的发展路子？

河田镇刘源村63岁的刘静美，现在被群众称为红土地上的“绿色使者”。他曾当过30年的林场伐木工，退休后，在儿子的支持下，承包经营起了一座家庭林场，近三年投资350万元造林4470亩。刘静美逢人便说，自己砍了半辈子树，现在“改行”造林，这把年纪也享受不到了，就当作是留给子孙后代的一份礼物吧。

正是无数基于像刘静美这种极朴素的想法，长汀县治理水土流失与治穷相结合，与发展绿色产业相结合，与增加农民收入相结合，走上了可持续发展的快车道。

“扛上锄头”，生态生财

从果树到油茶，从花卉苗木到中草药种植，从竹木加工到生态旅游，依托于生态环境的恢复，长汀的生态经济蓬勃发展。

三洲镇人兰林金，虽在一场事故中失去了左眼，双臂也高位截肢，但他承包了该镇红旗岭的2270亩荒山，种下850亩油茶、100多亩苦竹。他还与堂弟合作，在红旗岭下办了养猪场、养鸡场，用猪粪、鸡粪做油茶的肥料。他说：“经历过军营的历练，困难难不倒我，吃苦吓不退我！”在兰林金的努力下，昔日只见沙砾不见泥土的红旗岭重披绿装。兰林金组建的农林种植专业合作社、农产品加工基地，拿出一批岗位优先照顾村里的贫困乡亲，带着大家一起奔小康。在他的激励和带动下，有几十户村民也走上创业致富路。

俞水火生1984年退伍返乡，1987年开始包山种杨梅，如今已经种植杨梅果园700多亩。在他的带动下，三洲镇杨梅产业越做越大，乡亲们不仅日子越过越好，昔日的“火焰山”也变成了十里飘香的大果园。乡亲们推选他为民兵连长，进入村两委工作，后又被选举为村党支部书记。作为丘坊村的致富带头人，他还被评为福建省“科普惠农先进个人”。

“之前山上被砍得光秃秃的，夏天空气灼热发烫，热得睡不了觉。”三洲镇三洲村农民黄金养深受水土流失之苦。1998年，长汀县出台优惠政策，号召全县人民开荒种树，治理水土流失，黄金养毫不犹豫地报了名。当时长汀县林业部门经过试种发现，三洲村等水土流失严重区非常适合种杨梅。黄金养做起了示范带头人。目前黄金养除种了900亩杨梅以外，还种了200多亩茶叶，在他的带动下，整个村种植了400余亩杨梅，整个三洲镇共种植杨梅12260亩。方兴未艾的林下经济给农民带来直接经济效益，同时也巩固提升了水土流失治理成果。

四都镇上蕉村成立合作社，在林下种中药材和灵芝，还将刘柏余、刘成进等10户贫困户纳入，这些贫困户受雇看护林下种植产品，每月收入两三千元，此外还有分红、家庭种养等收益。

农民的积极性被调动起来了，一座座光秃秃的火焰山变成了瓜果飘香的花果山。

2012年以来，长汀全县新增果林1.56万亩，新种植经济作物1.3万亩，如今仅油茶种植规模就达17.8万亩，产值超过1.6亿元。

据统计，长汀城镇居民人均可支配收入从2012年的14117元提高到

2018年的25430元，农民人均可支配收入从8185元提高到15320元。河田、策武、濯田等7个水土流失重点乡镇的农民人均可支配收入大幅度提高，基本达到或超过全县平均水平。生态美带来百姓富，生态产业的发展直接带动了贫困群众增收脱贫。近6年时间，长汀累计脱贫3.5万人，贫困发生率由2012年的8.9%降至2017年的0.028%。2018年12月，福建省正式发布公告，长汀成为福建23个省级扶贫开发工作重点县中首批实现脱贫摘帽的县之一。

点 评

水土流失源于贫困，同时又会进一步加剧贫困。长汀县遵照习近平同志“进则全胜，不进则退”的重要指示，发扬“滴水穿石，人一我十”的精神，咬定治理荒山不放松。把坚持以人为本、改善人民群众生活放在首位，把治理水土流失作为“民心工程”“生存工程”“发展工程”来抓，把治山与治穷结合起来，把改善生态与改善民生结合起来，不断提高人民生活水平。长汀县找准老百姓割草砍树当燃料这个造成水土流失的症结，全面推广燃煤使用、沼气池建设，实施煤球补贴、用电补贴，帮助农民植树种果，发展生产，从根本上保证了封山育林的成效。长汀县从生态视角和经济层面统筹谋划，标本兼治，通过多策并举转变农村经济发展方式和农民的生产生活方式，大力发展“水保经济”，推进“草牧沼果菜”等循环种养生态农业，带动贫困村民致富，最终实现水土流失治理的生态效益与经济效益、社会效益相统一，持续让“山头绿起来、企业带起来、农民富起来”。

2 从“难坑”到“富谷”

——长汀县南坑生态兴村

南坑村是长汀水土流失最严重的地域之一，经过20多年的水土流失治理，昔日的光头山成了绿满山、果飘香的花果山，先后获得全国文明村、全国民主法治示范村、全国科普惠农兴村先进单位等荣誉称号，2018年被评为省级乡村旅游特色村、省级森林村庄、市级美丽乡村示范村，实现了从“难坑”到“富谷”的美丽嬗变。

“猪—沼—果”生态种养改变穷山恶水

20世纪90年代，南坑村的生活依旧停留在“山上没资源，人均八分田，砍柴卖草换油盐，养一头猪等过年”的状态。1996年该村人均可支配收入不足600元。

1997年，沈腾香当选村党支部书记后，摆在她面前的最大任务就是如何让南坑村脱贫致富。沈腾香认识到，南坑村严重的水土流失是造成

◎建设中的长汀县策武镇南坑村一角

◎沈腾香

贫困的主要原因。因此，南坑村的贫穷在山，希望也在山，致富还在山。南坑村要脱贫致富，首先要治理水土流失，改变穷山恶水。上任后，沈腾香组织全村党员和种养能手到漳州西坑村学习取经，提出“山上种果树，庭院养鸡猪，能源用沼气，耕地烟稻菜”，实行“猪—沼—果”生态种养模式，并在村两委会上形成共识后，马上带领村民干起来。

1997年9月，南坑村成立了凌志扶贫协会，推广“协会+农户”模式，为村民提供购买果树苗木、肥料、种猪等生产资金担保和技术服务。俗话说：“村看村，户看户，群众看党员，党员看支部。”当时，南坑村党支部要求每位党员、干部要种果树10亩以上，养猪5头以上，带头示范。这成为南坑村发展经济的一面旗帜，获得村民的好评与效仿。

银杏生态园让荒山变成绿洲

为了彻底改变荒山面貌，1999年，南坑村引进厦门树王银杏制品有限公司，落实山地流转机制，租赁村民山场2309亩，修果园道路19810米，修沟埂9703米，管理房2座，蓄水池64座，通过“公司+农户”模式，带动村民种植银杏2000多亩。

随着银杏种植面积的不断扩大与培植技术的不断提升，生态园的水土流失得到有效控制，示范区土壤环境也得到很大改善，有机质、速效磷、速效钾分别提高7.13倍、2.25倍和3.55倍，示范区土壤肥力已超过农业行业标准规定的绿色食品产地土壤肥力一级指标，真正给当地老百姓造就了一个青山宝地。

农民袁茂盛说：“有了这块宝地，我们就有奔头了。”他在原本光秃秃的山头开发种植银杏2.67公顷1000多株，按照银杏标准化种植管理模式，引入现代管理手段，所种植的银杏树挂牌编号，将种苗、种植、施肥、病虫害防治、采收等环节数据输入电脑跟踪管理，取得良好成效。结合“猪—沼—果”模式，袁茂盛终于走上致富之路，他不仅买上了小车，而且在城里买了新房。

银杏树不仅直接生财，还能带动林下经济，华天百合米粉厂老板黎天华就是在这样的背景下来到南坑村的。2016年，黎天华在银杏基地套种百合，村里免除了土地租金，目前已种了近300亩，雇了南坑村30多位农民负责除草及管理。南坑的土壤很好，环境也很好。黎天华到南坑来搞林下经济和办厂两年来，投资了200多万元，光请村民的工钱就十多万元。黎天华的华天百合米粉厂目前已经研制出百合米粉，日产250千克。南坑村和华天米粉厂持续合作，实施百合兴村计划，开发新型养生米粉，与村民共同受益。

乡村旅游打造“杏福田园小镇”

4000多亩的银杏树为南坑村打造了一道亮丽风景线，吸引着远近游客来访。近年来，南坑村以打造乡村旅游试点村为契机，突出“银杏水乡、生态南坑”的旅游主题，以保持乡土特色为原则，以村容村貌提升为重点，以发展生态产业为突破，将乡村旅游项目开发与美丽乡村建设有机结合起来，着力把南坑村培育和建设成特色鲜明、村容整洁、环境优美、设施完善、生活殷实、村风文明、宜居宜游的城郊型“杏福田园小镇”。2018年，南坑村在村主干道旁种植多样植物，并定期对花木进行修剪整理，对村庄进行绿化、彩化。同时，严格执行建房审批制度，引导村民按规划建房。大力实施景观工程建设，建成了廉政文化公园、

◎相约银杏园

人口文化公园、环保公园和国土文化公园4个主题公园，吸引了大批外来游客前来游玩。

如今的南坑村，树木郁郁葱葱、鸟语花香，村中新房错落有致、各具特色，河中溪水清澈、鱼儿畅游，小桥、流水、亭榭、广场……构成了一幅美丽的画卷。

“村里的基础设施建完以后，周末一般都有2000多名游客来这里感受水乡风情。”从上海来南坑村投资农家乐的李峥宇说，南坑村在景观整治和商业开发上非常注重原生态的保持，山水、田园、人家都相处得非常融洽，他自己被这里的风土人情吸引，完全是乐不思“沪”了。

环境好了，游客多了，村民也乐了。

每到周末，老袁可高兴了。他说：“现在，我们在家门口就能卖金银花、麦冬等药材，零售给游客的价格比卖给批发商的高出一倍多。”

除了农产品热销，南坑村的观光农业、休闲渔业也渐渐发展起来。南坑村以“银杏观光、休闲采摘、水上乐园”为特色的乡村旅游，2018年接待游客达20多万人次，同年村集体收入达到17万元，农民人均可支配收入16800元，是1996年的20多倍。

心里最高兴的，莫过于村党支部书记沈腾香了，南坑村的变化她都看在眼里，过去“盼温饱”，现在“盼环保”；过去“求生存”，现在“求生态”。现在，她考虑的是如何实现有质量有效益可持续的发展。

点评

习近平总书记强调：“要把生态补偿扶贫作为双赢之策，让有劳动能力的贫困人口实现生态就业，既加强生态环境建设，又增强贫困人口收入。”（二〇一七年春节前夕赴河北张家口看望慰问基层干部群众时的讲话）长汀县南坑村的生态产业，旨在让生态产业化、产业生态化。南坑村依托和发挥贫困地区生态资源禀赋优势，选择与生态保护紧密结合、市场相对稳定的特色产业，将资源优势有效转化为产业优势、经济优势，大力发展生态旅游、特色林产业、特色种养业等生态产业，通过土地流转、入股分红、合作经营、劳动就业、自主创业等方式，建立利益联结机制，完善收益分配制度，拓宽贫困人口增收渠道。

南坑村村民们从20世纪90年代末开始在荒山上遍植银杏，至今已种了10万多株。20年间，银杏树让成片荒山变成绿洲，村民还在此间套种、套养百合等作物，既保持了水土，又从中增收致富，真正使绿水青山变成金山银山。

南坑村坚持生态治理与经济发展互动、环境优美与群众致富共赢的做法，把治理水土流失与发展特色产业相结合，充分发挥“支部、农民、部门、企业”四个主体作用，发展生态农业和乡村旅游业，走出了一条“荒山—绿洲—生态家园”的科学发展之路，实现了“百姓富”“生态美”，昔日的“难坑”变成了今朝的“富谷”。

3 “兴林”扶贫模式

——集体林权改革的“武平经验”

集体林权制度改革，被称为“继家庭联产承包责任制之后，中国农村的又一场伟大革命”。2002年6月，时任福建省省长的习近平同志在听取武平县集体林权制度改革汇报和实地调研后强调：“林改的方向是对的，关键是要脚踏实地向前推进，让老百姓真正受益。”并要求：“集体林权制度改革要像家庭联产承包责任制那样从山下转向山上。”历经多年的探索，这场集体林权制度改革为福建保护生态、农民脱贫致富带来了巨大活力。

“分山到户”仅仅是林改的第一步，如何实现生态效益、社会效益的有机统一，实现“生态美、百姓富”的有机统一，尽快引导林农走上“不砍树也能致富”之路，才是林改的核心目标和关键所在。

随着改革的深入推进，武平林业发展的“评估难、担保难、收储难、流转难、贷款难”等“新五难”问题开始摆在党委政府和老百姓面前。“新五难”的突出问题在产权交易制度。

◎2001年12月30日，武平县万安乡捷文村村民李桂林领到中华人民共和国第1号林权证

对此，武平推动林改向纵深发展，再一次以自我革命精神创造性地实现了“三个率先”，即率先开展林权

抵押贷款，盘活了林农资产，实现林业发展“有钱投”；率先探索商品林赎买，通过赎买、租赁、置换等方式，让待砍伐的商品林变身为“绿色不动产”；率先探索借“林”扶贫，探索发展林下经济、生态旅游、林产品精深加工三大产业扶贫模式，实现了“不砍树也致富”。

林下经济，借“林”扶贫

发展林下经济是提高林地产出、增加农民收入的有效途径。武平县充分发挥生态资源优势，按照林下经济发展“一心四区”总体布局，创新出台扶持政策，大力发展多元化林下经济产业，让大山添新绿，让百姓增收入，致力于打造林改“武平经验”升级版。县林业部门因地制宜、突出特色，积极做好林下文章，念好林农致富经，鼓励和引导农民大力发展林下种植、林下养殖、林下产品采集加工、森林景观利用等林下经济。县财政从2013年起每年安排300万元专项资金支持林下经济和花卉产业发展，并大力实施产业扶贫，从2016年至2018年，每年拿出100万元扶持800户贫困户发展林下经济，每户给予1000~5000元补助。与此同时，武平县大力推进林下经济示范基地建设，起到“点亮一盏灯，照亮一大片”作用。通过培育示范户，引导带动广大林农从林下经济发展单一模式向多样化转变，组织化程度低向参与人数多、组织化程度高转变，已初步形成林药、林菌、林蜂、林禽、林驯、林游、林花、林茶、林蛙和林下产品采集加工等10种模式。2019年，武平县林下经济经营面积达145.8万亩，实现产值34.2亿元，比增10.2%；全县建成各类林下经济示范基地185个，参与林下经济建设林农户约3万户，组建合作社（协会）127个，有效开辟了一条“不砍树能致富，保生态也得益”的绿色发展新路子。

在“全国林改策源地”的武平县万安镇捷文村，林农李广军时常在

◎发展灵芝种植

林子里穿梭着，仔细察看着种下的“七叶一枝花”长势。2018年，他在这片山林试种了100亩仿野生灵芝，取得了颇丰的经济效益，基地还带动6户贫困户以劳动投入方式，让他们每户拥有一亩灵芝，成功实现增收脱贫。2019年春，李广军牵头组织51户林农联合成立专业合作社，将灵芝种植规模扩大至500多亩，带动周边村13户贫困户参与其中。为进一步利用林地空间，他还在林间套种了100亩的“七叶一枝花”，持续探索林下经济发展新模式。

随着山绿了、树多了、山花多了，武平梁野山周边成为养蜂的好地方。2010年，石燎阁养蜂基地负责人钟亮生联合一批养蜂人，成立武平县梁野仙蜜养蜂专业合作社。2016年合作社产蜂蜜150吨，实现收益1800万元。针对残疾人、贫困户群体适宜从事养蜂的实际，合作社采取送蜂种、送技术、包销售“二送一包”帮扶办法，扶助带动残疾人家庭143户、建档立卡贫困户56户（其中残疾人家庭25户）实现就业创业。据统计，残疾人养蜂户2016年年收入3万元以上的有18户，年收入1万元以上的有110户；16户贫困户于2016年底脱贫，剩余帮扶贫困户在2017年全面脱贫。

“森林人家”，生态旅游致富

生态旅游是“不砍树，也致富”的另一种好办法。在福建“驴友”

圈里，提起“云礤森林人家”，几乎无人不知。

“山高林密多光棍，有女不嫁云礤人”，这句顺口溜真实反映了武平县城厢镇云礤村（2019年更名为“云寨村”）的过去。云礤村地处深山老林，全村155户805人。2003年6月，全村15830亩林地全部被划为生态公益林后，林木不能采伐，甚至连生活柴火都成问题。为了生计，村民不得不外出谋生，全村仅剩下100多位孤寡老人，成了远近闻名的“空心村”。不少村民抱怨：“林子虽好却不能砍，水质再好不能当饭吃，空气清新又不能卖钱。”

谁说良好的生态不能变成钱！城厢镇扶贫干部在走访中发现，云礤村生态一天比一天好，不时有散客来村里观光。于是，旅游扶贫项目“云礤森林人家”被设计出来。在扶贫干部的帮助下，2012年初，外出务工农民钟尚义回到村里，开办了全村第一家旅店，专供土鸡、土鸭和原生态绿色美食，当年就赚了20万元。其他村民纷纷效仿，城厢镇党委政府因势利导，提出建设“云中村寨、世外桃源、美丽乡村、旅游胜地”，大力发展吃、住、娱为一体的生态康养休闲游。目前，全村已

◎云礤森林人家

发展“森林人家”26家，从业人员355人。2016年，森林人家农户平均纯收入达20多万元，全村年人均收入达2.1万元，其中2/3以上的收入来自森林人家、林下种养、森林旅游康养。2018年，云礤村实现村财收入32.8万元，农民人均收入2.4万元，2019年上半年全村接待游客已超过40多万人次，云礤村从以前的穷山村，一举变成远近闻名的小康村。

点评

自2002年以来，“全国林改第一县”武平县始终牢记习近平总书记的嘱托，积极探索、持续改革、大胆突破，从“四权”“三率先”到“两统一”，持续为全国林改探路。武平林改的成功实践，为全省、全国林改起到了树典型、作示范的作用，成了全国借鉴的样本。山定权、树定根、人定心，带来的首先是生态环境的持续改善。然而，林业是一项周期长、见效慢的产业，加上受林木采伐政策的限制，林农靠林木获取的收益很少。林改分山到户后，亟待解决的是实现林业生态效益和经济效益的和谐统一。在摸索过程中，不少林农探索“以短养长”方式，自发在林下发展特色种养等产业，作为长期经营山林的经济支撑。林下经济的发展，也让武平率先在全国探索出“兴林”扶贫模式。

作为福建省23个扶贫开发工作重点县之一，武平以“国家林下经济示范基地”建设为抓手，结合精准扶贫，安排专项扶持资金，重点扶持林下经济经营单位及贫困户发展林药、林花、林菌、林蜂等林下经济，通过建立“公司+基地+贫困户”等多种模式，聚合贫困农户共同发展林下种植养殖业，迅速拓宽了林农和贫困户增收路子。2016年，武平荣获“全国扶贫系统先进集体”称号，成为福建省唯一获此殊荣的单位。2019年，经省委省政府批准，武平正式退出省级扶贫开发工作重点县。

4 生态生财

——建瓯市“绿色+扶贫”谋发展

建瓯市在脱贫奔小康的征程中坚持将生态建设与精准扶贫相结合，探索出“绿色+扶贫”的路子，推进生态效益补偿、造林绿化补助、发展林下经济、林业科技下乡、林业合作组织带动等林业生态脱贫增收工程，通过守护绿水青山增进民生福祉。

林业政策助力脱贫攻坚

作为全国林业大县，建瓯市现有林地面积527万亩，森林覆盖率达79.6%。为发挥林地资源在脱贫攻坚工作中的优势，2018年，市政府利用生态补偿和生态保护工程资金，推出了极富建瓯特色的《建瓯市建档立卡贫困户护林员选聘办法》，从全市建档立卡贫困户中选聘出10名生态护林员，月工资在1500元以上。

建瓯市林业局局长张裕顺说：“把贫困户选聘为生态护林员是一次创新，也是一次探索，可以让他们稳定增收，稳步脱贫。”聘用建档立卡贫困人口为生态护林员，既解决了他们的就业问题，又增强了森林资源保护力量。

建瓯市还开展了造林绿化补助扶贫，对申报建设乡村生态景观林的扶贫开发重点村予以优先扶持，符合建设标准、经验收合格的每亩补助8000元；对实施珍贵树种造林、重点生态区位林分修复造林、不炼山造林的建档立卡贫困户，优先提供珍贵树种苗木并给予补助，如珍贵树种纯林每亩补助200元、针阔混交林每亩补助350元、生态修复每亩补助300元。

林下经济带动脱贫攻坚

如何高质量打好脱贫攻坚战？建瓯市不断持续深化、完善林改政策，积极鼓励贫困户参与发展林下经济，探索出利用林间空地套种药用植物的“林药模式”；用材林和经果树种混交的“林果模式”；以林下昆虫、菜草等为食物，辅以稻谷、玉米养殖本地土鸡的“林禽模式”等发展模式，助力贫困户增收，实现了生态与扶贫的双赢。

东游镇探索“科特派+合作社+基地+贫困户”的创业孵化模式发展林下经济，依托由党员创建的俊丰食用菌合作社，建成占地50亩的食用菌脱贫车间。至目前，食用菌扶贫车间已带动贫困户21户，栽培黄金菇

◎建瓯市东游镇党员干部带头引领贫困户种菇脱贫致富

21万袋，实现产值60多万元。小桥镇后塘村大投林业专业合作社向该市林业科技推广中心租赁针阔混交林用于林下种植铁皮石斛等中药材，雇请村里部分精准扶贫对象做工，增加贫困户收入。

房道镇连地村大坪白笋专业合作社不仅吸收能人大户入社，还将村里25户建档立卡贫困户全部纳入。2020年第一季度，合作社就实现销售收入93.55万元，利润18万元。25户贫困户获得了首批每户1000元的参股分红。

截至2018年底，建瓯市发展林下经济的林地面积达149.9万亩，年产值37.5亿元。

林业技术服务脱贫攻坚

2018年来，为进一步强化科技在林业发展中的支撑地位，建瓯市根据贫困户对林业技术的需求，选派32名优秀科技特派员、生产技术能手，组建林业服务专家团队，解决贫困户在林业生产中遇到的技术难题。围绕林业生产中的关键技术环节，科技特派员开展实用、实效、通俗易懂的科技培训，为农户实现林业生态脱贫提供技术支撑。

科技特派员林振清在龙峰村和连地村分别建立了312亩和500亩的示范片，大力推广竹阔混交林经营、竹山灌溉、测土配方施肥、护笋养竹等培育技术。为管好示范片，他严格按照《毛竹林丰产培育技术规程》组织实施，取得良好的示范效果，竹林结构更加合理，鲜笋平均亩产从120千克提高到530千克，每亩竹材从15根提高到40根，产值从380元提高到2100元。

经过科技特派员的指导，贫困户对发展生产有了底气。东峰镇大房村贫困户林长泉说："我之前对种植树苗没啥经验，剪枝、施肥、喷药都是摸索着干，听完专家的讲课，我的心里一下亮堂起来。"

◎建瓯市共产党员、科技特派员谢健指导林农种植黄花远志、窄叶台湾榕、厚朴等林下经济药材

林业生态旅游发力脱贫攻坚

借助良好的生态环境，建瓯市逐步做大山水文章，大力发展森林生态旅游。发挥独有的环境和区位优势，在公路沿线、景区景点周围，发展一大批生态环境好、农耕文化浓、接待设施全、体验项目多、服务质量优的乡村旅游休闲区。

小松镇林下旅游建设项目属于建瓯市国家储备林质量精准提升工程PPP项目，总投资2.2亿元，规划用地1149亩，主要建设内容为通过集约人工林栽培和改培新建森林公园、通过商品林赎买和改培建设知青林场，同时建设小松苗圃生态营地、山里人家、小松溪沿岸防护加固、景观节点等林下旅游基础设施。依托国家储备林质量精准提升工程项目，小松镇森林旅游经济有了极大的发展，项目实施区湖头村原本名不见经传，如今转身成为炙手可热的建瓯生态旅游休闲区，2018年接待游客超过10万人次。

当下，更大的森林旅游项目在建瓯落地生根。蟹龙岗综合性旅游区整体开发项目计划投资118亿元，其中一期计划投资10亿元，建设迪口镇岩下村游客服务中心、石韵岩下精品民宿、山樱桃谷度假村、岩下奇幻漂流、岩下风景道、蟹龙岗景区交通驿站、迪口至蟹龙岗旅游快速通道等。2018年6月，建瓯市政府与福建蓝洋山水有限公司正式签订《建瓯迪口蟹龙岗康养旅游度假区项目投资协议书》，目前合作方已入驻建瓯开展工作，项目建设快马加鞭。

◎游客在房道镇千竹园游览

点评

建瓯市牢固树立和践行习近平总书记绿水青山就是金山银山的理念，按照“将资源优势转化为增收优势，将行业优势转化为帮扶优势，将生态优势转化为发展优势”的原则，充分发挥林业在推进脱贫攻坚中具有的天然优势和巨大潜力，大力实施森林资源培育、林业生态保护、特色产业和森林旅游发展等措施，不断创新林业生态扶贫方式，切实加大贫困乡村、贫困人口的扶持力度。建瓯市在生态优先的前提下，大力实施植树造林，充分利用林下空间，大力发展林下经济产业，推进种养结合，促进循环发展，不断加大生态公益林和天然林保护力度，全面推进林业生态管护机制改革，优先聘用有劳动能力、能胜任岗位要求的贫困人口为护林员，增加贫困人口劳动报酬，实现在家门口脱贫。持续加大森林旅游扶贫的指导和扶持力度，依托特有的森林旅游资源，积极开发观光林业、休憩休闲、健康养生、生态教育等绿色生态产品和服务，鼓励贫困人口参与“森林人家”建设，促进增收。不负青山，方得“金山”。辛勤的建瓯林农正在通过生态扶贫，书写山青、业兴、民富的脱贫新篇章，并用实际行动诠释了“绿水青山就是脱贫的靠山”理念。

5 奏响生态扶贫曲

——光泽县“绿色银行”解林农难题

早在2000年，时任福建省省长的习近平同志就前瞻性地提出了建设生态省战略规划的设想。2002年1月23日，习近平在政府工作报告中正式提出建设生态省战略：“建设生态省，大力改善生态环境，是促进我省经济社会可持续发展的战略举措，是一项造福当代、惠及后世的宏大工程，要统筹规划、分步实施、积极推进。”其间，他多次到闽北山区光泽县调研。在脱贫攻坚过程中，光泽县大力弘扬习近平同志在福建

◎光泽县李坊管密风光

工作期间提出的创新理念和重大实践，坚持绿色发展理念，确立了“生态立县”战略，大打生态牌，主唱生态戏。光泽县把绿色生态理念贯穿城乡规划建设全过程，以农村净化、绿化、美化、亮化为重点，推进生态村创建和美丽乡村建设。2016年7月，光泽县被命名为“国家级生态县”。目前，全县有省级生态村45个、市级生态村39个，市级以上生态村占全县行政村的98.8%，美丽乡村的田园风光吸引了越来越多人的目光。

生态补偿机制，村民享实惠

大洲村有5个村民小组，人口374人，耕地520亩，8万多亩的山林，近5万亩被划为武夷山自然保护区，2.8万亩被划为生态公益林。“早些年没有生态补偿款，村民就靠人均1.2亩的薄田为生。”村党支部书记刘英红说，“当同镇好几个村靠山吃山让村财过百万元时，大洲村的村民却只能望山兴叹，超过一半以上的村民都选择外出打工，大洲村是全镇有名的贫困村。”

从2002年起，国家启动了生态补偿机制，且补偿力度逐年提高。2019年自然保护区的5万亩生态补偿和2.8万亩生态公益林补偿款近80万元，全村人均达2240元，再加上4个圣农养鸡场的耕地使用补偿款，大洲村的村民人均年分红3700多元。村民享受到生态补偿的实惠，对山林保护的主动意识也逐渐增强。

大洲村渡头组的李大爷忙完农活，坐在田埂上惬意地抽完一根烟后，便把烟头小心地捻灭，想想不放心，又用锄头撬起泥巴，把烟头埋进土里。他说：“我身后就是保护区的生态林，我一家五口每年从这片山林中能获得近2万元的补偿金，这可是我家的‘绿色银行’，防火不敢大意啊。”

大洲村5个村民小组，除了大洲组五保老人肖金秀外，没有一户烧柴煮饭，全部用电或液化气。而肖金秀老人的煮饭用柴，也由村班子成员用一天时间，从河边砍些杂木，捡些枯枝帮她劈好，够她用上一年。对住在山边的12户村民，村里定期组织上户检查用电是否超负荷、线路有否老化，一旦发现隐患，即由村里出钱购买材料，户主出工资请专业人士进行更换，确保用电安全。对外来人员进山偷采偷猎的，村民主动监督，一旦发现，会在第一时间报告林区派出所。除了做好安全防护外，大洲村还有5人当专职扑火队员，7人当兼职扑火队员。由于防范到位，大洲村20多年没发生过一起火灾。

良好的生态也带动了其他产业的发展。养蜂能手龚声和在上史元组放养蜜蜂，带动当地15户村民养蜂，蜂群达到430多箱，产值达50多万元；渡头组的李良元等5户人种植竹荪20亩，亩纯收入达2万元。大洲组两户村民借助生态与红色旅游办起农家乐，每年也有1万多元的收入。村主任李永水说："省定贫困户是年收入低于3497元，而大洲村民每年领取的分红就超过这个标准，可以说靠这8万亩山林带来的生态红利，除李良平家因灾返贫外，大洲基本实现整村脱贫。"

李良平一家五口都住在渡头组，近几年连续几场车祸使他家成为全村唯一一户建档立卡贫困户。为帮扶他家脱贫，村里把村部后山一片近200亩的油茶林以10年1000元的租金提供给他父亲经营，年产油茶达100多千克，收入1万多元。近日，村委与电信公司联系，为其妻子安排了一份工作，每月有2000多元的工资，又到县民政局为其儿子争取到每年1000元的助学金。

顺应生态脉络，助力脱贫增收

司前乡西口村地处光泽县东北部，距离县城约60千米。10年前，由于缺少产业的支撑，西口村经济落后，村民们的生活水平普遍偏低。2006年，作为村主任的夏水清向邻村取"致富经"，发现邻村的地理环境和西口村相差无几，而他们通过种植竹荪鼓了村民的“钱袋子”，于是便带领村民学习种植竹荪的经验和方法，并成为村里第一个“吃螃蟹的人”。“我第一年试种了两亩竹荪，比较幸运的是第一年就取得了好收成，每亩有7000多元的收入。”夏水清说，村民看自己种竹荪收益不错，第二年就有12户村民跟着种，面积扩大到30余亩。如今，西口村曾经的困难户靠着种植竹荪获得了稳定的收入，生活水平不断提高，没有一户掉队成为贫困户。

授之以鱼不如授之以渔。近几年，光泽县农业局开展了“雨露计划”，免费为村民提供种植竹荪的基本技术培训。家住寨里镇侨湾村的雷伙能通过“雨露计划”掌握了种植竹荪的技术，随后他又获得了5000元的产业扶贫补助，有了资金和技术，雷伙能种植了3亩竹荪，顺利摘掉了贫困户的帽子。看到美好的前景，雷伙能决心更大了，他准备借一些小额信贷，把竹荪的种植面积扩大到5亩，顺便帮助未脱贫的困难户脱贫。

像司前乡这样通过生态产业扶贫的例子在光泽县并不少见。太银村地处偏远，但森林资源丰富，光毛竹就有2.2万亩，毛竹成为太银村绝大多数村民最主要的收入来源。但2008年以后，由于光泽县一些毛竹加工企业纷纷停产或改行，毛竹销量锐减，而且价格也逐年下滑，村民增收成了一个突出问题。2013年，太银村利用自身高山气候的特点，发展以茭白为主的高海拔蔬菜种植，并注册成立了太银高海拔蔬菜产销专业合作社，当年试种了20亩茭白，亩产达到3000多千克，亩产值上万元。第二年，村里就将种植面积扩大到105亩，加入合作社的村民也由原来的15户逐步发展到了105户。小小的茭白成了帮助贫困户摆脱贫困的“金元宝”。

目前，光泽县组建各类农民专业合作社499家，家庭农场83家，吸纳会员9000多户，帮助带动215户681名贫困人口增收。

点评

习近平总书记强调，精准扶贫，一定要精准施策。要坚持因人因地施策，因贫困原因施策，因贫困类型施策。2013年，光泽县被列为福建省23个扶贫开发工作重点县之一。光泽境内的森林覆盖率达到78.85%，大气环境质量和水环境质量分别达到国家规定的一级和二级标准，是名副其实的国家级生态县，生态也是光泽最大的财富和优势。光泽县充分发挥生态优势，通过“生态产业+扶贫”的手段，推动精准扶贫。对于承担生态保护任务的地区，应进行合理的生态补偿。这既是对这些地区的群众为生态保护作出贡献的鼓励和肯定，也是帮助他们脱贫的方式之一。光泽通过生态补偿机制为贫困户建设绿色银行，让村民成为森林的主人，实现了由政府帮向自主参与的转变，由“输血”变“造血”，极大地激发了贫困户的内生动力。光泽通过土地流转、入股分红、合作经营、劳动就业等方式，大力发展生态旅游业、特色林产业、特色林下种养业，有效拓宽了贫困人口增收渠道，实现长期脱贫不返贫。光泽县保持决胜架势，狠下“绣花”功夫，脱贫攻坚取得决定性进展，成为全省首批退出的省级扶贫开发工作重点县之一。

第三章 /

东西协作共同发展的“闽宁模式”

中国幅员辽阔，从东到西，从南到北，从高山到平原，从沿海到内陆，自然禀赋的不同，造就了巨大的地域差异。如何让羸弱变得强大，如何让先富帮后富，协调发展，共同富裕，中国有着自信的方案，这就是充分发挥我们党的政治优势和社会主义制度优势，团结协作，开展跨区域结对帮扶。

2016年7月，习近平总书记主持东西部扶贫协作座谈会时强调，东西部扶贫协作和对口支援，是推动区域协调发展、协同发展、共同发展的大战略，是加强区域合作、优化产业布局、拓展对内对外开放新空间的大布局，是实现先富帮后富、最终实现共同富裕目标的大举措。要求切实提高工作水平，全面打赢脱贫攻坚战。党的十九大明确提出要动员全党全国全社会力量，深入实施东西部扶贫协作，重点攻克深度贫困地区脱贫任务。

“闽宁对口扶贫协作”是习近平同志在福建工作期间亲自部署、亲自推动的重要战略决策，承载着总书记的热切嘱托。1996年至今，“闽宁对口扶贫协作”遵循“优势互补、互惠互利、长期协作、共同发展”的方针，180余名福建挂职干部，2000余名支教支医支农工作队员、专家院士、西部计划志愿者以“不到长城非好汉”的气魄和“敢拼会赢”的精神，战天斗地、驰而不息，将单向扶贫拓展到两省（区）经济社会建设全方位多层次、全领域广覆盖的深度合作，与宁夏广大干部群众一起用智慧和汗水创造了东西部对口扶贫协作帮扶的“闽宁模式”，成为中国脱贫攻坚伟大事业的一个成功缩影，为全球减贫治理提供了中国智慧、中国方案，“闽宁对口扶贫协作援宁群体”被中宣部授予“时代楷模”称号。

福建省认真学习习近平总书记关于扶贫工作的重要论述和中央决策部署，牢记习近平总书记闽宁协作要“继续做好，再接再厉，久久为功”的嘱托，不断深化闽宁对口协作，巩固提升闽宁合作成果，并借鉴“闽宁模式”的成功经验，按照精准扶贫精准脱贫的要求，持续做好援藏援疆和福州对口帮扶甘肃省定西市、厦门对口帮扶甘肃省临夏州，推动实现产业互补、人员互动、技术互学、观念互通、作风互鉴，共同发展。其具体做法：

一是强化顶层设计，通过建立联席会议制度，落实东西部扶贫协作责任。

二是加强产业劳务协作，优势互补，持续拓展产业合作，推动产业对接常态化，提高产业对接的针对性和实效性，推动劳务协作，消费扶贫，完善劳务输出精准对接机制，推动建设“扶贫车间”，吸纳更多建档立卡贫困群众来闽或就近就地就业，增加贫困群众收入，带动贫困群众脱贫。

三是突出干部人才双向交流，扶志扶智，突出精准要求，完善资金投入机制，把帮扶资金和项目重点用于贫困村和建档立卡贫困户，并向深度贫困地区倾斜，改善贫困地区的路、水、电、气、房等基础设施和教育、医疗等公共服务，深化结对帮扶和互学互助，不断提升帮扶层次，切实把各项举措落实落深落细，为助力贫困地区高质量打赢脱贫攻坚战，确保帮扶地区贫困群众和全国人民一道进入全面小康社会注入福建力量。

1 东西扶贫协作的典范

——闽宁同心共圆全面小康梦

宁夏地处我国西部，是我国欠发达的少数民族地区，“滚滚黄沙不见路，跟着驼铃找宁夏”曾是许多人心中的宁夏印象。特别是西海固地区，是全国最早开展有计划、有组织、大规模扶贫开发的地区之一，也是全国集中连片特殊困难地区之一。这块厚重苍凉的黄土地，曾经承受了太多的屈辱和苦难，成千上万的人在这块饱经沧桑的黄土高原上，在大山的褶皱里，日复一日地面对生活中的千难万难：吃水难、行路难、上学难、看病难……贫困对生活在这里的老百姓来说几乎是摆脱不了的魔影。

1996年，在党中央的决策下，福建省与宁夏结成对口帮扶协作省区，时任福建省委副书记习近平担任福建对口帮扶宁夏领导小组组长，亲自部署、亲自推动闽宁对口扶贫协作。

从此，为了实现这一共同的目标，相距2000多千米的两省区山海牵手，谱写了一段跨越24年的“接力帮扶”，创造了东西扶贫协作脱贫攻坚的“闽宁模式”，当年曾被联合国专家认定为“不具备人类基本生存条件”的“苦瘠甲天下”的西海固地区，在精准扶贫措施的推动下，如今生机焕发，加快发展，一批又一批的贫困村、一个又一个的贫困县逐渐摘下“贫困帽”，走上致富奔小康的发展之路。

以顶层设计推动对口帮扶落实见效

1996年11月，福建、宁夏第一次对口扶贫协作联席会议在福州召开，闽宁两省区正式“结亲”，携手踏上与贫困角斗的征程。

此后，每一年，对口扶贫协作联席会议都会在两地轮流举办，闽宁两省区党委政府主要负责同志出席，总结对口协作工作，商定协作帮扶方向，确定协作工作重点，督促协商成果落地见效。24年来，闽宁联席会议从未间断，承诺的协作事项逐一兑现。通过坚持联席会议制度，扶贫协作工作始终与两省区的发展大局紧紧相扣，做到“宁夏所需、福建所能”。联席会议因此成为闽宁双方部署工作、达成共识、推动落实、增进友谊的重要制度安排。

秉持“优势互补、互惠互利、长期协作、共同发展”的原则，一系列协作机制随之建立。市县结对帮扶、互派挂职干部、对口协作……结对帮扶机制实现从纵向到横向的深度延伸，内容越来越深入，形式越来越丰富。以市县结对帮扶为例，福建一开始就从沿海的福州、莆田、泉州、厦门、漳州5个市选择了30个比较发达的县（市）与宁夏9个国家扶贫开发工作重点县结成帮扶对子，聚焦制约当地发展的短板，从项目、资金、技术、人才等方面精准发力，点对点，一对一帮扶。如今，这种结对帮扶已由县区延伸到乡镇和行政村，两省区64个乡镇、34个村结对帮扶，在全国开了先河。同时，两省区在教育、医疗、文化等领域推进对口协作，组织、统战、民政、司法、教科文卫等几十个部门和社会团体建立起帮扶关系。宁夏回族自治区扶贫办的负责人说：“这些结对的地方和部门就像一枚硬币的两面，建立了亲密的协作关系，成为两地携手合作取得实质成效的强有力保障。”

24年来，福建先后选派11批184名干部挂职宁夏西海固，还有院士、专家、志愿者2000多人前往宁夏支援教育、医疗、农业等，宁夏也选派19批366名干部到福建挂职锻炼学习。他们互学互助，推动双方的协作，对扶贫开发起到了重要的作用。“不到长城非好汉”的六盘山精神和“敢拼会赢”的福建精神融合成两省区共同的精神财富。

以推进产业发展带动农民增收

福建籍侨商陈德启，十多年来在贺兰山东麓一块10万亩的荒滩上，先后投资15亿元，栽种500万株防护林树种，种植2万亩有机酿酒葡萄，把戈壁变成了绿洲，并吸纳2000多名农民就业。在他的带动下，百万亩葡萄长廊芳容初现，千亿元葡萄产业正在形成。

◎贺兰山下的葡萄酒酒庄

“宁夏南部山区的贫困根源在于自然条件太差，传统种养业受到限制。只有把人放到产业链上，才能真正打破传统产业结构，实现造血式扶贫。”2010年，福建省第七批援宁干部林珍发、林超雄提出在西吉县建设产业园区，把沿海地区的劳动密集型企业转移到西海固，打造宁夏南部山区产业集群。经过多方努力，福建莆田的国圣食品有限公司入驻园区，从事马铃薯加工。如今，西吉的马铃薯产业已冲破了自然条件的制约，打通了全产业链，成为西海固农业产业化的样板。

24年来，闽宁两省区从发展马铃薯、菌草产业起步，把共建产业园区作为产业协作的重点，先后在银川市永宁县建设闽宁镇扶贫产业园，在吴忠市盐池县、固原市西吉县和隆德县建设了闽宁产业园。据不完全统计，目前入驻各类闽宁产业园的企业已经签订协议50多项，协议金额400多亿元，并形成了机械制造、电子信息、纺织轻工、风力发电、食品加工、葡萄酒等一批特色产业项目，为当地扶贫事业注入了内生动力。

闽宁扶贫协作也由过去单向的扶贫解困，发展到经济合作、产业对接、互利共赢，由过去两省区党委政府主导逐渐转变为牵线搭桥，企业按照市场原则投资兴业，实现了由给钱给物的“输血”式扶贫，向以发展产业为重点的“造血”式扶贫的根本转变。目前，有8万多位闽商、5000多家闽企在宁夏经营着建材、食品加工、农林开发等20多个行业，总投资800多亿元，安置就业十余万人，有效地带动了当地经济发展和农民增收。

支持贫困地区农民在本地或外出务工、创业，是短期内增收最直接见效的办法。在银川市永宁县闽宁镇玉海村，宁夏忆雨坊农业综合开发有限公司设立了扶贫车间，并与该村30多户村民正式签订辣椒订单协议，开启“闽宁辣椒”种植模式。“企业+合作社+村民”的结合让传统农业的零散户种植模式变为现代农业集约化种植，成为宁夏决胜脱贫攻坚的重要保障之一。

2020年3月的一天，迎着纷纷扬扬的新春瑞雪，前往福建务工的固原市原州区和西吉县的142名返岗人员，已被政府租用的大巴接到了六盘山机场。他们将乘坐包租专机从这里飞赴福州市，再由福建省相关企业安排专车接机直接输送到马尾和莆田的用工企业，实现务工人员“出家门、上车门，下车门、进厂门”。随后，还有彭阳县和隆德县的170名返岗人员将采取同样的方式返回福建就业。这是闽宁两省区针对新冠肺炎疫情影响，大量返乡农民工无法正常返岗，用包机点对点、一对一集中输送外出务工人员，推动复工复产的一个举措。截至2020年3月底，固原市累计包车包机245批次，为福建省输送建档立卡贫困劳动力1175人。20多年来，固原市先后向福建输出劳务人员超过13万人次，常年稳定在福建工作的固原籍务工人员达3万多人。目前，劳务经济收入已经占到宁夏农民可支配收入的40%左右，成为农民脱贫致富的“铁庄稼”。

以加强基础设施提升“造血”能力

对于生存条件差、基础设施薄弱、“一方水土养不活一方人”的贫困地区来说，挪穷窝、拔穷根，通过基础设施建设提升造血能力，是摆脱贫困顽疾的重要突破口。

针对生态环境这个发展瓶颈，24年来，闽宁两省区着重加强农田水利、交通通信等基础设施和技术培训、教育医疗等公共服务建设，打井窖、坡改梯、铺地膜、小流域治理、退耕还林还草，移民吊庄，修建了一大批水利水保、饮水等基础设施，集中力量建设了闽宁镇、石狮镇、惠安村等一大批生态移民示范村。闽宁生态移民示范村、闽宁学校、闽宁儿童福利院、闽宁敬老院、闽宁扶贫产业园……“闽宁”二字，如今在宁夏6.6万平方千米的大地处处镌刻下印记，两省区同心战贫困的成果俯拾即是。

以闽宁协作为代表的东西部协作历史被记录在邮票里，也书写在宁夏大地上。

从最初8000多人的闽宁村，发展到现在拥有6.6万人的闽宁镇，昔日的“天上无飞鸟、地下不长草、十里无人烟、风吹沙粒跑”的荒滩，变成了现在绿树成荫、良田万顷、经济繁荣、百姓富裕的金沙滩，构建起了特色种植、养殖、光伏、旅游、劳务五大主导产业格局，全镇移民人均可支配收入由搬迁之初的500元跃升到2019年的14000多元，贫困发生率从11.6%降至0.197%。

在闽宁镇成功经验的示范下，2019年，西吉县利用闽宁帮扶资金近亿元，共培育支持15个闽宁协作示范村。像这类的闽宁协作示范村，宁夏全区有110多个，同时，还有20多个闽宁协作移民新村，300多个易地搬迁安置区，累计接收易地搬迁移民110万人。闽宁示范村成为闽宁对口扶贫协作的重要抓手，被列入中央关于打赢脱贫攻坚战三年行动的指导意见中，在全国推广实施。

盐池县南苑新村社区村民小苏，过去住在盐池县麻黄山乡谢儿渠自然村，那里山大沟深，交通不便，用水也困难，完全靠天吃饭。前几年，县里出台搬迁扶贫政策，小苏坚定地选择了“离土离乡”，搬进了南苑新村。如今，住上了110平方米的大房子，平时跑出租车，妻子在家做小吃生意，家庭年收入超过10万元。

数据显示，24年来，福建向宁夏累计提供帮扶资金26.3亿元，并将超过60%资金投向宁夏“五县一片”深度贫困地区。通过政策、资金等方面的支持和倾斜，福建为宁夏援建公路385千米、高标准梯田22.9万亩，打井窖1.5万眼，改造危房危窑2000多户，修建了一大批水利水保、农村电网、广播电视等基础设施，改善了近60万贫困群众生产生活条件，为促进宁夏贫困地区经济发展和民生改善发挥了重要作用。

扶贫先扶智，治贫先治愚。24年来，闽宁两地不断拓展扶贫协作领域，由单一的经济合作发展为教育、医疗、文化等多领域推进合作，各项社会事业不断推进，先后援建学校236所、医疗卫生院（所）323个，并选派1328名教师和医疗技术人员到宁夏，帮助培训山区教师近万名、实施阳光工程和雨露计划，资助贫困学生9万多名，点亮了无数孩子的未来。同时，一场场就业技能培训，为贫困群众送去了知识、武装了技能，增强了他们发展产业和外出务工的本领。贫困群众的内生动力被激发出来，从“要我脱贫”到“我要脱贫”，从“熬日子”到“奔日子”，凝聚起强大的攻坚合力。闽宁协作24年，宁夏总体贫困发生率由1995年的55%下降到2012年的22.9%，再下降到2019年的0.47%，贫困地区人均可支配收入由2012年的4856元增长到2019年的10415元。

点评

24年携手战贫困，24载共同奔小康。闽宁对口扶贫协作开展24年来，依据习近平同志当年提出的“优势互补、互惠互利、长期协作、共同发展”指导原则，聚焦全面小康目标，坚持联席推进、结对帮扶、产业带动、互学互助、社会参与，从单向扶贫到产业对接，从经济援助到社会事业多领域深度合作，形成了独具特色的“闽宁模式”，开创出一条具有示范意义的东西协作与精准扶贫道路，集中展现了中国特色社会主义制度的巨大优越性，为国际减贫事业和联合国千年发展计划树立了“中国样板”。从“闽宁模式”我们可以得到以下几点启示：

一是东西部扶贫协作要充分发挥党政主导的政治优势，在组织领导上坚持建机制、多沟通，共同协商对口帮扶重大事项、重大问题；在政策设计上找准中央要求、福建所能、宁夏所需的结合点，着眼长期合作、务实合作，科学确定年度帮扶目标任务，精心谋划帮扶重点项目，真正帮到点上、扶到根上。

二是东西部扶贫协作要把精准推进产业发展作为关键。依托自然条件和资源优势，取长补短，发挥好各自优势，实现互利双赢、共同发展，带动贫困地区群众创业就业、增收致富。要聚焦最需要帮助的贫困群众，探索到户、到人的定点帮扶措施，深化劳务协作，让贫困群众有一技之长、有稳定收入。

三是东西部扶贫协作要把改善贫困地区的基础设施作为重要突破口，把绿色发展与脱贫攻坚有机结合起来，进一步增强贫困地区和贫困群体的自我发展能力，让老百姓有更多的获得感。

四是要把“富口袋”与“富脑袋”结合起来，通过典型示范、宣传教育、技能培训，引导贫困群众树立“宁愿苦干、不愿苦熬”的思想，自力更生、艰苦奋斗，增强战胜贫困的信心，用勤劳的双手创造幸福美好生活。

2 闽中海风扶陇中

——福州市聚力帮扶定西加速脱贫

定西市位于甘肃中部，地处黄土高原、青藏高原和西秦岭交会地带，通称“陇中”。此处干旱少雨、地力贫瘠，所辖六县一区都是六盘山连片特困地区，与甘肃的河西、宁夏的西海固并称“三西”，1983年就被确定为全国最早实施区域规模扶贫的重点地区，是全国脱贫攻坚的主战场。位于闽中的福州市，是福建省的省会城市。2017年，在党中央国务院的部署下，福州市与定西市结成东西部扶贫协作的“一家人”，从此，榕城定西心手相牵、共战贫困的故事开始在陇中大地谱写。

以产业协作带动农民增收

产业协作是脱贫攻坚的根本出路、长久之计和治本之策。福州市把产业培育作为核心，坚持“定西所需”和“福州所能”精准对接，全方位推动产业扶贫落地见效，有效激活了当地贫困户的“造血”功能。

定西市下属的渭源县，海拔在1930米至3941米之间。站在渭源的山头，似乎伸手就能抓住一把阳光。近年来，在对口帮扶的福州市晋安区的大力支持下，渭源县充分利用空间资源，积极探索光伏发电与现代农业产业相结合的新路子，成为“全国光伏扶贫试点示范县”。

渭源县莲花镇绽坡村党支部书记李海东是当地较早“吃螃蟹”的人。依托东西部扶贫协作帮扶资金200万元，再加上其他渠道的资金扶持，他成立了食用菌合作社，在光伏发电站下建大棚，育香菇。仅2019

年，“合作社就有40万棒菌棒投入生产，产量达60多万斤，每斤售出价约5.5元，目前已有350万元左右的收益，估计还能再卖100万元。有的还漂洋过海，卖到韩国呢！”

李海东的香菇合作社带动了全镇5个行政村200户贫困户增收，其中在合作社务工的贫困户有138户，平均每人每年有1万元左右的收入，每个村的村集体经济分红也有5万元。

位于临洮县的福定产业园，是福州、定西两市深入推进产业扶贫协作的示范园区。2018年，交通运输部行业研发中心（甘肃路桥）产业转化基地项目、临洮旷世科技有限公司大数据技术运营中心项目和甘肃恒鑫岩棉新材料有限公司年产12万吨（一期6万吨）岩棉生产线建设项目等3个项目入驻，标志着产业园整体启动，成为推动当地经济发展的助力器。

据不完全统计，在东西部扶贫协作中，40家福州企业先后入驻定西，投入资金5.17亿元，开展产业合作，与贫困户建立市场化利益联结机制，在全产业链上带贫增收，脱贫致富。

以增加就业加快脱贫

2019年2月21日，全国首趟定西扶贫返岗免费高铁专列到达福州，实现定西贫困劳动力“点结点、一站式”输转。目前，福州通过“三包”方式已接收定西建档立卡贫困人员3869人来榕就业，其中首次来榕的有3138人。

开展劳务协作、增加就业是福州市帮扶定西加快脱贫的重要方式。为了不断提高定西贫困劳动力赴福州就业的积极性，福州与定西协调，出台了一系列东西部劳务协作政策，建立劳务输出精准对接机制，加大劳务培训和输转力度，如对连续务工3个月以上和6个月以上的贫困劳动力分别给予4500元、13500元奖励工资及交通生活补贴。在福清新福兴浮法玻璃有限公司上班的定西务工人员韩明虎就是这一政策的受益者。三年来，福州市已累计接受定西贫困人口13468人次来榕就业，实现稳定就业3个月以上的贫困人口达2626人。

为阻断贫困代际传递，福州市还创新劳务协作，按照“定向、定岗、定制”的精准就业扶持原则，在编制紧张、岗位有限的情况下，定向定岗招收定西籍贫困家庭高校毕业生。目前，已累计招收277名定西贫困家庭高校毕业生进入福州国有企事业单位工作。国务院扶贫办肯定此做法开了全国先河，是拔穷根、挪穷窝、治穷病的一个创新举措。

除了创新劳务协作外，福州市还因地制宜、精准施策，引导劳动密集型企业或手工工艺型企业到定西市投资，建立分公司或加工车间，通过建立“扶贫车间”，让定西贫困群众实现家门口就业增收、打工和照顾家庭两不误。

位于渭源县上湾镇侯家寺村的巾帼扶贫车间，就是这样的东西部协作扶贫车间。该车间由对口帮扶的福州市晋安区和渭源县共同打造建立，以服装生产为主，车间员工主要是易地搬迁户。晋安区对扶贫车间投入了80万元的帮扶资金，还提供一些订单。

在这里打工的殷淑霞说：“以前我们家收入以种植中药材为主，靠天吃饭，不稳定。现在在这里打工，收入有保障，孩子也能照顾上，和姐妹们说说笑笑，过得也开心。”

目前，像这样的扶贫车间，已在陇中大地遍地开花。三年来，共有140家扶贫车间在东西部扶贫协作的扶持下蓬勃发展，帮助25911人就近就业，有效增加了贫困群众的收入。

生态扶贫扎下致富根

贫困往往与生态环境脆弱伴生。定西是全国水土流失严重区域之一，当地人常说：“山是和尚头，沟里无流水，十年有九旱，岁岁人发愁。”根据定西市的生态环境状况，福州与定西探索了“水土流失综合治理（生态林）扶贫”模式，以治理水土流失为切入点，在植树造林改善区域生态环境的同时进行产业扶贫。

2017年春，规划实施面积10641亩、总投资4588.2万元的福定生态林项目启动实施。福州、定西两市的林业专家，针对定西水土流失严重的客观条件，通过实地调研和科学测试，选取适宜当地气候的耐寒耐旱树种，采取针阔混交、针针混交、阔阔混交，以及“挖大坑、种大苗、浇大水”等行之有效的栽植方式，确保苗木种得下、养得好、能成林。

云杉种植3年即可长2米高，再过几年，福定生态林项目将成为距离定西市区最近的森林公园。

福定生态林建设，不仅让荒山披绿，改善了生态环境，也有效带动贫困群众增收。57岁的李锋，安定区凤翔镇李家岔村村民，曾是建档立卡贫困户。2017年5月，李锋成为福定生态林的一名护林员，每月有600元的固定收入。2018年，他家的40亩山地被列入生态林二期用地，实施了退耕还林工程，获得补助2万元。耕地变林地，一家人也从土地上解放出来，外出务工挣钱。当年，李锋全家便实现脱贫。

李锋深有感触地说：“以前，南山这一片看不到几棵树，现在，几十座荒山连成了一片林海。最明显的变化是这两年南山的降雨多了，野鸡、野兔多了。”

目前，福定生态林已吸收建档立卡贫困户380多人次参加务工，并通过从事生态林的抚育、管护工作，进一步增加劳务收入，直接带动贫困户增加收入200多万元，每年可产生生态效益超过2000万元，堪称“有福之林”。

扶志扶智共奔小康

扶贫先扶志，扶志必扶智。只有激发贫困地区和贫困群众脱贫的内生动力，提高他们的自我发展能力，才能永久脱贫、真正脱贫。

在东西扶贫协作中，福州与定西大力实施“双招双引、对标福州”

人才培养计划，通过互派专业技术人员互帮促学、开展支教支医支农活动、组织党政干部赴福州接受培训等，让贫困地区的干部开阔视野、解放思想、转变观念、提升能力。积极帮助定西引进巨菌草种植技术、中蜂养殖技术、香菇反季节种植技术、生态林建设技术，助力定西加快智慧政务、云计算、惠民资金监管平台等建设。三年来，定西市共选派54名干部赴福州挂职锻炼，选派378名教育卫生等行业技术人员赴福州开展1个月以上学习交流。此外，福州与定西还实现了县级结对帮扶全覆盖，91对乡镇、157对村、76个企业与99个村建立了“一对一”结对帮扶关系，135个学校、46家医院分别结对帮扶定西137个学校、51家医院。

2020年端午前，位于福州仓山的定西大卖场内，上百种定西农特产品琳琅满目，前来选购的市民络绎不绝。卖场负责人表示：“夏天热，蜂蜜、凉茶、沙棘果这些消暑农特产品卖得最火。”

消费扶贫，一头连着贫困地区的田间地头，一头连着城市里的大市场。三年来，福州市一直把助力定西农特产品进入福建市场作为东西部

◎福州市罗源县支持定西市食用菌产业扶贫人才培训启动仪式暨种植技术培训班

扶贫协作的重要内容，在仓山区建立农特产品展销中心，在其他各个县（市、区）分别建立农特产品展馆，形成“一中心十二馆”的布局。同时，还通过建设电商平台，鼓励工会消费，积极推进“农超对接”“农企对接”，实现定西高原夏菜、牛羊肉、中药材、马铃薯等300多种农特产品直销福州，进机关、企业、学校、社区，探索出“消费+产业”扶贫的新模式，火热的线上线下交易，几乎每一天都在“定西—福州”间发生。

邱富文是岷县益农中药材种植购销农民专业合作社负责人，他说：“从2018年8月开始，我们的中药材在福建的永辉超市销售，到目前销售额已达到200多万元了。”

2020年，福州市克服新冠肺炎疫情的影响，积极采取有效措施，推动消费扶贫线上线下联动对接，帮助定西农特产品打通销售渠道，巩固脱贫攻坚成果，定西农特产品的销售额超过了1亿元。

点评

新一轮东西部扶贫协作启动以来，福州市坚决贯彻落实习近平总书记扶贫开发重要战略思想，携手定西市，聚焦深度贫困地区，聚焦建档立卡贫困人口，聚焦“两不愁、三保障”标准，心往一处想、劲往一块使，共同完善合作机制、共同培育优势产业、共同推进生态扶贫、共同构筑大市场，扎实开展精细精确精微的“绣花式”扶贫，激发了贫困户内生动力，提升了贫困户的“造血”功能。生态扶贫、劳务扶贫、产业扶贫、惠农资金监管网建设等创新模式，得到了国务院扶贫办的充分肯定。福州定西生态扶贫合作、福州市与定西市劳务合作两个扶贫协作案例被国家推为全球减贫案例。

海风自东来，滋润陇中大地，正如定西张家湾南山福州亭上的这对楹联：“闽中海风扶陇中，云釉万木竞葱茏。”

3 跨越千里的真情帮扶

——厦门市与临夏州持续深化东西部扶贫协作

位于东海之滨的福建省厦门市，是我国最早对外开放的经济特区之一；地处青藏高原和黄土高原过渡地带的甘肃临夏回族自治州，是国家重点扶持的“三区三州”之一，全州贫困面大、贫困程度深、脱贫任务特别艰巨。2010年，国务院扶贫办确定厦门市与临夏州结对，开展东西部扶贫协作。十年来，厦门市坚持精准方略，按照临夏所需、厦门所能、协作见效的原则，不断加大帮扶力度，不断健全工作机制，携手临夏向深度贫困堡垒发起总攻，共同描绘着“全面建成小康社会一个民族、一个家庭、一个人都不能少”的生动画卷。

以产业扶贫提升“造血”功能

发展产业是贫困群众稳定脱贫的根本之策。厦门与临夏东西部扶贫协作，把推动产业扶贫、增强脱贫的内生动力和“造血”功能作为核心，加大招商引资力度，推动共建产业园区，切实帮助贫困户增收脱贫。

2020年春节刚过，福建省农业龙头企业厦门绿百合食品有限公司就来到临夏州考察。3月1日，该公司在临夏县成立成伯农业生态科技有限公司，注册资金5000万元，首期计划流转土地2500亩，投资种植高原夏菜，通过吸纳贫困劳动力务工和开展消费扶贫，带动当地农民稳定增收。

这样以“政府引导、企业运作”的方式，发挥厦门国企、民企的优势，帮助临夏州引进一批有市场前景、经济效益好、吸纳就业人口多、带动脱贫能力强的劳动密集型产业项目，吸引更多能够有效吸纳建档立卡贫困人口就业的企业入驻园区并非个案。数据显示，近些年，临夏累计引进厦门各类企业57家，投资总额约9亿元，涉及种植养殖基地、电商营销、农产品加工、物业物流等。

在产业扶贫中，厦门市创新性实施“一进一出”项目，即在两地产业合作中突出把帮助临夏州的特色产品输出来与把厦门的游客送进去作为工作重点。对应临夏州重点培育的特色产品百亿产业链，通过电商、展销会、临夏农特产品销售专区、直营店等，助力临夏特色产品走出去。对应临夏州重点培育的旅游业百亿产业链，策划实施“万人游临夏”活动，吸引了厦门和周边乃至台湾地区、海外游客到临夏旅游，提升了临夏旅游的知名度和旅游业整体水平。

在过去的几年里，临夏州永靖县的果农时常被苹果销路、价格等问题所困扰。2017年，厦门市翔安区两家公司和甘肃刘家峡农业开发集团有限公司在永靖县共同成立甘肃黄河农谷扶贫开发有限公司，探索出“龙头企业+合作社+农户+金融保险”的四方联利机制，结合永靖县特色优势产业，开展农产品加工销售服务，并在做精做优百合产品的基础上，加工开发出黄芪、金银花、党参、苹果、红枣、花椒、蜂蜜等产品，打造“刘家峡”品牌，彻底解决了永靖县农产品销售难题。同时，黄河农谷扶贫开发有限公司还积极与翔安区各企事业单位对接合作，实行线上线下同步销售，进一步拓宽永靖县农产品销路。仅2019年，厦门市翔安区工会消费扶贫额就达830余万元。目前，厦门已累计采购、销售临夏州农特产品1.8亿元。

以就业扶贫促进稳定增收

一人务工，全家脱贫，促进就业增收是最有效最直接的脱贫方式。厦门与临夏围绕东西部扶贫劳务协作任务，持续发展劳务经济，以此增加群众收入，加快脱贫攻坚进程。

杨增义是康乐县景古镇坟湾村农民。2019年9月9日，他与县里300多名群众一同坐上南下的列车，前往厦门市同安区，在那里的企业开启全新的生活。杨增义掩饰不住心中的欣喜："在这里工作管吃管住，生活基本没什么开销，每月6000多元的收入全部都能存下来，全家很快就能脱贫了！"

"针对农村劳动力缺技术、少经验的实际，我们在输转劳动力之前开展各类培训，群众可根据自身需求进行系统学习和岗前培训。"临夏州人力资源和社会保障局局长李文俊介绍说，现在，全州劳动力转移就业已逐步实现从"体力型"向"技能型"转变，很多昔日的打工者正逐渐成长为企业发展不可或缺的技术型人才。

2017年11月来厦门务工的牟得龙，正在玉晶光电（厦门）有限公司负责监控操作机台的运行，他说："在厦门工作两年时间，我已经还清了以前在老家时的10万元债务，而且已有一定的盈余。没有了后顾之忧，我浑身充满了力量，更有信心投入新的生活。"

针对很多群众受到固有思想的束缚、始终不愿意离开家乡这一现状，厦门市和临夏州抓住"务工人员愿意来、劳务中介机构愿意转、用工企业愿意收"这三个关键环节，积极探索人社资源整合，联合出台了一批针对组织机关、接收企业、劳务中介、劳动力家庭、劳动力个人的优惠政策，鼓励引导以建档立卡户为主要对象的贫困群众走出家门，实现增收。2019年，全州共组织输转2474名建档立卡贫困人口到厦门市就业，同时，利用东西协作资金完成就地就近就业10650人，输转到第三地就业2584人。

新冠肺炎疫情发生后，厦门市推出“硬核”举措，采取“点对点”“家门到厂门”的安全运输模式，包车、包机、包专列输送3657名临夏籍建档立卡贫困人口来厦就业，不仅解决了厦门企业用工燃眉之急，而且推动了东西部劳务输转，实现复工复产与对口帮扶并进共赢。目前，在厦稳岗就业的临夏籍建档立卡贫困户已达5378人。

厦门与临夏东西部扶贫协作，还把兴办扶贫车间作为产业扶贫、就业扶贫的重要抓手，帮助困难群众实现“足不出户、就地致富”的目标。

走进位于临夏县的厦门市思明区东西部协作扶贫车间，十余名妇女正按各自分工忙碌着，裁布料、纳鞋底、上鞋帮……“流水线”式的工作过后，一双双做工细致、样式精美的布鞋制作完成了。临夏县先锋乡妇女康学芳说：“过去，为了家里的老人、娃娃，我只能待在家里；现在，我在家门口干活，不仅能顾上家，每月还有2000多元的收入。”

制作布鞋似乎是临夏县妇女与生俱来的手艺，布鞋产业也早已是当地重要的富民产业之一。全县布鞋加工企业和加工户已遍及23个乡镇98个村，从业人员达到2.5万人，销售网点遍布9省60个县市，年销售各类布鞋490万双，实现收入1.96亿元。

目前，厦门在临夏援建的扶贫工厂、扶贫车间已达216家，帮助两万多名贫困人口通过就近就地就业实现脱贫，帮助4862名贫困人口到其他地区就业。通过产业扶贫实现就地就近就业，是一种“造血式”扶贫，通过激活当地发展“再造血”的能力，进一步拓展就业途径，贫困地区致富之路将越走越宽畅。

以资金和人才帮扶激发内生动力

在扶贫协作过程中，厦门市在不断加大资金投入的同时，还不断加大支教支医和人才帮扶的力度，增强临夏的自我发展能力。仅2019年厦门市就落实援临帮扶资金5.57亿元，超出任务数2.37亿元。

在临夏州积山县，有一所全县最好、规模最大、能容纳400名学生的幼儿园——鹭岛幼儿园。在这里，厦门元素随处可见，走进教学楼，迎面一幅壁画：美丽的白鹭在晴空碧海间飞翔；小朋友们的校服标记中也有美丽的白鹭。幼儿园老师介绍说，这是由厦门市援建的，在这里就读的孩子和家长们心中都知道。

在临夏州特殊学校，有一座“厦馨综合楼”。校长马效勇介绍，厦馨即厦门温馨，这座综合楼是厦门投入500万元，于2014年开工建设，2015年8月投入使用的。“之前，学校只有孤零零的一栋楼，一层是食堂，二层作为学生宿舍，三四层是教室，五层一半是教师宿舍，平时师生吃饭、住宿、上课都在一座楼里。”学校一位负责人说，一楼食堂有灶台、煤气罐，存在安全隐患。综合楼建成后，宿舍和食堂就分开了，消除了安全隐患。更让孩子们开心的是综合楼开设的展区，让他们的优秀工艺作品，如葫芦雕刻、剪纸、十字绣等有了地方展示。目前，该校有130多名学生，部分学生创作的作品已经走向市场。学生毕业后月收入也有2000多元，能帮助家庭脱贫致富。

近几年来，厦门市先后投入财政资金9340万元，实施教育基础设施援建项目26项。援建项目实现“两个全覆盖”，即覆盖了临夏州本级及所属的7县1市，覆盖了从幼儿园至高中、职业学校、特教学校等各类型学校，共帮助约2万名中小学生、残疾儿童及学龄前儿童解决了就学问题或改善了教学条件。特别是在每个县市建设一所鹭岛幼儿园，作为所在县市的示范园与厦门优质幼儿园结对，发挥示范和培训作用。

专业技术人才相对匮乏是影响临夏脱贫的瓶颈之一。厦门市充分发挥自身人才优势，在做好挂职干部选派工作的同时，采取长、中、短期相结合的方式，加大教育、医疗、农业、科技、金融和社会工作等领域专业技术人才选派力度，开展建档立卡贫困人员就业培训，加强贫困村创业致富带头人培训协作。2015年以来，共派出挂职干部39人，长、中、短期援临专技人才791人次，培训贫困村创业致富带头人5000人次，其中700余人创业成功，带动4200名贫困人口增收脱贫。市卫计委派出优秀医疗卫生人才分赴临夏州8县市各医院，为医院管理建言献策，帮助提升管理水平，开专题讲座，帮助培养医疗骨干，深受当地医院和患者欢迎。临夏大地上，到处可见厦门干部、医生、教师、科技人员和企业管理人员在奔忙，他们是东西部扶贫协作的一道亮丽风景。

大批急需人才的引进和本地人才的成长，弥补了贫困地区缺乏人才的短板，也为如期打赢脱贫攻坚战提供了智力支撑。中共中央组织部调研组赴临夏州调研时，对厦门干部人才作用发挥给予了充分肯定。

以结对帮扶推进脱贫攻坚

为增强协作工作的针对性和有效性，厦门市与临夏州加强顶层设计，建立常态化党政联席会议机制，每年联合召开不少于一次党政联席会议，随着东西部扶贫协作的不断深入，厦门、临夏各级各部门进一步加强走访互动，加快构建两地全方位、多层次、宽领域的扶贫协作新格局，推动帮扶协作内容不断扩展，协作领域不断拓宽，不断丰富东西部扶贫协作的深刻内涵。

为充分调动全社会力量参与到东西部扶贫协作中来，厦门与临夏开展多种形式的“结对子”，实现了“三个百分之百”，即厦门市所辖

6个区及火炬高新区百分之百与临夏州的贫困县结对，全市38个镇街百分之百与临夏州的贫困乡镇结对，临夏州8个贫困县市百分之百与厦门市相关区结对，形成全面结对帮扶局面。目前，临夏州52个乡镇、386个贫困村与厦门市的38个街道、127个社区、161家企业、27个社会组织建立了结对关系，同时，全州151所学校、112家医院分别与厦门95所学校和53家医院建立了结对关系。从市州协作到区县对接，从政府主导、企业帮扶到全社会参与，厦门与临夏结对帮扶领域越来越宽，覆盖面越来越大，帮扶成效日益凸显。2018年9月，临夏州实现脱贫摘帽。全州贫困人口从2013年底的56.32万人减少到2019年底的3.25万人，累计减贫53.07万人，贫困发生率从32.5%下降到1.78%，下降30.72个百分点。

点评

习近平总书记在2015年11月27日的中央扶贫开发工作会议上指出："东部地区要增强责任意识和大局意识，下更大气力帮助西部地区打赢脱贫攻坚战。"厦门市与临夏州结对，开展东西部扶贫协作工作10年来，紧紧围绕精准扶贫精准脱贫，用心用情助推临夏州实现全面脱贫，呈现出组织领导、人才支援、资金项目、产业投资、劳务输转等各项工作齐头并进的态势，取得了亮眼的成绩，为临夏脱贫攻坚注入了厦门力量，让远隔千山万水的临夏干部群众真切感受到来自厦门的浓浓情谊。2017年，国务院脱贫攻坚领导小组首次将东西部扶贫协作纳入年度考核，厦门市与临夏州的扶贫协作在13个东部帮扶城市中考核成绩名列首位，树立了东西部扶贫协作的标杆。

雪域高原“闽藏亲”

——福建省对口支援西藏昌都市精准脱贫

对口支援西藏是党中央作出的重要战略决策，25年来，福建省全面开展对口支援西藏林芝地区工作，有力支持了西藏经济社会发展。根据中央决定，从2016年7月开始，福建省对口支援西藏的地区由林芝改为昌都市，并由福州、厦门、泉州、漳州、龙岩等5个设区市对口援助八宿、左贡、洛隆、边坝等4个深度贫困县。

福建省认真学习贯彻习近平总书记关于治边稳藏的重要论述，以全面小康为目标，聚焦精准扶贫精准脱贫，倾情倾智助力推动脱贫攻坚。2016—2018年，4个对口县共有106个贫困村实现脱贫，有建档立卡贫困户2859户13089人脱贫。2019年，西藏全区剩余15万建档立卡贫困人口实现脱贫，包括由福建省福州市和厦门市对口支援的昌都市八宿县、左贡县在内的19个计划退出贫困县（区），全部达到脱贫摘帽标准。至此，福建对口支援的4个县全部成功退出贫困县，脱贫攻坚取得了决定性的胜利。

全方位结对帮扶，倾情助力脱贫

昌都市位于藏、川、滇、青四省（区）交界部，面积10.86万平方千米，现有人口约78万，是西藏东大门和康巴地区的核心区域。这里，高寒缺氧，天气变化“喜怒无常”，特殊的自然环境严重制约了当地的发展，群众的生产生活还比较困难。

2016年9月，福建省漳州市龙文区代表团赴边坝开展结对帮扶考察调研，达成了龙文区与边坝县在多个重点领域的对口帮扶工作备忘录，签订了龙文区步文镇对口帮扶拉孜乡拉孜村工作协议，率先启动福建县区对口支援昌都乡镇、福建乡镇对口支援昌都村（居）的工作。

扶贫结对帮扶，是福建省深入落实援藏扶贫的一项重大举措，它包括区域结对、部门结对、学校结对、医院结对等。

目前，福建省与昌都市、5个设区市与4个对口县已签订16项结对帮扶协议，在招商引资、项目建设、脱贫攻坚方面给予全方位的支持。部分县、乡与昌都市4个对口县的41个乡镇、200多个村已建立全面结对关系，实现了脱贫攻坚结对全覆盖。

在此基础上，通过自愿方式，还签订了42项结对帮扶协议。如福建省级重点中学福州外国语学校与昌都三高结对，福建省疾控中心、省妇幼保健院与昌都市疾控中心、妇幼保健院也在人才培养、医院建设等方面达成了合作意向。

针对昌都市高精尖医疗人才缺乏、基层医疗机构卫生技术人才短缺这一制约昌都医疗卫生事业发展的最突出问题，福建省不仅派出医生“组团式”支援昌都医疗卫生事业发展，还将福建省“师带徒”健康扶贫模式引入昌都，牵线搭桥，推动昌都市与北京厚爱关节健康基金会签订医疗卫生人才战略合作协议，策划制定北京名师带徒的工作方案，由昌都推荐当地的优秀中青年医生，与北京名医结成对子，通过传帮带的方式，培养西藏和昌都的医疗卫生骨干人才和学科带头人，为雪域高原培养一支永不走的高水平的医疗卫生队伍，得到了国家人力资源和社会保障部的肯定。

聚焦民生短板，加强基础设施建设

对于基础设施薄弱的贫困地区，加强基础设施建设、补齐民生短板，是有效提升造血能力、摆脱贫困的重要突破口。

福建省在助力昌都市脱贫攻坚中，按照80%的资金投入基层和民生项目的要求，统筹安排、统筹推进计划内外资金和项目。在“十三五”援藏规划中专门安排计划内援藏资金2.26亿元用于脱贫攻坚。其中，精准扶贫及新农村建设项目7个，安排计划内援藏资金1.73亿元。2017年，福建省又安排计划外资金8000万元，新建4个小康示范村。

在新村的选址上，福建援藏队着力依托产业园区、旅游景区和交通要道，结合易地扶贫搬迁、新农村建设，因地制宜、合理规划，集中力量、整村推进，努力打造美丽宜居、设施配套、文明富裕的脱贫样板村、小康示范村，目前共开工了10个新村。

针对昌都市各县区医疗基础薄弱的状况，福建省按照二级乙等医院标准，专门安排资金16277万元，在4个对口县各建设一个卫生服务中心。

在左贡县，县医院现有条件已不能满足急剧增长的医疗需求和筹建二级医院的基本要求。为此，厦门市划拨“十三五”援藏资金3300万元，建设医院新医疗综合楼。福建省第九批援藏工作队左贡工作组组长黄新聪主动请缨，担任左贡县创“二甲”医院工作指挥部总指挥长，统筹各方资源，向上争取到位缺口资金3000万元，并每周调度协调解决问题。

◎福建援藏助力昌都八宿县人民医院“二级乙等”医院创建

在合格水厂建设方面，福建省援藏工作队帮助昌都市推进水质监测能力标准化建设。2017年4月，河仁慈善基金会捐赠400万元，为昌都市3个贫困村修建人畜饮水和农田灌溉工程。

贫困群众民生改善也是福建援藏队关注的重点领域。昌都是我国手足畸形患儿患病较高的地区之一。昌都市妇幼保健院的福建援藏医生与福建对口援藏县共同组建“手足畸形患儿医疗救助小组团”，在对全市患儿进行全面排查的基础上，以“爱在昌都、杏林送暖”为主题，协调北京、上海、浙江、福建等地优质医疗资源，计划在2~3年时间内，对全市所有的手足畸形患儿免费开展手术治疗。仅2019年就已举办两期大型公益活动，成功救治手足畸形患儿80例，改变了孩子们及其家庭今后的命运。

在八宿县然乌镇，68岁的吴京曲真与47岁身患轻度残疾的女儿阿措相依为命。经福州市援藏工作队结对帮扶，2018年，福州投资65.8万元的村旅游公厕建成，阿措被安排到村旅游公厕、村电商服务点的公益性岗位工作，一年有2万多元收入。

以产业带动就业，着力提升“造血”能力

福建援藏扶贫，注重把产业项目作为推动脱贫工作的重中之重，通过全员招商，引导企业和社会资本到藏投资兴业、支持受援地企业发展等举措，以产业带动就业，推动当地发展特色优势产业，促进脱贫攻坚。

八宿海螺水泥生产是福建省为八宿县引进的重点产业扶贫项目，计划投资约12亿元，规划建设一条2500吨/天的新型干法水泥熟料生产线以及相关生产生活辅助设施。建成后，不仅有助于进一步优化西藏水泥产业结构，而且每年还将给八宿县带来1.5亿元左右的收入，直接解决400余名建档立卡贫困户就业问题，间接带动1000多名群众增收。

目前，该项目已招收170名员工，其中有约100名当地藏族群众。他们已到四川、重庆等地带薪培训，普通工每人每月约5000元，技术工每人每月约6000元，转正后每月均可提升2000元左右。

福建省援藏工作队深深地懂得，只有产业援藏，才能变“输血式”扶贫为“造血式”扶贫，让当地真脱贫、永脱贫。

左贡县引进厦门厦工股份公司，设立菌草种植基地，打造仿野生生物链项目。边坝县推动片仔癀集团在边坝试点林麝养殖项目，推进片仔癀集团收购边坝贝母、大黄项目。西藏还引进兴业银行在拉萨开设分行，为扶贫项目提供融资服务。

福建省充分利用在福建举办的“9·8”中国投洽会、“6·18”项目成果交易会等平台，为昌都举办招商引资推介会，推进招商引资和产业对接。目前，已引进企业40家、注册资金12.3亿元，累计签约项目21个、总投资69.6亿元。

为更好地推动当地产业发展，解决大学生、农牧民、退伍军人的就业问题，巩固脱贫攻坚成果，福建省援藏队还注重与昌都新区的发展相结合，于2019年11月建立“双创工作小组团”。在小组团的助力下，昌都新区的各众创载体新增入驻创客93人，新增小微企业53家，解决和带动就业259人。近期，“闽昌众创空间”通过国家级评审，实现了昌都市国家级众创空间零的突破。

此外，福建援藏队还探索在福州、厦门、泉州等地设立集特色产品展销、旅游推介、招商引资联络等功能为一体的昌都形象展示中心，进一步畅通昌都产品在福建展销的渠道，促进增收致富。

昌都藏香猪是在高原环境下经过长期进化、驯养而来的猪种。素有“吃山珍、栖山林、喝泉水”的“高原之珍”美誉，是昌都开发绿色食品、发展特色产业的重要资源。但由于各种条件的制约，昌都藏香猪尚未形成规模化、科学化饲养，存在着品牌弱、销售难、利润低等问题。

为此，福建援藏队牵头成立全市“藏香猪产业小组团”，充分发挥福建市场优势和福建援藏队专技人才的作用，积极引进福建供销集团、厦商集团等国有企业，探索以藏香猪保种、扩繁、屠宰、加工、销售为重点的“公司+基地+农户+物流+市场”的模式，着力解决面临的冷链运输、屠宰加工、检验检疫等困难，打通闽昌两地产销对接中存在的障碍。2019年春节期间，首批昌都藏香猪冷鲜产品成功上架福建厦门、福州等沿海城市商超，并计划到2020年底，全市养殖规模达到14万头，年出栏9万头，真正将藏香猪打造成为保障贫困群众稳定脱贫致富、持续增收的坚实载体。

扶志扶智，增强内生动力

“既要在物质层面扶贫，也要在精神层面扶智”，在左贡县旺达镇，没有固定工作的罗布旺堆艰难地抚养两个女儿。厦门市援藏工作队队员鼓励两个女儿通过读书改变家庭命运。2019年，大女儿大学毕业，成为小学教师，月工资7000多元；小女儿也被安排到旺达镇幼儿园公益性岗位工作，月工资1700多元。小女儿表示，她正在努力学习，准备参加成人高考。

唐卡和漆画分别是西藏和福建的艺术瑰宝，为推动西藏唐卡和福建漆画的相互融合，闽昌两地文化部门组建了“唐卡漆画文化产业小组团”，把福建省农民漆画的精准扶贫模式引入昌都，通过举办闽藏漆画培训班，选取10名唐卡艺术传承人和唐卡画师为重点培训对象，并加强唐卡漆画作品的产业转化，把唐卡漆画与精准扶贫紧密结合起来，走艺术扶贫之路。这种精准扶贫模式，通过让农民绘画，改变了他们的生活方式，同时，也通过作品和衍生品的市场化运作，创造了更多收入。

福建省还把精神文化援藏与脱贫攻坚紧密结合。利用项目竣工、农牧民喜迁福建新村新居等时机，开展“藏汉亲、感党恩”主题教育；深入开展普法工作入村入校入寺工作；开展试点乡村荣誉室建设工作；在农牧区村委会等建设13个“福建书屋”；实施民族团结故事文艺创演工程；摄制援藏电影《太阳与月亮》……

点 评

对口支援西藏是党中央作出的重要战略决策，福建省认真学习贯彻习近平总书记关于治边稳藏的重要论述，充分依托福建昌都两地资源优势，聚焦脱贫攻坚、产业发展、民生改善等重点领域，全面做好人员组织、资金保障、项目建设、技术支持等工作，特别是围绕“两不愁、三保障”的突出问题，不断健全合作机制，拓展合作领域，扩大民生援藏的广度，提升产业帮扶对接的精度，拓展民族交流交往交融的深度，加大干部人才援助的力度，倾情倾智助力精准脱贫。在因地制宜发展相关产业方面，坚持“输血”和“造血”相结合，增强内生动力，尤其是充分发挥专技人才智力援藏优势，采取“短小精专”“高位嫁接”的组团方式，以问题为导向，以“长期+短期”“党政+专技”模式，创新成立了“双创工作小组团”“藏香猪产业小组团”“手足畸形患儿医疗救助小组团”“唐卡漆画文化产业小组团”等20多个各类团组，对于更加精准地推动产业发展、强化后续帮扶、增强自我发展能力、巩固脱贫攻坚成果，更好地凝聚人心，增进民族团结，维护社会稳定，高质量打赢决胜脱贫攻坚战，确保2020年全国一盘棋全面建成小康社会作出了自己的奉献，在雪域高原上创造了富有福建特色的扶贫攻坚经验。

5 浓浓“闽疆情”

——福建省对口支援新疆昌吉州深入脱贫攻坚

对口援疆是实现新疆社会稳定和长治久安的重要举措。1999年以来，福建省深入贯彻落实党中央决策部署，按照科学发展、全面支援、加强协作、促进互利的原则，坚持全面援疆、精准援疆、长期援疆。20年来，先后选派了7批1016名援疆干部人才参加对口支援新疆昌吉州工作，累计实施对口援疆项目500余个，投入资金33.7亿元，在深入推进脱贫攻坚、项目援建、产业带动、人才援疆、交往交流交融等方面持续聚焦用力，有力地促进了昌吉州的经济发展和社会进步。2018年，昌吉州实现地区生产总值1300亿元，比2000年增加了10倍，农村居民人均可支配收入18000余元，率先在全疆实现村村收入过万元。

产业援疆为经济“强筋健骨”

新疆昌吉回族自治州，曾是古代丝绸之路新北道通往中亚、欧洲的必经之路，全州总面积7.39万平方千米，辖2个县级市、4个县、1个自治县，是建设新疆丝绸之路经济带核心区的重要组成部分。

木垒县在昌吉州版图的最东边，古色古香的木垒旅游服务中心，是木垒县的标志性建筑之一。作为援疆项目，这里已成为闽疆两地的文化交流场所。历史上，武夷茶曾通过跨越亚欧的“中俄万里茶道”走向世界。现在武夷岩茶与新疆奶茶又一次搭起沟通的桥梁，缕缕茶香见证着真情的交融。

2017年以来，南平援疆分指挥部在木垒县实施26个援建项目，投入援疆资金4238万元。项目主要聚焦民生和基层，重点策划实施了住房改善、技能培训、旅游援疆、产业扶持等项目。

木垒县委副书记、福建援疆漳州分指挥长黄永健说自己是新木垒人，他到处推介木垒旅游，还整合木垒各方资源创建“木垒联盟”，促进农畜副产品优质优价出售，精准帮扶贫困家庭产品外销，从而加快木垒农牧民脱贫致富进程。

“现在是见证奇迹的时刻！”奇台县副县长、援疆干部吴思斌身着特色民族服装，手持宣传海报卷轴，在“双11新米节”上，为奇台面粉花式代言。直播现场，奇台面粉人气爆棚，点赞数突破120万人次。仅2017年，通过福州市为奇台县打造的线上线下销售通道，奇台特产销售额便超500万元。

为了推动新疆土特产规模化外销，增加农牧民收入，福建还在福州市设立了“闽疆文化交流中心”，促成福建多家电商企业与瓜农展开合作，组织木垒哈密瓜专场购销活动，销售哈密瓜600万千克，实现年收入1500万元。莆田分指挥部则助力玛纳斯碧玉先后获得10多个国家级奖项，销售额突破6000多万元。三明市、宁德市援疆干部分别引进食用菌龙头企业，指导当地群众种植杏鲍菇等9个品种的食用菌，年收入超过3亿元。福建援疆前方指挥部还策划了“八闽亲人游昌吉”丝绸之路旅游专列和包机旅游，2018年福建入疆游客达15.2万人次。

2017年以来，福建已签约产业援疆项目137个，合同金额385.45亿元。其中，落地项目127个，投资总额190.26亿元，到位资金84.29亿元，有力地推进了昌吉州多个领域产业迈向中高端，稳步走上高质量发展之路。

就业援疆拓宽农民增收之路

支持贫困地区农民在本地或外出务工、创业，是短期内增收最见效的办法。2017年以来，福建省先后投入援疆资金500多万元，实施闽昌劳务协作项目，通过提高劳务产业组织化程度、精准培训进农家、创新劳务协作机制、借助“互联网+人社”等措施，积极引导昌吉州广大农牧民走出家门，实现多渠道就业，为打赢脱贫攻坚战、实现全面建设小康社会发挥了重要作用。

呼图壁县大丰镇祈曼泽刺绣劳务合作社于2015年5月由几个志趣相投的维吾尔族姐妹共同出资成立。当年就吸纳了37名农牧民入社，纯利润就达20余万元。为了壮大合作社，该合作社又联合红柳塘村田园梦劳务合作社和联丰村幸福帮手合作社组成联社，成立了祈曼泽民族刺绣手工艺品公司。如今，公司不仅与乌鲁木齐客商签订了加工民族刺绣手工艺品的长期合同，生意还扩展到了喀什、和田等地。

整合劳务输出合作组织，助力昌吉州劳务产业联合会快速成长，以实现全州区域内劳务信息互通、资源共享、优势互补、利益共享，推动劳务合作组织抱团发展、规模发展，同行业强强联合、互利共赢，是福建省积极开展就业援疆，有效推进昌吉州农村劳动力转移就业、建档立卡贫困户转移就业、促进农民增收创收的重要创新举措。

牙生・尼牙孜，是二十里店村的村民，加入西域香飘打馕合作社后，一天打1200~1300个馕，一个月有3万多块钱的收入，一家四口都忙不过来，又雇了两个人帮助。现在，牙生・尼牙孜一家住上了300多平方米的新房子。

二十里店的馕口感好，销往乌鲁木齐、克拉玛依、石河子等周边地区，每周可以销售4万个。宁德援疆前方指挥部认为成立打馕合作社可以帮助村民增收致富，遂注册了西域香飘馕商标，建了打馕合作社展厅，实行统一商标、统一生产、统一包装、统一销售，并建立电商平台，把馕作为二十里店村增加民族群众收入的特色产业来培育。经过半年的运作，合作社解决就业30人，合作社成员的收入也是芝麻开花节节高。

目前，昌吉州劳务产业联合会通过各县市劳务产业联盟，已发展会员单位400多家，有7家会员单位被认定为全国就业扶贫基地。联合会通过技能培训、创业扶持、劳务输出、搭建平台、政策援助等措施，帮助贫困家庭劳动力实现就业脱贫达2740多人，人均年收入约2.6万元，带动城乡劳动力实现有组织转移就业3.79万人。

“家庭圆梦行动”助力脱贫攻坚

“家庭圆梦行动”是福建省第七批援疆工作队精心打造的一项助力脱贫攻坚的援疆品牌，即通过政府链接，调动社会资源，聚力脱贫攻坚。

“前几天，援疆干部来家里，说要帮我们完成‘微心愿’。我说想要一台电磁炉，这不，今天我的愿望就实现了。”2018年1月9日，买得力别克·努尔毛拉说。

买得力别克·努尔毛拉是木垒县大南沟乌孜别克族乡南沟村村民。他的妻子因患严重的风湿性关节炎和心脏病，每月都要花钱看病，生活十分困难。有了电磁炉，他在家给孩子做饭就方便了。

冰柜、洗衣机、橱柜、热水器、电烤箱……这一个个“微心愿”承载着贫困家庭对美好生活的期待。当天，福建省对口支援新疆工作前方指挥部、昌吉州福建商会举办助力木垒精准扶贫“家庭圆梦行动”启动仪式，大南沟乌孜别克族乡3个村125户贫困户实现了“微心愿”。

2018年7月，昌吉州福建商会在木垒县雀仁乡五棵树村启动“百企帮百村”精准扶贫活动。福建爱心企业家与五棵树村结成对子，制定就业、助学、温暖、亲情、认购五大帮扶计划。

福建省援疆前方指挥部还从援疆工作经费中挤出20万元，用于扶持打馕合作社、冬不拉制作等；捐赠330辆多功能手推车，帮助村民发展庭院经济。南平分指挥部安排专项资金，在木垒县培养了一批足不出户就可挣钱的哈萨克族“绣娘”。

2017年以来，福建省援助昌吉州实施脱贫攻坚项目106个，援疆资金47295万元；动员社会力量筹集脱贫攻坚资金达6799万元，援建项目50个；帮助建档立卡贫困人口4419人脱贫，资助贫困大学生496万元。

“闽疆生态文化村”见证浓浓“闽疆情”

二十里店村共有351户1300余人，维吾尔族、哈萨克族、汉族等多个民族的人民共同生活在这里，他们世代以种植养殖为生。

2018年以来，福建省援疆前方指挥部坚持把助力脱贫攻坚、乡村振兴、民族团结作为工作重心，与福建援疆宁德、龙岩分指挥部一起先后斥资1700多万元，在村里启动了“十个一”援建工程，使

◎二十里店村里的宁德路

二十里店村村容村貌焕然一新，成为重点打造的脱贫攻坚、乡村振兴示范村——“闽疆生态文化村”。

在二十里店村，福建元素随处可见。为切实解决村里土路泥泞、村民出行难的问题，福建省援疆前方指挥部投资700万元改建全村29条10.6千米的巷道，全线按照公路四级标准实施沥青硬化，极大地改善了该村交通设施和村容村貌。改造后，村民自发要求把四条主干道分别命名为“援疆路”“福建路”“宁德路”“龙岩路”，体现了两地情谊。

此外，福建省援疆前方指挥部还以群众喜闻乐见的生动图案在二十里店村福建路、龙岩路、宁德路建设长约4千米的闽疆文化长廊，突出“社会主义核心价值观、民族团结一家亲、西域文化、红土文化、客家文化、生态文化、脱贫攻坚”等主题，展现“闽疆两地一家亲”文化内涵，促进两地文化交流交往交融。

点评

习近平总书记指出：“脱贫攻坚，全国一盘棋，全面小康，决胜在合力。”东西部结对牵手，协作扶贫，是最具中国特色的“扶贫故事”，是世界减贫事业最瞩目的“中国篇章”。福建对口支援新疆昌吉州20年来，倾情倾力倾智，从产业援疆到乡村振兴，从民族团结到脱贫攻坚，闽疆人民心手相连，共同谱写了一首动听的“边塞新曲”，体现了浓浓的“闽疆情”。20年来，福建省坚持全面援疆、精准援疆、长期援疆，在深入推进脱贫攻坚、项目援建、产业带动、人才援疆、交往交流交融等方面持续聚焦用力，有力地促进了昌吉州的经济发展和社会进步，彰显了社会主义实现共同富裕的制度优越性，是“中国方案”的鲜活事例。

第四章 /

区域协作联动发展的“山海经”

习近平同志在福建工作期间，促成了福州与宁德两市间的对口协作，奠定了两市山海协作的坚实基础。1998年，福建省委做出山海协作全面部署，随即建立全省山海协作联席会议工作制度。2001年初，省委省政府出台《关于进一步加快山区发展推进山海协作的若干意见》，全面奠定了山海协作的政策基础。在此基础上，福建省按照“政府推动、市场主导、优势互补、合作共赢”原则，又出台了一系列相关政策，完善和细化相关措施。2012年，福建省委省政府出台《关于深化山海协作的八条意见》，确定23个扶贫重点县作为福建农村扶贫开发工作的主战场，明确每个扶贫重点县由1个沿海较发达县（市、区）结对对口帮扶、1位以上的省领导联系帮扶、5个以上的省直单位挂钩帮扶，明确帮扶责任，细化帮扶措施，着重对扶贫重点县的产业发展、基础设施和社会事业予以扶持。2018年，福建提出以福州都市区和厦漳泉都市区建设为引擎，按“两极两带六湾区”发展格局，大力推进闽东北、闽西南两大协同发展区建设，有效促

福建省23个省级扶贫开发工作重点县

永泰县、建宁县、清流县、明溪县、泰宁县、宁化县、诏安县、云霄县、平和县、浦城县、光泽县、顺昌县、松溪县、政和县、武平县、长汀县、连城县、霞浦县、古田县、柘荣县、屏南县、周宁县、寿宁县

进区域发展更深、更广、更紧密融合，形成高质量区域一体化发展和区域竞争新格局，并使之成为解决发展不平衡不充分问题、深化山海协作、推动城乡统筹的“福建方案”。

1 山海同脉　情同手足

——闽东北扶贫协作谋新篇

福州—宁德山海协作从扶贫工作基础上发展而来，是习近平同志在福建工作期间大力倡导和亲自推动的一项重要机制。福州与宁德山海同脉、情同手足，一个是经济较为发达的省会城市，一个是山海资源丰富但相对欠发达的地区，但同为闽东北一翼的重要组成部分。1999年，在福建省委省政府的直接关心下，福州与宁德结成友好帮扶对子，确定为协作经济区。随后，福州的晋安、马尾、福清、长乐分别与宁德的柘荣、屏南、寿宁、周宁“山海联姻”。多年以来，两市协作领域持续拓展，协作成果不断显现，形成了“以海带山、以山促海、山海共赢”的良好发展局面。两市城际交通基础设施不断完善，区域经济一体化步伐加快，温福铁路建成通车，衢宁铁路宁德段快马加鞭不断推进，项目合作也从农业、林业、食品加工等传统产业拓展到医药、机械、房地产、冶金新材料、新能源等新领域。2012年以来，宁德市落实协作项目200多个，带动区域经济实现产值超千亿元。通过山海协作，宁德市一批产业短板得以补齐，经贸合作、农业发展、社会事业建设等方面都取得了明显的成效。在新时期，福州—宁德山海协作拓展为覆盖范围更广的闽东北协同发展，福州、宁德、莆田、南平、平潭四市一区携手共进。

产业合作园区，携手奔小康

在产业协作帮扶方面，2019年，福州帮扶闽东北区域内扶贫开发重点县共5个，落实帮扶资金6569.4万元，福州、宁德、莆田等市共建产业合作园区，目前已入园企业213个，园区从业人员1.35万人，带动区域经济发展和当地群众就业增收。

近年来，福州市仓山区和周宁县双方密切合作，全面推进“山海联姻”，实现了深层次、宽领域、全方位的山海协作，在结对帮扶、产业协作、项目帮扶等方面取得了明显成效。2015年，周宁县与仓山区签订《山海协作共建产业园区协议书》，规划投资1亿元，区内主要规划布局农林产品精深加工、冷链仓储、物流配送和机械制造等产业区，推动以产促城、以城兴产，实现产城互动。仓山区依托仓山科技园区与周宁共建产业园区，利用其现代服务业、工业、特色农产品加工业的先进经验、产业优势和市场网络，深化两地企业合作，实现产业互补、人才互动、信息交流，帮助周宁县企业技术创新，打造上规模、上档次的现代设施农业。

◎福州市仓山区对口帮扶周宁县在福州自贸试验区建立“周宁生态体验馆”

开展对口帮扶以来，仓山区先后对接推荐了东来高山茶、立源纺织等优质项目落地周宁县的虎岗工业园区，累计援助扶贫资金6700多万元。2019年，福州仓山·宁德周宁山海协作项目——周宁特产电商体验馆在华威新西营里农产品交易中心开馆，馆内展出了周宁高山葡萄、无花果、锥栗、花生、香菇等特产，受到市场欢迎。

“体验馆的开馆运营，将大大开拓周宁特产的销售渠道，将进一步搞活农产品流通、促进农业增效、带动农民增收致富，助力周宁加快实现农业产业化。”仓山区相关负责人表示，对口帮扶周宁县，既是上级赋予仓山的重大政治责任和重要工作任务，也是实现周宁与仓山两地优势互补、互惠双赢、携手奔小康的重要举措。

整合现代农业，带动村民增收

福州和宁德、南平等市整合农业优势资源，推动福州市春伦茶叶、永辉集团等农业龙头企业在宁德、南平等市建设基地，开展技术推广。

“我们的茉莉花茶产业，就是闽东北协同发展的受益者，也是推动者。”福建春伦集团董事长傅天龙说，茉莉花原料取自福州，茶青取自宁德、福鼎等闽东北地区。“茉莉之乡”福州通过推广茉莉花文化，带动闽东北地区的种植户通过土地流转、建立合作社等方式提升产品质量，实现良性循环，共同受益。

福州和宁德推动深海养殖合作项目，依托福州市率先与上海振华重工集团开展深海养殖装备平台试验示范，推进从养殖装备制造、育苗、饲料生产、冷链物流加工到市场营销等全产业链建设，适时将成功模式复制推广到闽东北沿海市区。

总部位于福州的福建仙芝楼生物科技集团以灵芝为媒，推动福州与南平及周边地区心手相牵，实现优势互补、共同发展，不仅企业做大做强了，也有力拉动了南平第三产业的发展。

“我们采取‘公司+基地+农户’的模式，由基地连接农户，公司从菌包提供、栽培技术、产品收购等方面提供一条龙服务。”仙芝楼生物科技集团董事长李晔介绍，公司派技术人员对灵芝种植户进行培训，提升他们的种植技术。对于贫困户，仙芝楼免费提供菌包，降低农户的种植成本。不仅如此，企业还为一些没有劳动能力的特别贫困户提供菌包代养计划，为他们提供基本的生活保障。

如今，作为灵芝行业龙头企业的仙芝楼，灵芝产品已远销30多个国家和地区，年产值3亿元，其在南平、宁德等闽东北地区建立的7000多亩灵芝基地，直接带动3650多户农民增收。

劳务协作帮扶，解决就业困难

在劳务协作帮扶方面，各市区合力推进精准就业扶贫，帮助企业解决招工难和农村建档立卡贫困户就业困难问题。如古田县人社局不断深化与晋安区的劳务协作关系，以促进从业者与岗位实现精准对接，帮助就业年龄段内精准就业扶贫对象和大龄就业困难人员充分就业，认真做好山海协作家庭服务业劳务对接工作。

2019年，福州市晋安区人社局和古田县人社局联合在平湖镇举办“就业扶贫行动日”专场招聘会活动，招聘会汇集了古田县的福建杉杉科技有限公司、福大百特生物科技有限公司、华洋制衣等10家企业，以及晋安区雪品家政、盛丰物流、安德鲁森3家缺工量大、管理规范、招工意向强烈的企业，各企业共为建档立卡农村贫困家庭劳动力、农村富余劳动力提供就业岗位500个，涉及家政员、育儿嫂、垃圾分类管理员、客房服务员、保安、文员、楼管、普工等多个工种，活动当天共发放宣传资料1000余份，提供政策咨询及政策帮助60人。

点评

习近平同志当年亲自倡导推动福州与宁德开展扶贫帮扶山海协作，提出了前瞻性的思路，进行了开创性的探索，留下了极为宝贵的物质财富和精神财富。在新时代，福州、宁德、莆田、南平、平潭四市一区共同打造闽东北协同发展区，持续实践山海联姻、优势互补、携手共进的区域经济和社会大协作，努力把习总书记当年倡导的山海协作一步一步地推向前进。闽东北各市区围绕重大活动、互联互通、重大产业、共建平台、民生补短板、生态保护等六大领域拓展扶贫协作，探索新时代山海协作的长效机制，解放思想、大胆创新，让沟通交流机制更实、市场运作机制更活、落实跟踪机制更全，保障各项协作内容落地生根、开花结果，全面提升山海协作的质量和水平。

2 携手同行　优势互补

——闽西南扶贫协作求共赢

早在20世纪90年代，厦门与龙岩就开始实践山海协作扶贫帮扶，20多年来，厦门和龙岩两市联系愈加紧密，山海协作的方式也在不断地探索和磨合，从原来单一的帮扶向促进社会经济全面协作发展转变。2018年，福建明确提出由厦门、漳州、泉州、龙岩、三明五市组成闽西南协同发展区，2019年，《闽西南协同发展区发展规划》出台，五市协作领域不断拓宽，扶贫对口帮扶加快推进。

从“输血”到“造血”，扶贫协作模式不断升级

厦门、龙岩立足两地优势，积极探索“政府引导、市场运作、产业协作、管理合作”的区域协同发展模式，突破过去结对帮扶更多体现在资金扶助的思维拘囿，通过推动两地资源优化配置，积极发挥各自优势，共建合作区，推动双方产业结构调整、转型升级，增加就业、精准扶贫，初步勾画出“2030年建成一座拥有15万人口的现代产业和生态宜居新城”的宏伟蓝图。对于厦门而言，“地域小”这一难题不仅影响了厦门一部分企业的扩张，也束缚了厦门的招商引资、产业发展；对于拥有自然资源、劳动力成本等方面优势的龙岩来说，厦门在资金、管理、技术、人才、理念方面的优势，都有助于龙岩经济社会的进一步提升，并进一步布局符合产业政策和产业布局的大项目、好项目。

依托合作区，厦门突破了原有6个区的空间限制，发展腹地往外延

伸，发展空间得到进一步拓展。合作区同时当好龙岩对接东南沿海的桥头堡，为沿海产业、技术、资金等融入龙岩架起了桥梁。

把“山”这边的资源、劳动力、生态等优势与“海”那边的资金、技术、人才等优势有机结合起来，在优势互补、互利共赢中实现互动发展，扶贫协作走出了一条山海协作发展的新路子。

合作产业园区，助推扶贫攻坚

在位于合作区内的龙岩市新罗区白沙镇南卓村中，厦门禾沣现代农业项目持续建设。该项目以投资现代设施农业为基础，逐步向农产品深加工和休闲观光、旅游、酒店拓展，实现一二三产联动发展。项目一期投资3000万元，建设总面积400亩，集绿色蔬果生产、农业科研、自然科普、农业新技术展示推广、农业休闲观光为一体的农业园区，实现一年四季不间断供应绿色蔬菜、水果。签约之前，禾沣现代农业项目负责人一行到合作区考察了两次，最终拍板在合作区投资兴业，理由有四：政策优势、生态资源优势、区位优势和发展潜力。除合作区内的企业可以同时享受厦龙两市政策这一点外，合作区还具有明显的区位优势和生态优势。其位于赣南、粤北、闽西的中心区域，拥有漳永、莆永高速和赣龙铁路、南三龙铁路等便利的交通条件，处在厦漳泉龙1小时经济圈内。合作区高标准规划，目标定位为产城融合的生态文明示范区。

同禾沣农业一样，相中合作区优势和前景的大批项目纷纷投资进驻。目前合作区共签约项目13个、投资总额44.3亿元；意向项目18个、投资总额82.4亿元。

引进项目的落地，也给当地村民脱贫致富带来了利好。村主任廖木荣说：“我们主动配合企业做好土地流转工作，发动全村村民出租土地，还给企业出点子争取更多政策支持。”全村一共600亩土地，租出去400亩，每亩每年可获得912元的租金收入。禾沣现代农业项目建成投产后将积极带动当地及周边村民按照绿色农业、安全农业、高附加值农业标准生产。该公司也将培训周边村民农业新技术和农业生产新模式，对符合绿色蔬菜生产标准的农户将采取“公司+农户”的模式，带动当地及周边贫困村民转产增收。该村百香果产业就依托项目的深加工平台扩大了规模，种植面积扩大到130亩。

企业入驻给村民带来的好处，实实在在，看得见摸得着。

劳务协作帮扶，积极牵线搭桥

在劳务协作帮扶方面，闽西南各市围绕“搭建平台、加强对接、精准转移、稳定就业”工作思路，切实做好劳务输转服务工作，为结对帮扶两地企业和应聘人员牵好线、搭好桥，既促进劳务流入地的企业招工，同时也能够帮助劳务流出地的贫困人口寻找到就业出路，实现脱贫。

2020年，为促进漳州市龙海市与三明市泰宁县山海协作对口帮扶工作，积极推动龙海企业招工以及泰宁县农村劳动力转移特别是贫困人口就业，龙海市人社局和泰宁县人社局在泰宁县市民广场共同举办“就

◎2020年1月16日，泰宁县举办2020年龙海·泰宁山海协作暨就业专场招聘会

业专场招聘暨社会保障政策咨询会”。本次招聘会以“推进山海协作，助力脱贫攻坚”为主题，汇集了龙海市及泰宁县共43家优秀企业参与招聘，其中龙海市19家企业为泰宁县提供1400余个就业岗位。进场咨询人员达400余人，初步达成就业意向100余人。招聘会积极推动龙海市和泰宁县在区域间的劳务协作，促进企业和贫困户劳动力对接，帮助更多贫困户劳动力找到就业岗位，那些不方便长期外出务工的贫困户，也能够在家门口实现就近就业。

另外，招聘会现场还开展了高校毕业生就业政策解答、求职人员信息采集、社会保险政策宣传资料发放等多种形式的活动，为供求双方搭建了内容丰富的交流平台。

点评

习近平总书记指出：“当年苏区老区人民为了革命和新中国的成立不惜流血牺牲，今天这些地区有的还比较贫困，要通过领导联系、山海协作、对口帮扶，加快科学扶贫和精准扶贫。”厦门—龙岩山海协作扶贫帮扶在近年拓展深化为闽西南五市协同发展，各市不断创新产业引导、财政扶持、金融支持等政策，将山区资源与沿海资本、技术紧密结合，共建一批“飞地”园区、文化旅游产业园、山海协作产业园等平台，推进产业链条延伸、产业集群共建、产业效益提升，联合推进精准扶贫，不断提升山区县自我发展能力。加快补齐贫困村庄交通、水利、能源、信息网络等基础设施短板，增强经济发展滞后、资源特色不明显、基础设施薄弱的贫困村庄的“造血”能力。巩固对口帮扶，深化拓展沿海发达地区与内陆地区教育医疗、科技创新、文化旅游、生态环境等领域合作，促进协调发展、共赢发展，推动山区与沿海同步全面建成小康社会。

3 从“输血”救急到“造血”强本

——晋江长汀打造山海扶贫协作升级版

2012年，福建省出台《关于深化山海协作的八条意见》，确定晋江市对口帮扶长汀县。此后，长汀与晋江在资源互补、经验互学、工作互促、发展互利等方面积累了经验，为范围更广、层面更高的区域协作打下了基础。2013年，晋江和长汀开始建设晋江（长汀）工业园区。

晋江（长汀）工业园区是第一批省级山海协作共建产业园区、省级农副产品加工示范园区，园区吸引了盼盼食品、经纬纺织、建豪食品、金怡丰等一批龙头企业入驻，成为山海协作从“输血”到“造血”强本的典型。

晋江（长汀）工业园区，瞄准高质量扶贫开发

晋江（长汀）工业园区规划总面积1.5万亩，分布于河田、南山、涂坊三个乡镇。据晋江（长汀）工业园区管委会常务副主任张洪松介绍，园区按“2+1”产业定位，发展高端纺织产业、农副产品深加工和生物+新医药产业。目前园区落户企业近百家，总投资近50亿元。

晋江与长汀的山海协作从纺织服装、农副产品加工、机械电子等延伸到旅游、农业开发、人文交流等领域。目前，长汀企业家在晋江建了两百多家工厂，晋江企业家在长汀也投资两百多家企业。

晋江市委书记刘文儒说：“着眼长远，对口帮扶不仅要输血，更要注重造血。我们双方要共创共赢，互学互促，实现优势互补、合作共

赢。”长汀县委书记廖深洪说：“闽南企业来长汀，并非沿海地区向成本洼地进行机械的产业转移，而是瞄准了高质量发展。闽南地区为长汀带来了先进的企业管理理念，长汀以绿色发展为本。二者优势互补，走出了一条绿色生态工业之路。”

在产业发展方面，晋江（长汀）产业园区就近吸纳就业人员3000多人，其中县内贫困就业人员300多人，园区内企业的产业延伸解决贫困人口就业达643人。

在结对帮扶上，晋江市安排了9个镇街与长汀县9个乡镇开展对口帮扶活动，在此基础上，晋江市相关镇（街道）还筛选确定一两家企业，与对口帮扶的长汀县相关乡镇的贫困村结对帮扶，力促在两三年内脱贫摘帽。2015年以来，两地结对帮扶村开展对接活动40余次，落实合作项目16个，落实建设资金160万元，逐步形成市级主导、镇级配合的深度扶贫机制。

长汀县委县政府非常注重扶贫与扶志和扶智相结合，在实施“扶贫注德”过程中，长汀县融入了“敢为人先，爱拼会赢”元素，贫困户的内生动力得到了极大地激发。同时还引导在长汀的晋江企业家挂钩贫困户，近年来，仅“圆梦行动”，晋江企业家就捐资助学400多万元，资助学生1000多人次。

企业深度参与，构建社会大扶贫格局

在开展就业扶贫方面，近年在晋江市委市政府的帮助下，先后有两百余家晋江企业落户长汀，带动了近万名长汀劳动者稳定就业，其中仅晋江（长汀）工业园区就有960多名建档立卡贫困人口在企业务工，每月工资收入3000元左右。在救灾救援方面，2015年，长汀县发生“5·19”“7·22”特大洪灾，晋江市发动社会各界向长汀县捐资1012万元，用于重建安置小区，帮扶受灾群众、贫困对象共111户394人。在民生保障方面，晋江市协助长汀县建设完成了一大批教育、卫生等民生项目。

长汀县闽南商会执行会长欧阳怡达是最早一批到长汀投资办厂的企业家之一，他见证了晋江企业和长汀经济社会事业十多年来的发展变化。说起当年被邀请到长汀办厂时的场景，欧阳怡达回忆说，2005年，他还不清楚长汀是怎样一个地方，后来，在长汀县相关干部三顾茅庐之后，他才第一次踏上了长汀这块闽西红土地。当时到长汀考察时看到的情况让欧阳怡达犹豫了，放眼望去，都是农田，道路泥泞，基础设施根本谈不上。可最终，听完当地的发展规划与服务扶持政策后，他下定决心将厂房建在长汀。

如今，欧阳怡达所在的福建省飞驰科技股份有限公司已经成为长汀县机械产业领军企业，公司厂房面积8万多平方米，产值近3亿元，正筹备上市。

企业的发展壮大带动长汀人民就业提升，飞驰公司员工90%以上为本地工人，更重要的是，晋江企业将现代企业运行管理模式带到长汀，改变了老区人民的就业创业理念。此外，长汀闽南商会企业从2017年开始参与到扶贫事业中，飞驰公司与所在村的30多户贫困户进行对接，以资金、就业等方式帮助贫困户脱贫。

坚持问题导向，加强定向帮扶

2015年，长汀遭遇特大洪涝灾害，造成铁长乡房屋倒塌274户，其中张地村受灾特别严重，倒塌房屋176户，损毁农田855亩。灾情发生后，晋江紧急发动社会各界捐资，短时间内募集到512万元，帮助张地村灾后重建。

长汀当地政府把晋江提供的帮扶善款作为启动资金，把美丽乡村建设和精准扶贫易地搬迁工程结合起来，采取政府引导、多元投入的模式，统一规划、统一设计、统一配套、统一外观，以青瓦仿古四户联排、一户一宅、农户自建的形式进行安置区建设。

张地村村支书钟海长介绍，小区规划安置113户，已安置110户，其中建档立卡贫困户9户21人，同步搬迁101户。2016年7月一期建成后，村民陆续迁进新居。除新村的住房，晋江还为村里道路硬化、排污工程等基础设施建设提供资金支持，让村里整体环境有了很大的改善。

多年来，晋江市始终坚持问题导向，坚持“帮在刀刃上、扶在点子上”的精准施策，使得对口帮扶项目能摸准长汀的地方发展脉动、切准民生发展需求。2012年以来，晋江共安排4600多万元，帮扶长汀南屏山水土保持主题公园、河田卫生院等58个社会公益事业、新农村建设、水土流失治理项目。

晋江市还瞄准长汀迫切需要的新农村建设、农业产业转型升级、对人才求贤若渴等现实问题，有针对性实施“五大计划”。如客家特色新村建设帮扶计划，拟在打造特色生态旅游、休闲农家乐、现代农业等方面对口帮扶。而对农产品销售难题，则实施农村电商对接帮扶行动计划，通过加快两地电商平台建设，重点支持熟悉互联网技术的青年，依托网络电商平台创业。成立晋江市长汀优质农产品营销中心、配送中心、专卖店等，开展长汀优质农产品销售、配送。在人才培养方面，实施创新创业示范培育帮扶计划。通过“请出来学习、走进去指导、就地培训”的方式，重点做好以经济建设、公共服务管理、业务骨干的创新性人才培训，以党政干部为主的交流挂职锻炼，以职校生为主的职业技能培训，以村干部、农村种养能手为主的农村致富带头人培训。依托泉州轻工学院、泉州理工学院等高校，设立“长汀班”，定向培训实用技术人才；开展互派干部挂职锻炼，接受长汀两批16人次到晋江相关部门挂职锻炼等。

点评

晋江在长期发展中形成了“晋江经验”。习总书记说：“福建省如果有若干个晋江，福建就不一样了。”晋江和长汀两地“一海一山”，晋江在人才、资金、技术、管理等方面具有独特的优势，长汀在人力、资源、生态等方面具有得天独厚的优势，双方在对口帮扶中实现优势互补，互利共赢。两地在合力扶贫攻坚中始终坚持问题导向，坚持“帮在刀刃上、扶在点子上”的精准施策，促使晋江的对口帮扶项目能够摸准长汀的地方发展脉动，切准民生发展需求，很多惠民项目得到村民赞誉。晋江针对长汀迫切需要的新农村建设、农业产业转型升级、对人才求贤若渴等现实问题，有针对性实施“五大计划”，合力脱贫攻坚，2018年，长汀实现省级扶贫开发工作重点县摘帽，协同发展区的战略部署在这片红土地上开花结果。

4 杏坛同心促脱贫

——医疗扶贫协作新模式

“师带徒”健康扶贫助力革命老区

福建革命老区连城、长汀、浦城、政和、平和、云霄等县，都是省级扶贫开发重点县，老百姓“因病致贫”“因病返贫”是当地脱贫攻坚工作的难点，健康扶贫工作的重要性十分突出。

2016年，福建省委组织部、省人社厅正式启动“师带徒”医疗帮扶活动，邀请一批来自北京、上海的国内顶尖医生到龙岩、宁德、漳州、南平等革命老区和省级扶贫开发重点县，选拔当地医院骨干医生做“徒弟”，以“师带徒”的形式，一对一全方位培训当地医生，为革命老区培育出一支对标京沪“三甲”医院的医疗领军人才队伍，进而带动当地整体医疗水平提升。两年来，福建聚焦健康扶贫工作，突出问题导向，优化政策供给，下足绣花功夫，探索出一条“引才、育才、扶贫”三位一体的“师带徒”健康扶贫创新模式。

2018年7月27日，宁德市的6名贫困听障患者获得了进入“有声世界”的机会。马芙蓉带领团队来到宁德市闽东医院，免费为他们做了人工耳蜗植入术。

“人工耳蜗植入术是耳科的高精尖技术，闽东医院以前一直没有能力做。”闽东医院院长刘昌明介绍，“因为‘师带徒’活动，我们的耳科团队与北京大学第三医院建立了绿色通道，国内一流的诊疗技术与理念被迅速引进，很多以前不能处置的病患都可以接诊了，2017年耳科收

◎马芙蓉教授查看小患者术后情况

治病例比前年增加30%。”

人工耳蜗价格昂贵，每对都在10万元以上，让很多贫困患者望而却步。两年来，马芙蓉共筹集慈善救助经费近200万元，在闽东医院成功救治贫困听障儿童17名。2018年起，她携手中国听力医学发展基金会推出“牵手行动——福建百人（人工耳蜗）救助方案”，力争把闽东医院打造成为可获国家保障资金支持的“人工耳蜗植入定点医院”。

在参与“师带徒”活动的专家中，像马芙蓉一样兼顾公益与育人的专家还有很多。中国中医科学院眼科医院副院长亢泽峰就带领团队组成义诊小分队，联合福建省扶贫基金会，开展“放眼看世界·慈善光明行——大型白内障复明公益活动”，计划为100位贫困留守老人免费诊疗。

夏日的福建，绿荫匝地，繁花似锦。在失明5年后，75岁的贫困老人卢菊云又重新看到了这美好的一切。6月初，亢泽峰带领团队来到革命老区连城和长汀两县，手把手指导当地医生为低保孤寡患者做了29台免费白内障复明手术。如今，这些患者已全部重见光明，视力均恢复到0.5~1.0。

“党组织派来的好医生让我重见光明。”卢菊云等受益者逢人就这样说。“只要用真心实施健康扶贫，必然使老区人民对党和国家的感情进一步加深。”亢泽峰说，“这充分体现了‘师带徒’医疗帮扶活动在脱贫攻坚中的独特作用与价值——把党中央对贫困百姓的关怀与温暖直接传递到患者心头。”

思明帮扶援建武平医疗项目结硕果

作为厦门市思明区对口帮扶援建重要项目，思明区提供800万元援建资金支持武平县妇幼保健院整体迁建，如今走进武平县妇幼保健院，门诊大厅窗明几净，病房内小厨房、免费Wifi、空调等设施一应俱全。相比原建于20世纪80年代的老旧场地，新建成的保健院占地面积扩大了8倍，产儿科床位扩增了4倍，业务量增幅达40%，不仅大大改善了医院的就诊服务环境，更有效提升了当地妇幼健康服务水平。除了妇幼保健院，近年来，思明区还帮扶援建了武平县中医院病房楼等一批医疗卫生项目。

武平县妇幼保健院院长陈桂兰说：“原来我们病房的住宿条件是两人一间，房间也很狭窄，也没卫生间、电梯，这对产妇来说很不方便，现在这边病房条件都非常好了。”武平县中医院党支部书记林红英说：“我们医生原来是挤到一栋楼里面，现在分开来了，他们说这样的环境比较舒心，工作起来也有干劲，也吸引了一部分人才回流。”

山海协作资金提供医疗保障防返贫

2019年，明溪县拨付部分山海协作资金为4860名建档立卡贫困人口购买人寿保险（重大疾病、意外伤害以及住院定额给付等）100元，贫困户在享有医保报销的基础上，又多了一份保障。

8月9日，枫溪乡枫溪村贫困户邵顺锋在务农时不慎摔倒，导致头部严重受伤，重度昏迷一个星期，在三明市第一医院抢救住院21天，明溪县医院住院9天，共产生费用88600余元。若在平日，这对贫困户来说可是个天文数字啊。有了医疗保障后，邵顺锋得到县人寿保险公司的意外伤害理赔款1.4万元和3000元住院补贴，个人只付费2700元。

每谈到这些，邵顺锋总是热泪满眶。由山海协作资金购买的重大疾病、意外伤害保险大大减轻了贫困户们的家庭经济压力。

点 评

2016年8月19日，习近平总书记在全国卫生与健康大会上强调：没有全民健康，就没有全面小康。要深入实施健康扶贫工程，提高贫困地区卫生服务能力，做到精准到户、精准到人、精准到病，通过加强人才培养、对口支援等形式提高当地卫生服务能力，保障贫困人口健康。近年福建在医疗帮扶协作中不断强化跨省合作和省内合作，切实推动特色专科合作共建、社区卫生服务、基本公共卫生服务、全科医生签约服务、基层医疗卫生信息化等重点领域合作项目在被帮扶地落实，持续提升被帮扶地医院医疗服务能力，实现资源共享、互利共赢，为贫困患者提供更加良好的医疗服务，共同推动医疗协作迈入更高层次，切实推动卫生健康事业发展。

5 山海心连心　教育共携手

——教育扶贫协作新路径

近年来，两大协同发展区各市区在政府主导、学校自发等多形式互动下，教育扶贫合作不断加深、教育资源逐步共享、交流活动丰富多彩。目前两个协同发展区已有26县（市、区）建立帮扶机制，其中，闽东北协同发展区10个县（市、区）建立帮扶机制，闽西南协同发展区16个县（市、区）建立帮扶机制。此外，省教育厅积极协调福建师范大学将宁德市民族中学纳入学校基础教育科学研究体系，探索建立大学、中学协作改革实践和跨区域协作办学机制。

马尾寿宁教育结对共进步

2016年，福州市马尾区与宁德市寿宁县就开展基础教育帮扶工作达成共识，除了每年捐助寿宁县50万元添置教育教学设施外，双方学校结对开展教育交流成了工作重点。除了魁岐小学外，马尾区的实验小学、师大二附小、江滨中学还分别与寿宁县的第二实验小学、武曲小学、寿宁五中和寿宁六中结成对口帮扶学校。

2017年11月，来自福州市魁岐小学的3名优秀教师，在校长江林的带领下，驱车前往寿宁县的坑底中心小学开展送教活动。在坑底中心小学的教室里，魁岐小学叶娟老师执教的一年级校本写字课《笔画捺的书写》、陈秀锦老师执教的三年级数学课《重叠问题》和刘小丹老师执教的二年级音乐课《金孔雀轻轻跳》给前来听课的老师留下了深刻的印象。

鼓楼下党教育结对暖人心

下党是寿宁最偏远的山乡，下党希望学校就“藏”在大山深处。2015年5月，相距200多千米的福州市鼓楼区铜盘中心小学与宁德市下党希望学校结成“手拉手”协作共建学校，共同托起山乡的希望，也拉开了鼓楼与寿宁协作共建的序幕。

下党希望学校校长叶奶春记得，结对的第一个元旦，铜盘中心小学就送来了“迎新义卖”活动的爱心善款。“手拉手”牵起的还有两校孩子“心连心”结对活动，从那时起，孩子们就通过书信往来、网络沟通等方式，交流着彼此的见闻。这些年来，铜盘中心小学3次前往下党开展“名优教师送培送教下乡”等活动，下党希望学校教职工也两次到铜

◎鼓楼与寿宁县下党希望学校教育对口帮扶活动

盘中心小学，努力推进智慧共享、资源共享。

“发展过程中我们感受到，山地最紧缺的，就是人才。所以我们始终坚持教育优先。”寿宁县相关负责人表示，寿宁教育正处在由普及向优质、由传统向现代的转变阶段，既要埋头苦干，也要借力发展。“鼓楼对口帮扶下党教育，可以说是推动寿宁教育发展的‘及时雨’。”

2019年，除了铜盘中心小学外，延安中学教育集团、钱塘小学教育集团、旗汛口幼儿园也分别与下党希望学校签订对口协作协议，涵盖了幼儿园到中学的全方位共建内容，开启鼓楼与下党两地教育协作的新征程，双方协作内容包括：选派“精兵强将”，深化人才帮扶；推进“智慧教学”，深化远程帮扶；用好“共享平台”，深化资源帮扶。鼓楼区计划每学年从4所对口帮扶学校中选派8到10名“名优骨干教师”，定期开展“送教下乡”活动，围绕学校管理、文化建设、课程设置、教师队伍建设、学生德育教育、信息化建设等教育重难点问题开设专题讲座，为两地教师提供业务指导。在此基础上，双方还将立足实际，共同开发更多更优质的教育教学资源。鼓楼区引导教师借助共享资源助推教学，每月开展1次专递课堂，并向下党希望学校免费开放鼓楼区所有公开课。

2019年下学期的第一个月，坐落在山区的宁德市下党希望学校迎来了来自福州的铜盘中心小学、延安中学教育集团、钱塘小学教育集团、旗汛口幼儿园的师生。纯正的英语口音、生动的图文课件、活跃的师生互动……在下党希望学校唯一的智慧教室里，学生们与铜盘中心小学的师生、身在国外的外教，隔着一块大屏幕“同上一堂课”。

此情此景，下党希望学校校长叶奶春最有感触了：“这样的场景，几年前想都不敢想。”这一学年，福州市选派了9名教师到宁德市霞浦县、古田县开展为期一年的支教。9名教师在完成所安排的教学工作量的同时，通过开设公开课、观摩课等方式，分享教学理念、传授教学方法，起到了良好的示范辐射作用。

点评

习近平总书记指出：“抓好教育是扶贫开发的根本大计，要让贫困家庭的孩子都能接受公平的有质量的教育，起码学会一项有用的技能，不要让孩子输在起跑线上，尽力阻断贫困代际传递。”（2014年12月9日《在中央经济工作会议上的讲话》）近年来，福建省教育部门认真谋划落实加快推进闽东北、闽西南两个协同发展区发展战略部署的具体举措，通过建立对口帮扶薄弱地区基础教育发展的机制，实施职业教育协作计划和急需紧缺人才培养能力提升援助计划等，为推进协同发展区高质量发展提供人才支撑和智力支持。协同发展区各市区以重大教育协作项目为支撑，结合实际采用多种教育扶贫方式，做好学校结对帮扶，落实教师跟岗学习，组织名师帮扶送教，帮助贫困地区和学校提升教师研修水平、丰富教育资源，为贫困地区学生提供优质的教育资源内容、高水平的课堂教学实例、高效的教学与学习工具、新鲜的教育发展资讯，不断促进城乡教育均衡建设，构建优势互补、资源共享、互惠共赢、共同发展的长效协作机制，确保贫困地区学校没有一个孩子因家庭贫困而失学，坚决阻断贫困代际传递。

第五章 /

立足制度创新的 三明国家级扶贫改革试验区

习近平总书记在《摆脱贫困》一书中，深刻论述了改革与扶贫开发的辩证关系。三明地处闽西和闽西北，西北部为武夷山脉，中部为玳瑁山脉，东南角依傍戴云山脉，面积22965平方千米。三明所辖12个县（市、区）都属于原中央苏区范围，但受历史基础、资源禀赋、区位条件等因素制约，脱贫攻坚任务艰巨。2014年12月，三明被确立为六个国家扶贫改革试验区之一。2015年7月7日，福建省人民政府正式批复《福建省三明国家扶贫改革试验区建设总体方案》（以下简称《方案》）。

国家扶贫改革试验区建设，制度、体制机制创新是关键。扎实推进国家扶贫改革试验区建设，要从点到线再到面形成扶贫脱贫系统格局，不断建立完善相关制度、体制和机制。为此，《方案》提出三明国家扶贫改革试验区建设的主要目标是：建立健全精准扶贫到户、到村、到县的长效机制，走出一条具有三明特色的扶贫开发新路子，在国家新一轮扶贫开发攻坚战中发挥示范作用。试验区建设包括三大主要任务和16项具体任务：在突出脱贫致富精准扶贫到户方面，建立健全全面推行“348”精准扶贫到户、干部结对帮扶贫困户、贫困户创业就业帮扶等5项机制；在突出整村推进精准扶贫到村方面，建立健全贫困村党建扶贫、贫困村项目帮扶、贫困村资金互助等6项机制；在突出城乡统筹精准扶贫到县方面，以宁化、清流、明溪、建宁、泰宁等5个省级扶贫开发重点县为核心，创新特色产业扶贫、社会扶贫等5项机制，探索精准扶贫到县发展新路径。

五年来，三明坚持在制度创新上做文章，着力于制度创新、优化制度供给，让体制机制在脱贫攻坚中更坚实给力，取得重要成果。“348”精准扶贫工作机制、资产收益量化折股机制、林票制度、医疗扶贫机制等，得到省委省政府肯定并在全省推广，有些甚至在全国都产生了影响。精准扶贫到户、精准扶贫到村、精准扶贫到县等3个层面16项改革创新任务基本完成。三明在扶贫改革试验区建设中的创造性的探索，验证了精准扶贫思想的正确性，为其他地区精准扶贫提供了重要借鉴。

1 精准扶贫的三明探索

——建立“348”工作机制

三明经济相对沿海地区较欠发达，贫困地区水、电、路等基础设施建设和公共服务相对滞后，财政投入不足与基础设施建设资金需求矛盾较大，贫困人口多、贫困地域广，至2014年底，三明全市贫困人口有8.3万，占全省的11.8%，扶贫工作面临诸多问题。对此，三明市勇于创新探索，形成了具有三明特色的精准扶贫、脱贫攻坚新路。

建立“348”工作机制，解决“扶持谁、谁来扶、怎么扶”问题

“大水漫灌”“撒胡椒面”式扶贫，非但没有达到预期的目的，反而使个别贫困户养成“等、靠、要”的惰性。这样的现象在全国各地并不鲜见，三明以前也一样存在。在走过了一段弯路之后，三明市宁化等县积极探索，三明市及时总结深化基层实践经验，于2013年在全国率先推出“348”精准扶贫工作新机制，形成了一条可复制、易推广的精准扶贫新路子，解决了“扶持谁、谁来扶、怎么扶”问题。

“3”指“三步”工作法，在贫困对象精准识别工作中，采取“一申请、两比选、三公示”的方式最终确定贫困农户名单。“4”指“四因四缺”分类法，即在精准识别的基础上，把贫困农户按照“因病、因残、因学、因灾”和“缺技术、缺资金、缺劳力、缺动力”细化分类，明确每户贫困户具体致贫原因。“8”指“八种帮扶模式”，即“结对

帮扶型、创业培育型、入股分红型、资产盘活型、基地托养型、订单带动型、资金互助型、搬迁改造型”等八种帮扶措施。通过以上三方面同步推进，三明市在贫困农户建档立卡、细化致贫原因、精准帮扶等方面取得实效，有效避免了扶贫工作中“大水漫灌”“撒胡椒面”等现象。

精准扶贫首先要精准识别，识别贫困对象，识别贫困原因。三明市通过公开、公平、公正的精准识别，排选出全市10.7万贫困人口。这个数字占全市农村人口的5.2%。

对象选定后，接下来就是因户制宜进行对口帮扶。帮扶模式这时候发挥了行之有效的作用。

◎大田县武陵乡扶贫教室（雨露计划培训基地）

修竹村是建宁县第三大行政村，也是革命老区基点村。2014年，省里下派到修竹村担任第一书记的刘剑利到任后，按照精准识别的“三步工作法”和“四因四缺分类法”确定了68家贫困户共202人。本着“不离家、不离田，就近扶、就地帮”的原则，刘剑利和村干部一边引导农民转变观念，增强商品意识，一边确立了以当地特色产业带动贫困户增收的扶贫思路，即通过政府补助资金引导、优势特色产业支撑、新型经营主体带动三项举措帮助贫困户脱贫致富。当年实现全村人均纯收入比上年增收13.5%，高出全镇平均水平165元，实现精准脱贫12户36人。2015年，又有15户66人摘掉贫困帽子。

构建普惠政策体系，破解贫困家庭面临的普遍难题

“帮扶人为我担保，获得了乡里扶贫基金贷款3万元。有了这笔钱，我就有信心放手大干了。”说这话的人是尤溪县溪尾乡莘田村村民黄祖饮。他的情况，从某种意义上说，反映了贫困户的一个普遍现象，那就是想发展增收脱贫，但遇到贷款难、担保难等诸多难题。2014年12月，溪尾乡专门为贫困户筹集资金，成立了扶贫担保基金。三明及时总结推广溪尾乡等地经验，在全省率先成立乡（村）级扶贫担保基金，将扶贫信贷担保服务重心下移，为贫困户提供贷款额度5万元以下、贷款年限3年以内的无抵押担保服务，让贫困户足不出乡村就能贷到款。乡村扶贫信贷担保体系的构建，解决了贫困农户贷款难、担保难的问题。

为了不让一个贫困人口落下，三明紧紧围绕精准扶贫、精准脱贫方略，在完善“348”精准扶贫工作机制的基础上，创新统筹解决城乡反贫困机制，开展具有方向性、目的性、前瞻性的有益探索，构建扶贫政策体系，让这些政策惠及每一户贫困家庭。

针对贫困户就学难问题，构建贫困家庭学生精准资助体系。成立乡村教育助学基金，用好家庭经济困难学生精准资助政策，形成了对建档立卡等家庭经济困难学生从学前教育、义务教育、普通高中、中职教育到高等教育全过程、全覆盖的精准资助体系。如，学前教育贫困生给予每年2000元政府助学金资助；普通高中教育贫困生除免学杂费外，按每年3000元标准给予资助。

针对贫困户因灾、因病致贫问题，着力构建保险扶贫防范体系。建立完善贫困户保险政策，先在农业保险、大病保险、小额意外伤害保险、贫困学生助学平安保险等生产生活领域开展，贫困户的保费由市财政全额资助。如大田农作物险方面，非水稻类作物种植每亩保险金额300元；水稻种植在全省统保的基础上，每亩保险金额增加100元。

针对贫困户缺技术致贫问题，着力构建创业就业支持体系。实施就业技能培训工程，开展“雨露计划”“阳光工程”等专题培训，对贫困户劳动力实行“三减免三优先”创业就业培训制度（减免培训费、减免食宿费、减免技能鉴定费，优先提供就业指导、优先推荐就业和优先提供贷款），提升贫困农户就业创业能力。

◎尤溪县2019年第6期新型职业农民培训果树生产技术培训班

找准各地特色优势，增强贫困群众自我“造血”功能

精准扶贫、精准脱贫，关键是要找准地方特色优势，发展特色优势产业和项目，增强贫困群众自我“造血”功能。

福建省公安厅派驻泰宁县朱口村的驻村第一书记温曜圻依托“国家级现代农业科技创新与集成示范基地”项目，联合7个村委会成员牵头成立泰宁春风农业发展有限公司，通过“转型带动”模式以公司化运营手段培植财源型经济，每年可增加贫困村村财收入10万元，带动100多户贫困户脱贫致富。

在驻村干部的帮助下，宁化县江家村引进了一家通过智能温控大棚生产无公害蔬菜的生态农业开发公司，村里26户贫困户将自己的68.3亩土地以每年每亩收入不低于800斤稻谷的价格流转给这家公司，盈利部分再按股份分红。这种“入股分红”帮扶模式按照“保底收入、盈利分红”的方法，鼓励贫困户加入农业龙头企业或专业合作社等新型农业组织，增加土地收益。

清流县林畲乡石下村驻村第一书记彭胜通过对驻点村贫困户采取“支部+扶贫基金+项目+合作社（公司）+农业科技团队+农产品销售平台”六位一体的方式，以“创业培育”模式带动贫困户参与花卉、苗木、茶叶及农业观光等行业，形成了万亩生态茶叶及现代化加工观光园、千亩桂花文化园、百亩兰花精品园和一个农业生态休闲农庄“三园一庄”的产业格局。

清流县灵地镇的宏畅牧业有限公司是一家集肉羊养殖、加工、销售于一体的农业公司。县扶贫办将其列为家门口就业工程公司之一，通过“公司+贫困户”的模式，无偿帮助当地贫困户。公司负责人黄友志说，根据在册贫困户的需求，公司一年提供两批肉羊，以每批10头羊为

例，一年就可养20头。按照每头羊半年增长20千克，市场价格毛重每千克15元计算，贫困户年收入可达1.2万元，即可实现脱贫。

找到一条“既使贫困空壳村村财增收，又能使贫困户脱贫”的路子，是精准扶贫面临解决的问题。大田县采取“双增收”模式（贫困村+贫困户光伏扶贫），以小额信贷投资为主，投入1.11亿元资金，组织53个贫困空壳村和1926户贫困户集中建设光伏电站，贫困户每年可增收6600元、贫困村每年可增收6.6万元。三明市实施贫困空壳村村财增收行动，有效改善了贫困空壳村村财状况。

点评

习近平总书记关于精准扶贫工作的重要论述的核心是从实际出发，找准扶贫对象，摸清致贫原因，因地制宜，分类施策，开展针对性帮扶，从而实现精准扶贫、精准脱贫。三明市努力探索形成适合三明地区情况、具有地区特色的精准扶贫、脱贫攻坚新路子，正是贯彻实践习近平总书记“实施精准扶贫方略”的体现。

农村扶贫对象情况各不相同，要在较短时间内打赢这场战役，要探索一条可复制、易推广的精准扶贫新路子。三明市的“348”精准扶贫工作机制就是在这样的背景下产生的。实施“348”精准扶贫工作机制，摸清贫困底数，找准贫困户致贫原因，了解最基层群众的贫困问题，才能找到行之有效的解决办法，实现扶真贫、真扶贫、真脱贫。“348”精准扶贫工作机制，不是笼统地把脱贫问题简单归类，纯粹“套模式”，而是一项能够指导各地抓准扶贫对象、找准扶贫项目，精准落实一户一套帮扶、一村一策略，能够惠及贫困对象、助推发展的系统性扶贫机制，有针对地精准扶贫。2

2 让贫困人口共享发展成果

——推行资产收益扶贫机制

资产收益扶贫，是利用财政专项扶贫资金、部分支农资金，以及农民承包的土地经营权和农村集体资产等作为股份，参与龙头企业、产业基地、专业大户、家庭农场、农民合作社等新型经营主体的生产经营和收益分红，以增加贫困人口的财产性收入。资产收益扶贫机制，使资源变股权、资金变股金、农民变股民，可以让贫困对象持续受益。

三明市的贫困人口大多分散居住在深山区，脱贫致富难度大。同时，贫困户手里大多有“林、地、房”等资产，却“守着财富不脱贫”。为发挥各类资源优势，盘活“沉睡”的资产，增加贫困人口资源资产性收益，2016年以来，三明市积极探索建立股权参与项目分红的资源资产收益扶贫长效机制，实现贫困人口共享资源开发成果。资产收益扶贫机制，是三明探索扶贫机制创新的有益尝试。

建立扶贫资金量化折股增收机制

叶华忠是建宁县里心镇代家村的贫困计生户，他家里虽有200株果树和5亩耕地，但因干不了重体力活，果园与耕地长年失管。像叶华忠这样缺技术又缺劳力的贫困家庭，里心镇还有不少。

几年前，上级向镇里下拨100万元扶贫专项资金。如果把钱直接发放到贫困户手上，钱花光了，日子依然没盼头。如何才能变“一次性”

扶贫为永久脱贫呢？经考查论证，并取得贫困户认同，镇里决定把这笔钱和部分村自筹的35万元作为股金，入股当地效益不俗的精准农机专业合作社。

通过量化折股，资本金按每股2500元分配给143户400个贫困人员。合作社每年按期上缴27万元固定利润分红，余下的利润按60%和40%的比例，分配给贫困户与贫困村。如今，叶华忠既是合作社的股东，又是合作社员工。每年工资加分红，收入超过3万元。

2016年，三明市31个村整合资金2323万元开展扶贫资金量化折股试点，发展设施农业1070亩，乡村旅游项目7个，共402户贫困家庭1193个贫困人员享有股权收益。2017年，全市62个村开展了扶贫资金量化折股试点，完成投资2434万元，共855户贫困家庭2668个贫困人员享有股权收益。其中，市财政投入资金1000万元在首批11个村开展量化折股试点，目前这些试点村平均每个村分红3万元，建档立卡贫困户人均分红910元。2018年，全市89个村开展了扶贫资金量化折股试点，共909户贫困家庭2841个贫困人员享有股权收益。目前，全市已有139个村开展扶贫资金量化折股工作，1196户贫困家庭3450个贫困人员享有股权收益。

实践证明，三明市积极探索扶贫资金量化折股增收机制，确保贫困村有了稳定的村集体收益，贫困户增加了股权收益，较好地解决了贫困户、贫困村持续稳定增收的难题。

建立土地资源量化折股扶贫机制

宁化县现代农业有限公司对流转到公司现代农业观光园集中经营的贫困农户耕地，以每亩400千克干稻谷折价现金入股，每年给予贫困户收益不低于入股股份的120%分红。

宁化杨边村有贫困及低保家庭35户72人，村集体累计负债66万元。

福建省土地开发中心派驻该村的第一书记林常永到任后，挨家挨户走访、摸底。他说："贫困户的主要困难是缺资金、缺技术、缺理念，所以我们本着治病对症、治穷治根的原则制定了'双盘''双入''双增'的扶贫思路。""双盘"指盘活资产、盘活土地。通过土地增减挂钩政策拆除旧房危房、猪牛圈栏、露天厕所等，使资产变成资金，解决贫困村"无钱做事"的困难；通过土地整治，在获得国家拆旧补偿收入的同时，在新增耕地上种植黄姜、黄花菜等经济作物，增加村民收入。"双入"指土地入股和村财入股。通过这种方式，村里流转了820亩土地承包经营权，农民通过农业观光园和山羊养殖，每亩土地每年可以分红1500元，村集体每年也可有70万元以上的收益。"双增"指贫困户增收和集体增收。通过引导贫困户劳动力到现代农业观光园就业、吸纳贫困户参股生态立体养殖、聘请贫困户从事公益性岗位等措施，带动贫困户增收。在这些措施推动下，不到两年，全村就

◎2014年7月，林常永走访贫困户为他们解决生活中的困难，对如何帮助村民脱贫致富进行调研

◎2014年9月，林常永将杨边村的农特产品带到福州展览销售

有25户贫困户实现了脱贫，占贫困户总数的71.4%。

2016年，三明市通过深化集体林权制度改革、农村土地承包经营制度改革，引导贫困户盘活宅基地使用权、集体林权、土地承包权等自有资产，将耕地、林地等流转到龙头企业或专业合作社进行规模经营，让“沉睡的资产”活起来。全市流转林地面积640万亩、土地面积78万亩，30%的贫困户从中受益。在入股分红方面，按照“保底收入、盈利分红”的原则，鼓励贫困户将已确权的耕地、山地、林地等流转的土地折价入股，每人每年每亩可获500~1000元的收益分红，实现收入增长。

开展水电资源收益扶贫的尝试

建宁县黄埠乡有7个空壳村（贫困村），该乡通过创新水电资源收益扶贫机制，让贫困生上学有资助、贫困村集体每年能拿固定收入。2016年底，黄埠乡的桃路际水电站打算技改，经测算，电站改造完成后，年增长效益43.3万元。乡里决定把中央用于7个贫困村、空壳村的扶贫基金100万元和教育扶贫基金50万元以入股形式，投入乡属桃路际水电站技改扩容项目。乡政府每年把电站新增长收益的30%分红给这7个村，其中的40%为村集体收入，每个贫困（空壳）村每年可分得2万~4万元红利，60%给贫困户，实现贫困户和贫困村双增收。乡政府每年还从电站纯收益中提取10万元，设立教育扶贫基金，优先资助乡里100名贫困家庭学生。

◎黄埠电站

以增加贫困人口资产性收益为目标，探索水电资源收益扶贫试点，把水电资源开发收益合理确定给贫困村和贫困户，帮助其实现了脱贫。

点评

通过制度设计，构建常态化的脱贫增收渠道，从而解决一些靠临时性、应急性措施解决不了的问题，是精准扶贫的应有之义。习近平总书记强调，我们加强产业扶贫，贫困地区特色优势产业和旅游扶贫、光伏扶贫、电商扶贫等新业态快速发展，增强了贫困地区内生发展活力和动力。资产收益扶贫机制就是一种有别于传统产业扶贫的新模式。

资产收益扶贫，有助于拓展贫困家庭发展空间。建宁县把财政专项扶贫资金和涉农资金投入设施农业、光伏、水电、乡村旅游、特色产业等项目形成的资产，折股量化给贫困村或贫困户，从而带动贫困村和贫困户脱贫尤其是丧失劳动能力的贫困人口获得稳定收益，实现了扶贫效益最大化。通过股权纽带，把贫困农户与企业、合作社、家庭农场等经营主体连接起来，改变了过去点对点的扶贫模式，将贫困户从狭隘的生产空间、生存空间和发展空间中解放了出来。

资产收益扶贫，有助于促进经营主体与农户共享发展。将市场机制和资本运作模式引入农村，能够有效整合财政资金、扶贫资金以及村集体和农户手中分散的土地、资金、劳动力等生产要素，可以把细碎、分散、沉睡的资源要素转化为资产，促使各类资本要素流动起来。对农户而言，可以从传统生产方式中解放出来，按照持有股份获得稳定的股份收益，由旁观者变为参与者，增强主人翁意识；对企业、合作社、家庭农场等新型经营主体而言，可以在不增加成本的情况下发展适度规模经营，实现利润最大化。

3 让林农在绿水青山中增收

——三明率先实行“林票制”

三明市林业用地面积2854万亩，占土地总面积的82.5%；森林面积2646万亩，森林覆盖率达76.8%，2016年被授予“国家森林城市”称号。三明不仅森林覆盖率高，而且林地生产力高，全市森林蓄积量1.65亿立方米，平均亩蓄积7.75立方米，位列全省第一；林业绿色产出高，2019年，全市林业总产值1146亿元，已成为三明市四大产业集群之首。

在林区，山是广大林农的重要生产资料。特别是对于贫困地区和贫困群众来说，脱贫潜力在山，致富希望在林。但林权分散到各家各户手中，效益低下。针对现有林业经营主体“缺技术、缺资金、缺管理”，导致更新造林成活率不高、中幼林抚育不到位、林分质量较差等状况，三明市委市政府整合国有林业企事业单位、村集体经济组织及成员的资源，在全国率先推出“林票制”改革。“林票制”解决了林权结构小型化、林地资源分散化、林业管理复杂化等新问题。“林票制”改革，以林业助力脱贫攻坚，让林农在绿水青山中增收。

资源变资产，林农变股农

2019年，三明市正式印发《三明市林票管理办法（试行）》，并在5个县12个村开展试点工作。截至2019年12月31日，合作面积5743亩，制发林票534.3万元，惠及村民2763户11760人，每位村民获得314元价值的林票。2020年即在全市12个县（市、区）全面推广林票改革。

◎林票

何为林票？就是指国有林业企事业单位与村集体经济组织及成员共同出资造林或合作经营现有森林，由合作双方按投资份额制发的股份凭证，具有交易、质押、继承、兑现等功能。

林票有何作用？持有林票的村民，可随时在农村产权交易中心挂牌交易，价格以市场为准。同时，国有林场承诺按年单利3%对林票进行兜底，保障村民权益。

林票分为股权型和债权型两类。股权型林票是指国有林业企事业单位与村集体经济组织、其他企业单位或个人出资出地造林或合作经营现有林，由国有林业企事业单位按村集体、单位或个人占有份额制发的股权（股金）凭证。债权型林票是指林权收储担保机构以中标价为标准向活立木公开竞价交易的中标者制发的债权凭证。

林票改革内容包括：完善林票资本权能，对接商业银行，让林票可以作为向金融机构申请质押贷款的凭证，享受低息贷款，并作为优质资产扩大信贷额度。推进林票信息化建设，开发数据库及交易平台，探索“区块链+林票”，实现林票登记等手续信息化办理等。一张张林票，让过去难流通的林权实现证券化，打破森林资源流通性差的壁垒，吸纳更多的社会资本进山入林，力争实现资源变资产、股权变股金、林农变股农。

推行林票制度，有利于推进集体林地所有权、承包权、经营权“三权分置”，保障农民的林地承包权益，真正放活林地经营权；有利于提升林业集约经营水平，持续增加农民林业信贷额度；有利于促进各类资本进山入林，促进村财村民双增收。

林子变票子，林地有活力

2020年3月1日，沙县夏茂镇梨树村桥仔坑山场郁郁葱葱，官庄林场的营林技术人员正紧锣密鼓地对林木进行下肥和修枝。这片643亩杉木幼林由官庄林场托管经营。

梨树村是三明市“林票制”首批试点村，双方经过评估，确定村里所占现有林价值为130万元，并以林票形式发放到村民手中，共发行13000股，其中村民占70%，村集体占30%。

春节前，梨树村举行林票发放仪式，全村每人分到400元面值的林票。每张林票均采取实名登记，正面印着面值，背面备注山场亩数、林木等基本情况。

由于人均林地面积较少，上一轮集体林权制度改革，梨树村采取分山到组和“按人分利”形式，实现了“山定权，树定根，人定心”，让

◎2020年7月28日，沙县林改现场会，凤岗街道西霞村等5个村发行林票

林农获得实惠。但随着时间推移，山林破碎化经营、资源流通性差等问题逐渐显现出来，制约着“绿色银行”再增值。

梨树村此次发行林票的林场2014年到达砍伐期，但由于缺乏管理，近40年的林子每亩出材率仅为5立方米，共收入160多万元。除去新一轮造林管护资金70多万元，以及村集体收入占比的20多万元，每个村民仅分红200多元。林业效益低，导致大家缺乏造林积极性。

林票制改革创新，赋能绿色发展。村支书曹声链展望道：“一轮伐期后，官庄林场将以每亩13立方米的出材率兜底收购。以现有价值算，保底有600多万元收入。届时村民手中400元的林票就变成了近2000元。”

此外，沙县农商银行还为梨树村授信5000万元，村民直接拿林票可进行抵押，银行根据个人信用、林地面积等综合考评，最高能给予30万元的授信。

股权型林票

三明市林农持有的均为股权型林票，其制度设计各有千秋。

出让经营模式。合作标的是现有林，由国有林业企事业单位出资购买村集体、村民小组或林业大户现有林的部分股权，剩余股权量化成林票，由村集体与村民持有。沙县冲厚村一片868亩现有林，评估值202.29万元，合作双方约定51%的林权出让给沙县县属国有林场，49%村集体保留的股份（价值99.12万元）量化成林票，其中30%归村集体，70%分配给村民，每位村民分得300元林票。

委托经营模式。合作标的是现有林，村集体、村民小组或林业大户将现有林委托国有林业企事业单位经营管理，双方约定分成比例，并将村集体收益部分量化成林票，由村集体与村民持有。前文提出的沙县梨树村将643亩杉木幼林委托福建省沙县官庄国有林场负责经营管理及今

◎夏茂镇发放的“三票”（房票、地票、林票）

后所有投资。双方约定：林木采伐利润的85%归村集体，15%归国有林场；采取简易评估确定现有林价值，85%量化成林票，其中30%归村集体，70%分配给村民，每位村民分得400元林票。

合资造林模式。合作标的是采伐迹地，由国有林业企事业单位与村集体或村民小组共同投资造林，将村集体投资部分量化成林票，分别由村集体、村民出资认购。沙县上里村有391亩采伐迹地，与福建省沙县官庄国有林场实行合作造林，每亩投资1500元左右，其中国有林场出资51%，村集体经济组织及成员出资49%，其中村集体所持有的股权比例不低于15%，其他34%优先由合作造林地所在村民小组成员认购，剩余份额依次由本村集体经济组织成员、村集体认购；若认购份额仍不足所需造林资金的，村集体经济组织可向社会公开募集。

林地入股模式。合作标的是采伐迹地，国有林业企事业单位与村集体合作造林，村集体以林地经营权入股，国有林业企事业单位负责投资，双方约定分成比例，村集体收益量化成林票，由村集体与村民持有。福建金森林业股份有限公司与将乐县上坊村2015年合作造林606亩，上坊村以林地经营权入股，金森公司负责全部投入，到主伐时林木采伐利润的70%归公司，30%归村集体。双方将村集体分成部分量化制发林票，其中30%归村集体，70%分配给村民，上坊村每位村民分得700元林票。

点评

绿水青山是无价之宝。习近平总书记强调，绿水青山既是自然财富，又是经济财富，要牢固树立绿水青山就是金山银山的理念，坚定不移走生态优先、绿色发展之路。三明林票改革，因地制宜，从三明“八山一水一分田”的实际出发，大胆创新，有效地调动了各类主体积极性，发挥了山林在脱贫攻坚中的作用，给我们留下了深刻的启示。

林票有利于提升山林的经济效益，让经济效益和林农利益达到最大化。在山林地区，必须提升山林的经济效益，才能使林区农民真正走上脱贫致富的道路。我国的山区占国土面积的69%，而山区又占有90%的森林资源；山区人口占全国总人口的56%。可见，无论从保持森林资源的保有量、保护生态环境，还是帮助农民脱贫致富，山林都占有重要位置。而“林票制”的实施，既保障农民的林地承包权益，又有利于提升林业集约经营水平，真正放活林地经营权，以市场机制经营林地，让经济效益和林农利益达到最大化。

林票克服了林权结构分散化的问题，使林区农民真正走上脱贫致富的道路。2003年，我国启动了林权改革试点，其根本措施就是将林地承包经营权和林木所有权落实到农户，“分山到户，全体村民平均分配”是集体林权制度改革采取的基本做法。但“分山到户”由于存在林权结构小型化、林地资源分散化、林业管理复杂化、难以对接大市场等问题，林权经济效益低下，对于脱贫致富的作用不明显。林票改革，克服了由于林权分散而存在的各种问题，并且使森林资源变资产、股权变股金、林农变股东，产权明晰，使林区农民真正走上脱贫致富的道路。

4 破解农村“看病难”“看病贵”难题

——以医疗改革助力脱贫攻坚

三明全市户籍人口284万人，常住人口250万人，经济发展相对滞后，财政比较困难，医疗资源分布不均，“看病贵”“看病难”问题比较突出，不少病患者正是因为背上了医疗的沉重负担，迟迟不能拔掉穷根，奔向小康。

三明市在全国率先启动医疗、医保、医药“三医”联动改革，推动公立医院回归公益性。2012年以来，三明从“治混乱、堵浪费”，到后来“建章程、立制度”，再到如今“以人民健康为中心”，已经走过三个阶段。2019年11月，国务院深化医药卫生体制改革领导小组印发《关于进一步推广福建省和三明市深化医药卫生体制改革经验的通知》，要求充分发挥典型经验对全局改革的示范、突破、带动作用，推动医改向纵深发展。

三明医改将精准脱贫与深化医药卫生体制改革紧密结合，把医改成果导入健康扶贫，采取有效措施提升农村贫困人口医疗保障水平和贫困地区医疗卫生服务能力，缓解“看病难，看病贵”问题，不断提高农村贫困人口健康水平，使医疗成为整个扶贫攻坚中的一个重要组成部分。

整合医疗资源，构筑农村医疗卫生服务“网底”

“真是太方便了，在村里看病也能报销。”77岁的建宁县溪口镇马元村村民罗秀容高兴地说。随着三明医改的推进，村里诊所发生了巨大的变化。

“马元村有村民1000多人，常年在家的只有500多人，大多是留守老人和小孩。”溪口镇卫生院院长邱海春说，留在家里的老人和小孩都不会骑车，儿子儿媳都在外地打工，坐班车去城里一趟，来回就要将近一天的时间。以前村卫生所条件差，药品又不多，村民看病都去镇里。实施新农合后，在村里卫生所看病，门诊也可以报销，村民小病就不用往镇里跑了。

2012年开始，建宁县对村级卫生所进行标准化建设，血管钳、缝合针、持针器，包括医用的消毒高压锅等，都配齐了。为保证一些急危病人能顺利送达上一级医院，卫生所还配备了小型的氧气瓶和简易的担架。此外，卫生所实行基本药品“零差率”，药品加成取消了，群众按药品进价买药，由此造成的村医损失，由政府补贴，村民终于实现了小病不出村。

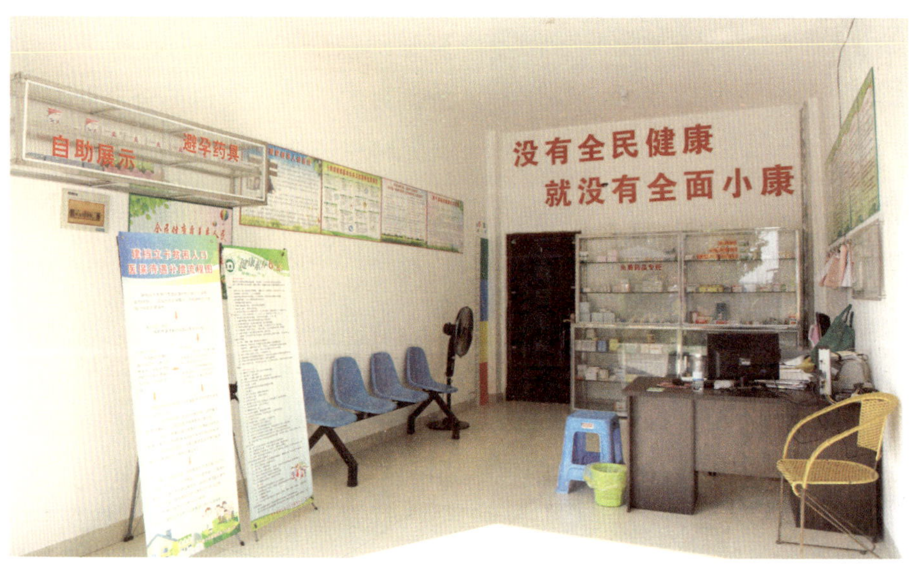

◎建宁县溪口镇枫元村卫生所

从2016年起，三明推进乡镇卫生院在行政村设立卫生所。人口千人以上的行政村全部设立卫生所，将乡镇卫生院延伸到村级，并且由乡镇卫生院负责管理全市2875名村医，每年实行目标责任制考核，实现乡、村医疗服务一体化。

从2018年起，三明打破体制壁垒，以建设紧密型县域医疗共同体为抓手，将乡镇卫生院和社区卫生服务中心整合为县级总医院的分院，打破了过去县域内条块分割、各自为政、恶性竞争的局面，实现了上下联动，促进了优质医疗资源下沉，让县域内县、乡、村三级资源共享发挥出最大效益，使村民享受到了三明医改释放出来的改革红利。

开通村级报销端口，打通医疗服务“最后一公里”

从2016年4月起，以往只能在镇卫生院享受的门诊报销，现在在村卫生所就能享受到。“每年可以享受到最高120元的门诊报销，此外，每次的诊疗费也都有补助。”马元村村医夏小军说。

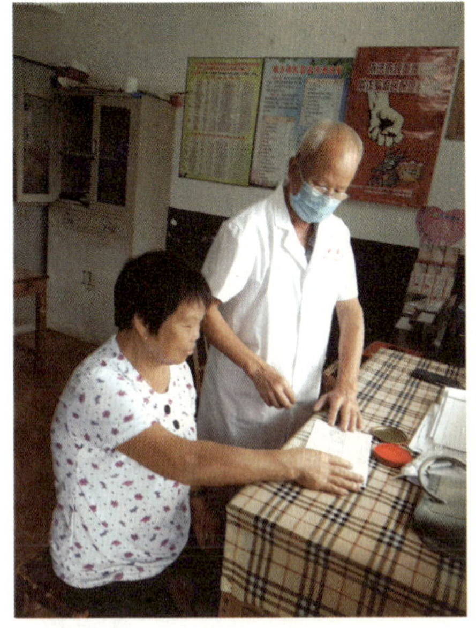

◎2020年9月4日，沙县高桥官林窠村卫生所乡村医生在卫生所为村民医保报销结算单签字

城乡居民医保开通到村卫生所，村民用医保卡就能在家门口看病，打通了服务村民的“最后一公里”。截至2017年，全县建成并挂牌运行74个村级卫生所，开通医保结算系统74所，占计划的100%，门诊达11万多人次。

三明在全国率先将新农合与城

镇职工医保、居民医保“三保合一”。2015年4月1日起，三明市城镇职工基本医疗保险、城镇居民基本医疗保险和新型农村合作医疗执行统一的用药目录、诊疗目录、服务标准，实现“三统一”，实行差别化的报销补偿政策，发挥医保的杠杆调节作用。

2017年，三明新型农村合作医疗保险被纳入城镇居民医疗保险范畴，统一称之为城乡居民医疗保险，实现城乡医保并轨。建档立卡贫困户、省定扶贫标准下的低保对象参加城乡居民基本医疗保险的个人缴费部分由政府全额资助。

建立医疗补助机制，统筹推进医保扶贫

到2017年，三明仍有因病、因残致贫的农村贫困人口3.56万人，占全部贫困人口的64.5%。为此，三明在全省率先探索建立精准扶贫医疗补助机制。

2017年，探索建立“124”的医保扶贫机制，通过释放医改红利，助力打赢脱贫攻坚战。“1”即“一套档案”，将通过精准识别的建档立卡贫困人口信息导入“三保合一”系统医疗救助管理模块，确保建档立卡贫困人口医疗费用“一站式”结算服务；“2”即“两费全免”，建档立卡贫困人口免收城乡居民基本医疗保险参保费、免收家庭医生签约服务费个人缴费部分；“4”即“四道补助”，以基本医疗保险为主体，构建以基本医保、大病保险、医疗救助、精准扶贫医疗叠加保险等四道补助的医疗保障机制，有效减轻贫困户的医疗负担。“124”机制建立以来，三明市建档立卡贫困人口目录内及总费用报销比例均位居全省前列，有效缓解了农村贫困户因病致贫、因病返贫问题。2019年，三明全市建档立卡贫困人口就诊13.27万人次，医疗总费用15964.83万元，报销医疗费用14545.76万元，其中精准扶贫医疗叠加补助1058.90万元，

医保范围内报销比例98.38%，实际报销比例91.11%。

2018年，三明开始实行“医保目录个人自付封顶，医疗保障基金兜底”的做法，即符合条件的补助对象在省、市、县、乡四级定点医疗机构发生属于医保目录内的医疗费用（含门诊特殊病种和住院费用），年度内医保目录医疗费用个人累计支付300元后，其余目录内医疗费用由精准扶贫医疗补助基金全额予以补助。此外，三明市推行三大举措，让建档立卡贫困患者就医更方便。一是入院不缴费。取消保障对象住院预付金，实行“先诊疗、后付费”，极大地减轻了贫困对象就医经济负担。二是就诊一卡通。在省、县、乡三级定点医疗机构建立绿色通道，双向转诊、分级诊疗、无缝对接。三是报账一站式。贫困对象在定点医院出院时，只须出示社会保障卡结清自付部分，一站办理，一次完成。

2020年，三明出台四项工作措施统筹推进医保扶贫。一是贫困人口转院转诊“即时办”；二是贫困边缘人群和支出型困难家庭“协助办”；三是第三次精准补助“提前办”；四是新冠肺炎（含疑似）患者“全程办”。三明市的这些举措，都是医疗扶贫的实招。

点 评

我国贫困地区农村因病致贫、因残致贫的现象还比较普遍，“辛苦奋斗十几年，一病回到解放前”，这句饱含无奈的戏言在一定程度上反映了农村看病贵看病难、因病致贫、因残致贫现象的严重性。据统计，在我国贫困人口中，由于看病贵看病难，因病致贫、返贫的占到40%左右，未脱贫人口，多数是病情重、条件差的群众。习近平总书记在2015年11月27日中央扶贫开发工作会议上强调：“要建立健全医疗保险和医疗救助制度，对因病致贫或返贫的群众给予及时有效救助。”三明通过医疗改革，较好解决了看病贵、看病难问题，发挥了医疗在脱贫攻坚中的作用，给我们以深刻的启示。

坚持医疗的公益性、公平性，才能助推健康扶贫落到实处。三明市把基本医疗卫生制度作为公共产品向全民提供，建立覆盖全民的保障网络，加强农村基层医疗卫生网络建设等，充分体现了医疗的公益性、公平性改革方向，使医疗扶贫取得了较好成效。实践证明，只有把公平可及、群众受益作为医疗改革的出发点和立足点，把增强人民群众获得感、幸福感、安全感作为评价改革的重要标准，让医疗改革发展成果更多更公平惠及全体人民，才能保障贫困人口看得上病、看得起病、看得好病，有效地避免因病致贫、因病返贫的恶性循环。

坚持医改制度设计的科学性，才能以医改助力脱贫攻坚。三明市推进医药、医保、医疗“三医联动”改革，推动医疗资源下沉和分级诊疗，强化兜底保障机制，加强贫困人口救助，加快医药卫生信息化建设等，这些卓有成效的改革举措，都保证了医疗资源更高效率、更高公平的分配成为现实。制度的科学性，才能使贫困人口健康权得到更充分保障，以医改助力脱贫攻坚。

第六章 / 探索苏区老区脱贫振兴的长连武扶贫开发试验区

实现党的十八大报告提出的到2020年全面建成小康社会的宏伟目标，重点在农村，难点在贫困地区，关键之举在于扶贫开发。长期以来，习近平总书记非常关心老区苏区人民脱贫致富奔小康。2014年11月，习近平总书记来福建视察时强调："决不能让一个苏区老区掉队。"长汀、连城、武平三县作为省级扶贫开发工作重点县，是闽西原中央苏区的核心区域。为探索苏区脱贫振兴发展，长汀、连城、武平被福建省确立为扶贫开发试验区。省政府在《长（汀）连（城）武（平）扶贫开发试验区发展规划（2015—2020年）》的批复中指出，加快试验区建设，是贯彻落实《国务院关于支持福建省进一步加快经济社会发展的意见》和《赣闽粤原中央苏区振兴发展规划》的重要举措，有利于加快闽西人民脱贫致富步伐，为全省原中央苏区振兴发展和贫困地区扶贫开发探索经验，提供示范。试验区发展路径和目标是：积极探索科学扶贫、精准扶贫新路子，全力推进区域发展与扶贫攻坚，加快试验区振兴发展和脱贫致富奔小康步伐，到2020年扶贫开发取得显著成效，成为闽粤赣边界地区和全国革命老区集中连片生态扶贫开发的示范区。

试验区规划空间结构为"一带两轴、三组团、多支点"。一带两轴，即依托机场、铁路、高速公路、国省干线等通道，以长汀古城镇、策武镇、濯田镇，以及武平平川镇、十方镇、岩前镇为左轴，以长汀河田镇与连城文亨镇、朋口镇、新泉镇、庙前镇为右轴，打造特色鲜明、产业集聚有序、链条完整的生态经济带；三大组团，即分别形成以汀州镇、莲峰镇、平川镇为中心的长汀、连城、武平三大组团；多支点，即重点发展宜居宜业的濯田、朋口、十方等中心镇，使之成为试验区扶贫攻坚与城乡协调发展的战略支点。

长汀、连城、武平三县所辖行政区域，陆域面积8308平方千米，2014年末总人口106万人，地区生产总值432亿元。试验区虽然有着区位条件优越、生态地位重要、特色资源丰富、文化底蕴深厚等优势，但由于底子薄，总体发展水平偏低，2014年人均地区生产总值只相当于全省平均水平的64%。此外，这一区域水土流失较严重，生态环境整体脆弱。将长连武三县确立为扶贫开发试验区进行建设，不仅能够促进扶贫对象整体脱贫致富，为革命老区扶贫攻坚探索经验、提供示范，而且能巩固并推广南方红壤区水土流失治理经验，促进生态文明先行示范区建设。规划实施以来，长汀、连城、武平积极贯彻落实规划要求，积极探索科学扶贫、精准扶贫新路子，发展地方特色产业，激发了内生动力，脱贫攻坚取得显著成效，初步实现了当初规划设定的发展目标。

1 精准扶贫“扶”出新生活

——长汀县濯田镇立足精准促脱贫

濯田镇是长汀西南部的一个产粮大镇，万亩油菜示范片曾多次获省、市、县嘉奖，农副产品非常丰富，年外调大量的槟榔芋、地瓜粉、大薯、优质大米、花生油、菜油、茶油等农副产品。濯田镇位于长（汀）连（城）武（平）扶贫开发试验区“一带两轴、三组团、多

◎濯田镇寨头村油菜花盛开

支点”的左轴的中间位置，属于试验区重点发展的中心镇。辖40个行政村，总人口5.3万余人，拥有耕地4.3万亩，属半山区。其中贫困村10个，贫困户共727户2495人。作为一个传统农业镇，濯田镇面临着如何摆脱贫困的挑战和问题。濯田镇充分利用“扶贫开发试验区”带来的机遇，精准扶贫，“扶”出了新生活。

精准施策，结对帮扶

2017年新春时节，濯田镇左拔村贫困户林金来一家住进新盖的房屋，心情格外舒畅。林金来说：“过去家里穷，一家5口蜗居在20年前盖的破旧房子里，想都不敢想盖新房。幸亏实施精准扶贫的好政策，我才住进新房子。”

王允湖是安仁村21户建档立卡贫困户之一，也是长汀供电公司挂钩帮扶对象。他父亲患有眼疾，夫妇二人靠种田和打零工维持生计，家中小孩尚小没有谋生能力。作为家里的顶梁柱，王允湖对清贫的生活现状感到前所未有的压力，2016年一项扶贫政策，给王允湖的生活注入了阳光。通过结对帮扶，王允湖办起了家庭农场，除了河田鸡养殖，还种植甜蔗和制红糖，一年收入两三万元。尝到甜头的王允湖在创业路上走出了自己的生财之道，到2017年就脱贫了。

2020年受新冠肺炎疫情影响，贫困户刘茂荣养的2000多只鸡出现了滞销。县脱贫攻坚办、镇脱贫办了解到贫困户实际困难后，立即联系龙岩市农业发展有限公司，启动收购绿色通道，帮助贫困户销售农产品，化解贫困户农产品销售难题。经过扶贫“经纪人”的对接，2月28日，刘茂荣急需销售的鸡收购工作有序进行。仅一天就出售了2500多千克，收购价格为30元/千克，大大降低了因疫情造成的损失。

濯田镇党委政府精准施策，落实结对帮扶责任，在市、县挂钩全镇17

个市直、县直帮扶单位基础上，选派干部、党员520名，与全镇贫困人口727户2495人结对帮扶。

脱贫攻坚，产业为先

为打赢脱贫攻坚战，濯田镇党委政府精心策划特色产业发展项目，以“公司+合作社+贫困户”“支部+贫困户”“合作社、农场+农户”等形式，通过项目带动贫困村、贫困户的“河田鸡养殖”“蓝莓产业”“光伏发电”“甘蔗红糖加工”等特色产业发展，实现稳步脱贫。

寨头村位于濯田镇北部，距离集镇所在地15千米，路不通，房子烂，到处脏兮兮的，以单一的稻作农耕为主，是长汀县出了名的贫困村之一。全村226户1082人中，2016年评定建档立卡的贫困户14户58人。由于地处偏远深山，陆陆续续挪出山沟沟的村民有2/3，剩下老弱幼小留守村中。然而短短的两年，通过产业扶贫，实施光伏发电项目，培育特色养殖，村民人均纯收入从2016年的7010元提高到2017年的13326元，14户贫困家庭全部脱贫，甩掉了贫困村的帽子。寨头村还投资30余万元与汀州凤公司合作创办丁坑哩、大罗坑等河田鸡养殖基地，14户贫困家庭参与河田鸡养殖。其中，大罗坑养殖基地占地900多平方米，鸡舍占地240平方米，年出栏2.6万羽，又带动刘坑、桐睦等村共22户贫困家庭参与养殖，增加

◎河田鸡养殖

村财收入4万余元。从河田鸡、濯田黑兔养殖到百香果、花卉、水稻、槟榔芋种植等，寨头村依靠产业扶贫，实现了村集体经济零的突破，破解了村集体经济发展难题。

永巫村既是贫困村，也是严重水土流失村。在脱贫攻坚战役中，永巫村“两委”和驻村第一书记黄建辉积极争取资金，发展项目，增加村集体经济收入，努力改变“空壳村”现象。在全县较早建成50千瓦光伏发电项目，年可增收5.8万元；争取扶持村集体经济发展试点资金50万元，投资县医疗器械产业园，年收入3万元；争取扶持村集体发展试点资金30万元，投资河田鸡家庭农场，年收入2.2万元……一年下来村集体收入约18万元。此外，永巫村通过土地流转，引进龙岩市福润农业有限公司规划种植200亩蓝莓，通过“公司+农户”形式，发展特色种植。特色种植基地每年可解决80个劳动力就业，可为每个劳动力年增加收入8000元左右。在永巫村，35户贫困户全部脱贫。

扶志扶智，激发活力

在永巫村35户贫困户脱贫故事中，最感人的是陈能。

陈能原本是个敢想、敢试的青年，他种过西红柿、冬瓜、黄瓜，养过鸡、鸭、鹅。但由于没技术，种什么亏什么，养殖也不成功，搞了七八年，不但没致富，反而弄得自己没了信心。

转机来自脱贫攻坚战役的开展。驻村党支部第一书记黄建辉来自县农业农村局，他来到陈能家调查研究，帮他找出贫困的症结。

找到了穷根，接下来就是制定计划引导陈能走上致富路。首先，村里安排陈能参加县里组织的新型职业农民培训、“雨露计划”培训，使他从传统农民变成新型职业农民。然后帮他申请了1.1万元生产帮扶资金和7万元小额信贷扶贫资金用于发展生产。为了帮助陈能的脱贫计划顺利实施，镇、村还组织专家点对点、手把手地上门服务，现场技术指导。黄建辉和高级农艺师俞步强、李克优经常上门，从种植、养殖的项目品种、规模数量、长短搭配，到套种西瓜、南瓜等技术都尽心尽力传授。

2018年，陈能种植了葡萄、甘蔗、柚子十多亩，在果树下套种西瓜。实现产值十多万元，纯收入5万多元。2019年种植了葡萄、甘蔗、柚子、西瓜等22亩，还养了3000多羽河田鸡，仅葡萄就有夏黑、巨峰等四五个品种，这一项的收入就达12.6万元，套种的8亩西瓜也收入2万元，还有南瓜、甘蔗、柚子的收入，真正实现了脱贫致富梦。村党支书陈腾腾说："这个陈能过去七八年都扶不起来，是有名的贫困户，如今却成了全村闻名的致富带头人。"

点评

习近平总书记强调，精准扶贫贵在精准。结对帮扶就是贫困地区精准扶贫的有效方式，即党员干部一对一结对子，帮扶城乡困难家庭脱贫。濯田镇在结对帮扶中，深入了解贫困群众的致贫原因和实际情况，对症下药，持之以恒，从而在扶贫工作中取得了良好的成效。

授人以渔，是贫困地区精准扶贫的根本方法。濯田镇在扶贫工作中重视扶贫扶智，授人以渔，着力培育贫困户的技能，积极争取资金支持，发展特色种植和养殖，实施光伏发电项目等，从而让贫困群众彻底转变观念，鼓起奔小康的勇气和信心，增强了脱贫致富的内生动力，从而摆脱贫困。

2 发展特色产业增收致富

——连城县探索具有地方特色的脱贫攻坚之路

连城曾是23个省级扶贫开发工作重点县之一，而近年来大部分主要经济指标增速却排名龙岩市前三。2020年4月，连城退出省级扶贫开发工作重点县。从福建省重点扶贫县跃升到福建省县域经济发展“十佳”县（市），连城探索出了一条具有地方特色的脱贫攻坚之路。

打造兰花产业带，拓宽乡村脱贫路

2011年4月，中国花卉协会兰花分会向连城县朋口镇授牌“中国兰花名镇”。连城朋口镇成为中国第四个“中国兰花名镇”。朋口兰花已成为当地农民增收的一个支柱产业。

当年，朋口镇的杨先金为了种兰花，把家里的两头猪卖了，搭上500元积蓄，还向左邻右舍和亲戚朋友借了4万多元，开始了她的兰花创业之

◎朋口镇激励性产业扶贫项目——兰花种植

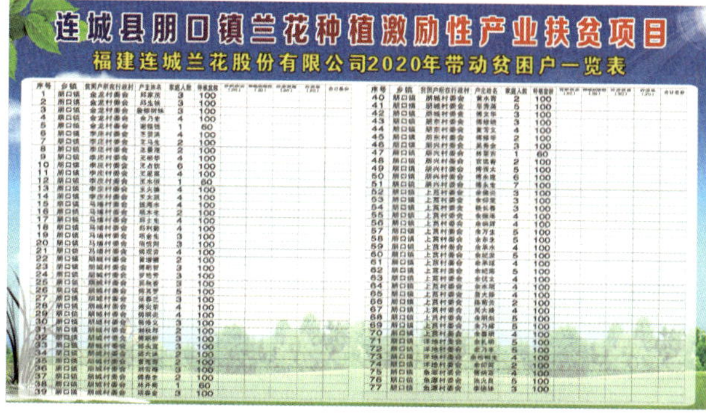

◎福建连城兰花股份有限公司2020年带动贫困户一览表

路。现在，杨先金成了富有之人，她有一个20多万株、300多个品种、面积30亩的兰圃。她盖起了占地面积200平方米的5层楼房。她毫不掩饰地告诉来探望她的朋友："我真的是靠种兰花发的。假如去打工，即使每月工资2000元，我这么一个大家庭也不够开销，哪能盖这么好的房子。"事实上，通过"种植兰花"脱贫和发家的人，并不在少数。

为做大做强兰花产业，连城县以连城兰花股份有限公司为龙头，朋口镇为中心，辐射莒溪、宣和、新泉、庙前等乡（镇），沿国道205线、319线，打造了天马—良增兰花产业带、朋口—培田兰花产业带，同时设立良增示范区、官厅背示范区。兰花产业带以"兰花产业+互联网+党建+扶贫+创业"为主导，依托"前店后圃"生产销售为一体的发展模式，通过品牌公用、资源共享、信息互通、花事联办，使产业发展与扶贫结合起来。

如今，连城县已成为全国最大的国兰生产、研发基地，被评为"中国兰花文化之乡""世界兰花之乡"。2019年全县发展兰花种植面积4400多亩，品种1200多个，全产业链产值13亿元，拥有147家兰花企业、合作社，兰农3040户、从业人员1.2万人，兰农人均纯收入达3.6万元。兰花种植作为朋口镇激励性产业扶贫项目之一，成为贫困户脱贫致富的有效途径。

种植石斛，助力绿色扶贫

陈金炎是冠豸山下揭乐乡揭乐村的一个普通农民，他从小就对铁皮石斛非常痴迷，经过多年努力，掌握了一整套从组培繁殖到大棚仿野生移栽、种植、培育的生产管理技术，建起年产1000万株组培苗的生产厂房，成立合作社、药业公司保护开发冠豸山铁皮石斛资源，闯出一条石斛镀金路。铁皮石斛主要分布在我国皖、浙、云、贵、川、闽、赣等地的高山峻岭、悬崖峭壁和岩石缝隙中，由于生长条件的特殊性和分布的局限性，野生铁皮石斛已濒临枯竭。为此，陈金炎努力研究铁皮石斛人工种植技术，于2011年人工种植石斛成功，从而让这一珍贵药材成功“走”下了悬崖峭壁，突破了石斛规模化、产业化发展的瓶颈。目前，陈金炎在揭乐、莒溪、林坊等地，通过“公司+农户”的形式发展了数个林下种植基地，带动100多农户参与种植，从而脱贫致富。

连城冠豸山铁皮石斛因其独特的地理地质环境、气候条件，在全国铁皮石斛品种中品质首屈一指，因此获国家农业部农产品地理标志登记保护。连城县委县政府因势利导，制定出台产业扶持政策，积极利用“冠豸山铁皮石斛”作为国家地理标志的影响力，把铁皮石斛产业与旅游业结合起来，把石斛特色生态产业

◎铁皮石斛仿野生种植基地

◎铁皮石斛大棚种植基地

作为一项重点脱贫攻坚产业来推进，带动农民脱贫致富。

为推动铁皮石斛产业提速发展，连城县依托冠豸山铁皮石斛优质种质资源，以连天福、九益堂、星光生态园等为龙头，以“公司+合作社+农户”为模式，打造了万亩铁皮石斛林下种植基地、国家铁皮石斛林下仿野生种植标准化示范区。目前，连城县共发展冠豸山铁皮石斛大棚种植面积300余亩，林下种植面积有6000余亩，岩石仿野生种植面积数百亩，年产值超2亿元，带动1000多户农户增收致富。

实施旅游扶贫，活了资源富了百姓

海拔800多米的坪上村原本是“坪上不平山坡多，出门上山又爬坡”的山沟。近年来，连城旅游部门与坪上村两委瞅准了当地植被良好、云雾缭绕、水青树绿、气候宜人的优势，规划出1万多亩生态、气候、土壤条件良好的山地，用于建设以生态旅游为主的茶叶产业基地，又引进一家外资企业投资茶业项目，以更好地打造“品高山生态茶，赏如画水梯田”的文化生态旅游品牌。目前，各方已投入1200多万元，开山种茶4000多亩，建起了茶叶加工厂房。全年高山茶叶产量可达3万多千克，产值可达1500万元。

新泉镇三面环水，自古以来是闽西水路直下潮州、汕头入海的水运通道。1929年红四军曾两次短驻小镇，并在这里进行了史上著名的“新泉整训”。新泉镇依托红色旅游，发动村民做优做强美食、温泉、农业等产业，不仅提高了景区周边村民收入，还迅速带动了当地经济发展。张梅当过农民、打过工，几年前，他回到家乡参加新泉客家厨师培训后，开起了饭店，餐馆一年的营业额就有100多万元。新泉镇已发展农家乐餐馆200多家、温泉服务场所42处，以及千亩反季节蔬菜、千亩溪鱼养殖、千亩笋用竹等农产品原料基地，直接提供5000余个就业岗位，仅2016年就接待游客逾100万人次，近万名农民在旅游产业链中受益。

连城积极开发旅游资源，实施“旅游扶贫”工程，树立“一村一品”发展格局。连城县是“中国优秀旅游县”，又是“全国休闲农业与乡村旅游示范县”，现有休闲农业与乡村旅游点112个，覆盖全县所有乡镇，是龙岩最佳旅游目的地之一。连城加大景区规划及旅游配套项目建设力度，同时以吃、住、农业观光等旅游要素配套，积极引导群众致力于发展农家乐，以及油茶、毛竹、白鸭等传统特色产业的种养殖，众多村民从传统的农民变股民、变商人、变工人，实现脱贫。2019年，连城全县接待游客1110万人次，旅游收入92亿元。目前，连城已完成龙岩地质公园博物馆、冠豸山正山前停车场等项目建设，客家民俗文化村、冠豸山客运索道、竹安寨悬空栈道投入运营，培田古村落景区提升工程、梅花山十八寨大本营、大洋旅游文化综合体等项目稳步推进。

点 评

习近平总书记指出，要“通过扶持发展特色产业，实现就地脱贫”。连城县在脱贫工作中坚持实事求是、因地制宜，大力发展特色产业。在整体规划设计上，“宜农则农、宜商则商、宜游则游”。一些地方以“景区带动”和“食宿服务”作为精准扶贫的抓手；一些地方以“观光农业”和“生态种养”作为精准扶贫的抓手；一些地方以“农耕文化”和“民俗文化”作为精准扶贫的抓手，最终辐射和带动全民发展，全民受益，全民脱贫。

立足自我、聚焦产业，才能有效提高贫困地区自我发展能力。连城县立足本地资源禀赋，发展特色产业，培育产业化龙头企业，推动连城地瓜、连城白鸭、连城兰花、冠豸山铁皮石斛等特色农业产业提质增效，有效提高了贫困地区自我发展能力，实现了由“输血式”扶贫向“造血式”扶贫转变。

产业扶贫是一项艰巨复杂的系统工程，要坚持以新发展理念为引领，不断创新产业扶贫思路，以当地特色资源为依托，才能见实效。

3 “九措到户”扶真贫

——龙岩市创新精准扶贫机制

习近平总书记在福建考察时强调：“当年苏区老区人民为了革命和新中国的成立不惜流血牺牲，今天这些地区有的还比较贫困，要通过领导联系、山海协作、对口帮扶，加快科学扶贫和精准扶贫，办好教育、就业、医疗、社会保障等民生实事，支持和帮助贫困地区和贫困群众尽快脱贫致富奔小康，决不能让一个苏区老区掉队。”龙岩市认真贯彻落实总书记的嘱托，从2014年以来，通过实施精准扶贫“九措到户”，让贫困户实实在在受益，取得显著成效。2018年，“九措到户”入选全国基层改革创新优秀案例。

生存救助到户，保障扶贫对象基本生存需要

推进农村低保与扶贫开发有效衔接，将全市年收入低于当地低保标准的贫困户全部纳入保障范围，做到应保尽保。同时，实行补助水平与经济社会发展相适应的自然增长机制和与物价上涨相挂钩的联动机制，保障扶贫对象基本生存需要。目前，全市纳入低保范围的农村人口24710户49582人。农村低保人均月补助由2015年的146.6元提高到168.4元。

从2018年1月1日起，新罗区、永定区、上杭县实行城乡低保标准一体化。苏胜瑞是永定区湖坑镇南中村的低保对象，在领到低保金后高兴地说：“听到农村低保金提高到与城市低保金一样标准的政策后，我心里很温暖，今后我的生活更有保障了。”

就业辅助到户，提升扶贫对象就业创业能力

实施农村扶贫开发对象“一户一就业”工程。通过开展各类就业创业培训，落实创业贷款贴息和场地租金补助，对吸纳贫困劳动力就业的企业，实行社保补贴、贷款贴息、公益性岗位补贴，实行农业新型经营主体带动就业奖励、购买就业岗位等，引导各类企业和农业新型经营主体吸纳贫困劳动力就业，促进就近就业。

疫情发生以来，长汀县深挖本地劳动力资源，“点对点”为企业和返乡务工人员搭起就业鹊桥。“就业红娘”频频出现在企业和村民家中，为村民送资讯，为企业送工人。如今，300多位“就业红娘”已经覆盖了长汀300余个村（社区）。列入政府用工服务的45家重点企业已全部复工，老员工返岗9654人，返岗率93.3%，“就业红娘”通过线上线下为企业推荐新员工2737人，已上岗1680人。

生产扶持到户，提升扶贫对象自我发展能力

在推广长汀水土流失治理模式和武平林改经验的过程中，龙岩市大力扶持林下种植养殖的绿色产业、闽西“八大珍八大鲜”名特优产品发展，让贫困户分享农业全产业链中的附加值，全面激发贫困户内生动力。到2020年5月，已实施激励性产业扶贫项目1813个，参与贫困户23887户。

为解决好贫困户发展生产“资金缺”和“信心缺”的问题，龙岩市通过整合各级扶贫到户生产性资金和社会帮扶资金，出台干部挂钩帮扶、贫困乡村发展生产项目帮扶、扶贫小额信贷三大扶持政策，采取土地流转、土地作价入股、资金入股、产品购销等方式，带动、解决贫困户发展生产中的技术、市场等困难，做到每个贫困村、每个贫困户都有

1个以上对应脱贫项目。

建房补助到户，确保贫困户住房安全有保障

“没有政府的扶贫政策，我不可能住上这么漂亮的楼房。”坐在自家宽敞的小楼里，龙岩市连城县东华造福新村村民江瑞生这样说。他算了一笔账：“造福工程”每人补助1500元，一家5口补了7500元，国土、民政部门分别补助5000元，宅基地复垦又补了4000多元，自己只花了不到3万元。

为从根本上解决易地搬迁安置贫困人口的生计和安全问题，实现“搬得出、稳得住、能发展、可致富”，龙岩市在落实中央、省补助政策的基础上，对偏僻自然村搬迁的建档立卡贫困户的建房，市、县两级按不低于省标准予以配套补助。对革命基点村、少数民族、困难计生户的政策叠加配套补助资金。把扶贫对象住房安全作为贫困户脱贫的一个必要保障，强力推进。“十二五”时期，共搬迁改造57407户，每年建设16个100户以上、15个50户以上省级集中安置区和30个50户以上市级集中安置区。

医疗援助到户，保障扶贫对象身心健康

连城县新欣家具厂农民工邹某某，在老家参加城乡居民保险。从2012年开始参加职工医疗互助活动共缴费252元，2012年开始生小病，2017年开始发展为大病肝硬化，2012—2018年，累计获得医疗互助补助金2.86万元，省总配套大病补助1万元、农民工身份再上浮补助0.3万元。累计参加7期活动缴费252元，共获得医疗互助补助4.16万元。

龙岩市开展国定对象因病致贫人员病种调查，摸清致贫主要病种，确保因病致贫人员基本医疗有保障。对因病致贫的15946户贫困人口实

施医疗救助，完善大病保险和重大疾病保障相关政策，提高大病实际报销比例，对参加“新农合”保险的建档立卡贫困人口给予保费补助。落实资助参合参保政策，对参加“新农合”的贫困人口实行参合参保保费全额资助，落实医疗保险政策和医疗救助政策。

长汀县大同镇农民工范某某，自己原来只参加城乡居民医保，2012年开始参加医疗互助活动，每年缴费36元。2018年2月初，范某某突发脑溢血住院，累计医疗费用23.68万元，城乡居民保险报销8.26万元，医疗互助补助1.2万元；省总配套大病补助1.2万元，农民工身份再上浮补助0.36万元，小计1.56万元；长汀县医疗互助大病配套补助1.2万元，农民工身份再上浮补助0.36万元，小计1.56万元。范某某总计缴费7期252元，就获得互助补助金4.32万元，大大减轻了家庭经济负担。

就学资助到户，确保扶贫对象子女上学一个都不少

龙岩市通过提高学前教育阶段的学费资助标准、对建档立卡贫困户子女考入本科院校（含高职高专）的予以资助，引导各类办学基金、奖学基金把扶贫对象子女上学纳入资助范围等多渠道资助就学机制，对因学致贫的13632户贫困人口实施教育扶贫，做到应免尽免、应补尽补，确保贫困户子女不因贫失学、辍学，切实阻断贫困代际传递。

新罗区大池镇大山村国定贫困户陈志伟，提起孩子读书的事眼圈就红了：“感谢政府和好心人的帮助，我的两个孩子一点都不用担心能不能读书的问题了！”陈志伟因为父亲和小女儿先后生病，花去近20万元，家庭因此陷入贫困。了解到他的情况后，相关部门分别免去了其大女儿、小女儿义务教育阶段学杂费、学前教育学杂费共4500元，每年镇里还给两个女儿每人500元的助学金，林国仁教育基金会也为她们发放了助学金1000元，彻底解决了两个女儿的读书问题。

科技帮扶到户，解决扶贫对象生产发展的技术难题

2018年11月，80多名建档立卡贫困户参加了由龙岩市、新罗区科技局、雁石镇人民政府举办的科技帮扶到户农业技术培训会，林炎照、林如龙等专家分别讲授了百香果种植技术、养鸭技术，对农户遇到的疑难杂症进行解答，并在会后深入田间地头进行现场指导。

©2018年11月1日，雁石镇脱贫攻坚战役科技帮扶到户农业技术培训会

这只是龙岩市建立农业科技人员对接帮扶贫困农户机制的一个个案。

为充分发挥农业科技人员的引领带动作用，力争每个有劳动能力的贫困农户掌握1~2项实用技术，至少发展1项增收项目，龙岩市建立了以贫困户技术需求为导向，组建农业专家服务团，印发技术帮扶联系卡，推行科技特派员制度，解决好农业技术“最后一公里”问题。实施职业农民培育工程，开展“雨露计划”培训、免费学历教育和免费实用技术培训，着力解决好生产发展中“技术缺”问题。按照高级职称帮扶3户、中级职称帮扶2户、初级以下职称帮扶1户的要求，全市组织1363名农业技术专家结对帮扶2295户贫困户。

社会捐助到户，确保捐赠物资真正落到扶贫对象

实行捐赠物资、资金以直接定向扶持到贫困乡、村和贫困户为主

的办法。无定向的捐赠资金，进入各县（市、区）财政扶贫专户，由县（市、区）政府统筹安排，确保社会捐助物资真正落到实处。搭建社会各界参与扶贫的信息服务网络互动平台，建立社会力量参与扶贫激励机制，对捐赠100万元以上的爱心人士，市政府授予“扶贫模范”荣誉称号，捐赠100万元以下10万元以上的，由所在县（市、区）授予荣誉。

龙岩团市委“希望工程”项目，坚持精准资助、雪中送炭，助人与育人、扶贫与扶智相结合，通过在资金拨付上做“加法”、资助起点上做“减法”、总体效果上做“乘法”等方法，对全市建档立卡贫困学生实现资助全覆盖。2019年，“希望工程·圆梦行动”秋季学期共筹集公益助学善款37.7万元，资助家庭困难学生754名。

结对扶助到户，确保贫困户干部帮扶全覆盖

2020年春节过后，新罗区大池镇雅金村54岁的村民吴镜煌又多了3位“亲戚”：该区帮扶领导陈根明、区直部门帮扶领导徐接培和镇挂钩干部徐锦炜。受疫情影响，以往靠打零工和种植蔬菜为主的吴镜煌收入下降，成为贫困边缘户。得知他的情况，区里立即安排科级以上领导帮扶，聘请他为村级公厕保洁员，发放产业扶持资金1000元、疫情送温暖慰问金600元，并吸纳他参加2020年激励性扶贫玉米种植项目，还安排他的妻子到农场打零工。

“多亏了政府，现在一个月还能有1000多元的收入。”老吴说。

这是龙岩市对因灾、因缺劳动力致贫的34079户贫困人口实施结对帮扶的一个缩影。

龙岩市按照市（厅）级干部每人每年帮扶3户、县（处）级干部每人每年帮扶2户、科级以下干部每人每年帮扶1户的要求，共组织市、县、乡30383名干部挂钩帮扶39212户贫困户，实现建档立卡贫困户干部

挂钩帮扶全覆盖。同时，还明确挂钩帮扶参与对象、挂钩方式、职责要求和工作纪律，切实发挥干部在脱贫攻坚过程中的“托底”作用，实现贫困户干部挂钩帮扶、贫困村部门挂钩帮扶、贫困乡镇由市级领导挂钩联系、驻村工作队派驻、挂帮干部培训“五个全覆盖”。2020年，龙岩市进一步强化动态监测预警，及时将排查出来的不稳定脱贫户1916户6205人（含受疫情影响存在返贫风险户的755户2705人）和贫困边缘户92户280人纳入帮扶范围，确保不稳定脱贫人口实现更高质量的稳定脱贫，确保边缘人口不致贫。

点评

精准扶贫、精准脱贫贵在精准。脱贫攻坚要精准施策，是习近平总书记和中央反复强调的，也是打赢脱贫攻坚战的根本遵循。

习近平总书记在中央扶贫开发工作会议上四次讲到闽西苏区，要求继续加大对老区苏区的政策倾斜。龙岩市针对以往扶贫开发工作中存在的带有根本性的突出问题，选最贫困村、最困难户和最急需办的事，实施精准扶贫“九到户”政策举措，坚持分类施策、因人因地施策、因贫困原因施策、因贫困类型施策，切实精准帮扶到户，让贫困户实实在在受益，充分体现了“精准”的要义。

“九措到户”的意义在于，从精准扶贫的九个方面入手，在细节上下功夫，从而做到了生存救助到户兜底一批、就业辅助到户提升一批、生产扶持到户发展一批、建房补助到户安置一批、医疗援助到户保障一批、就学资助到户帮助一批、科技帮扶到户带动一批、社会捐助到户支持一批、结对扶助到户扶持一批。

人人都有致富路

——扶贫扶志的龙岩激励性扶贫机制

在脱贫攻坚过程中，一些贫困户最关心的问题是“政府能给我多少钱”，而不是“我该怎么做才能脱贫”，摆脱贫困的内生动力明显不足。为了鼓励贫困户树立脱贫志向，2016年底，龙岩市开展了“激励性扶贫”新机制试点，改“大水漫灌”为“精准滴灌”，从“授人以鱼”向“授人以渔”转变，不断激发贫困户自我造血能力，实践出一条“扶贫先扶志”的新路子。“政府搭台、经营主体补台、贫困户唱戏”，是龙岩市激励性扶贫项目的运作方式。政府根据当地优势资源或特色产业，统筹中央、省、市、县专项扶贫资金，采取政府购买成果的方式，租赁经营主体的生产设施或购买种苗种畜，分配给竞争上岗的贫困户，并联同经营主体对贫困户的项目实施进行全过程的监管，优胜劣汰。这一做法在福建全省乃至全国进行推广，对精准扶贫起到示范带动作用。

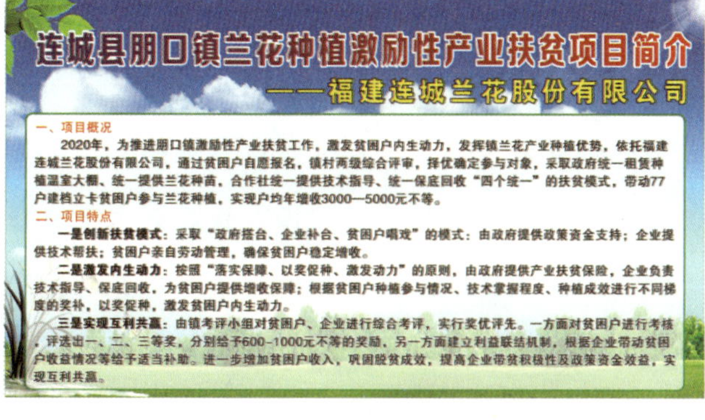

◎朋口镇兰花种植激励性产业扶贫项目基地

“我要脱贫”

激励模式是为了激发贫困群众发展增收的积极性和主动性，让贫困户主动报名“竞聘上岗”。在项目开始前，政府和企业制定好“上岗”考核标准，贫困户结合自身的条件与意愿主动提出申请，县、乡镇、村与项目业主共同对申请人进行考核，择优选录。通过公开、公平、公正的途径，贫困户选择自己想做的、能做的、会做的产业发展，以竞争的方式无偿或低偿获取项目、技术、资金、岗位等，多劳多得，少劳少得，不劳无获。

经营主体根据自身资金、技术、市场的实际，提出可发展的规模和测算可供竞争上岗的数量，经当地政府择优选定后并在乡村进行公示，评选认定贫困户，并对竞争上岗的贫困户在生产资料供应、生产技术指导、产品销售等方面提供全程服务并监督。

成功“上岗”，并非一劳永逸。龙岩市还制定了奖励先进和末位淘汰的办法，定期跟踪考核帮扶对象。永定区岐岭乡的乌鸡养殖激励性扶贫项目，贫困户在“上岗”之后，还要在发放雏鸡1个月后、养殖120天、出栏3个阶段接受跟踪考核。养殖积极性不高、养殖存活率极低的贫困户，不仅将被取消奖励资格，还会被拉入下一轮项目资格考评的“黑名单”。而在考核中被评为“乌鸡养殖标兵”“脱贫致富示范户”的扶助对象，不仅可以获得追加奖励，还能直接入选第二期乌鸡养殖激励性扶贫名单。

富硒稻种植是连城县宣和乡的激励性产业扶贫项目，由乡政府出资流转土地，统一培育、发放秧苗，参与种植的都是有意愿、有劳动力、勤劳且自主发展意识强的建档立卡贫困户。据宣和乡扶贫办负责人杨芳介绍，上曹村的富硒水稻种植面积总共98亩，分给5个自然村的贫困户去种植。按照户内的劳动力，每户有两到三亩不等的水稻种植面积。这些贫困户种植水稻所需的大部分成本，都由乡政府承担。除了土地和成本之外，在水稻种植过程中，宣和乡农技站的工作人员也常到田间地头进行技术指导，有效地提高了贫困户的水稻管护技能，实现科学种植，增产增收。

水稻收成后，贫困户既可选择自主销售，也可由粮站以市场价优先进行收购，完全没有“销售难”这一后顾之忧。在这些项目中，乡政府设立了考核机制，对发展生产积极性高、亩产量产值高、增收多的贫困户给予适当物质激励；反之，则采取劝退、转换，或者减少优惠措施，以此来激发贫困户脱贫致富的内生动力。通过这种做法，宣和乡建档立卡贫困户350户835人都已实现脱贫。2019年3月，该乡顺利通过了龙岩市级脱贫验收。

如此“滚动式、竞争性”的激励模式，增强了贫困对象的主体意识和机遇意识，强化了“我要脱贫”的自觉性和主动性。为了进一步给予扶贫对象精神激励，当地还结合全国扶贫日活动，评选表彰一批自立增收脱贫模范，通过典型引路，以荣誉感激发贫困户的内生动力。竞争“上岗”的扶贫对象脱贫致富的真人真事，也带动了更多的扶贫对象树立脱贫信心，努力实现脱贫致富梦。

“多干就能致富”

2017年以来，龙岩探索激励性扶贫机制，扶贫与扶志扶智相结合，采取“政府+合作社”“种植大户+贫困户”模式，各乡镇梳理出特色农业项目，向贫困户公示并由他们自主选择。

每个激励性扶贫项目都有一个项目牵头人，他们是当地种养大户或农业企业。政府用扶贫资金从牵头人处购买种苗、幼崽等发放给贫困户，牵头人负责日常的技术指导，并和贫困户签订回购合同，保证销路。“总的原则就一条，去干才能享受政策扶持，多干、干好就能多得。”龙岩市副市长张朝阳说。

2017年，新罗区苏坂镇政府找到当地养羊大户、远景养羊合作社负责人陈开友，请他带领10户贫困家庭养羊，并提供全程指导。每户贫困户政府补贴5000元，其中3000元用于向合作社购买10只羊羔，其余2000元用来在贫困户家中建羊圈。陈开友说：“合作社把羊羔养到25千克左右才交给贫困户，并指导他们建羊圈，从羊圈消毒、清洁，草料怎么收割、晾晒、投喂，羊生病了怎么处理等，要全程手把手教，我隔三岔五就跑到贫困户家的羊圈看，他们有问题也随时过来询问，不少人慢慢地就开窍了。”瓦洋村56岁村民陈祥森选择养羊脱贫项目时，完全是个门外汉。他说：“领了10只羊羔回来，也不知道该怎么养，每天晚上都跑到合作社去请教师傅。”第一年，陈祥森的10只羊卖给合作社，赚了1.3万元。尝到甜头后，他劲头更足，2018年养了30只，2019年扩大到53只，收入有五六万元。

武平县下坝乡，一张激励性扶贫项目清单上，有种植黄金百香果、仿野生灵芝、养象洞鸡等10余个项目。乡里先通过摸底调研，选定“当年种植、当年见效、产值较高、管理容易”的若干激励性扶贫项目，然后由建档立卡贫困户自愿报名。贫困户报名了就有了压力，到了年底要接受考评，效益好的话还有额外奖励。通过激励扶贫，贫困户你追我赶脱贫意愿强烈。

2017年以来，龙岩全市参与激励性扶贫的贫困户有7万多人，他们通过自己的劳动摆脱贫困，为持续、永久脱贫打下了坚实基础。

“贫困户的精气神不一样了”，大家纷纷这样反映。不少贫困户参与到创业、就业中来，不仅增加了收入，学到了技能，更增强了持续脱贫的信心。学到技术的贫困户在第二年、第三年扩大种养规模，收入更多，有的开始“带徒弟”，指导更多贫困户脱贫。

可复制、可推广的“激励性扶贫”模式，从新罗区益坑村试点开始，到全区试点，再到龙岩全市推广，这项扶贫新机制已在龙岩实践出了一条“扶贫先扶志”的新路子。

点评

习近平总书记强调：“要把扶贫同扶志结合起来，着力激发贫困群众发展生产、脱贫致富的主动性，着力培育贫困群众自力更生的意识和观念，引导广大群众依靠勤劳双手和顽强意志实现脱贫致富。”（二〇一七年春节前夕赴河北张家口看望慰问基层干部群众时的讲话）龙岩市有11万多贫困人口，在这些贫困人口中，60%以上具有完全劳动能力，一些因病、因残致贫的人口也有一定劳动能力。脱贫攻坚战进入决胜阶段，而内生动力不足成为突出问题。“干部前脚送鸡，贫困户后脚杀鸡”，这种“一头热一头冷”的现象比较普遍。单纯送钱送物助长了一些贫困户“等、靠、要”思想，有的贫困户认为是干部要他脱贫，干部更着急，会源源不断送钱送物。

为了改变“靠着墙根晒太阳，等着别人送小康”的观念，龙岩市有针对性地打造了“激励性扶贫机制”，共有岗位激励、项目激励、实物激励和精神激励四种模式，全方位地激发贫困户脱贫奔小康的内生动力。在激励性扶贫项目实施过程中，政府部门始终陪伴在扶贫对象身边，通过配备“引路人”，“牵”着他们走上脱贫致富路。激励性扶贫机制，也使得扶贫资金的使用更加精准。

扶贫首先要扶志，人的因素至关重要。没有主观能动性的发挥，客观条件再好，也难以办成事。龙岩市激励性扶贫机制的实践，蹚出了精准扶贫的新路子。

第七章 /

科技助力脱贫攻坚的“科特派”制度

1999年2月，福建省南平市率先推出科技特派员制度，通过政府选派、双向选择，启动科技特派员驻村服务试点，得到时任省长习近平的肯定，并迅速在全省推广。此举为全国推行科技特派员制度开了先河，并很快辐射到全国。不同于其他下派干部机制以锻炼干部、增强行政管理为目的，科技特派员制度是为精准扶贫、破解“三农”症结，从科技服务“缺位”这个最突出矛盾入手，以“人”这个生产力中最活跃的要素为载体，将城市资源导入农村，打通科技兴农“最后一公里”，实现城乡融合发展的重大制度创新。

20多年来，福建省不断创新机制，科技特派员制度历久弥新，从闽北山区走向全国各地，从一地探索上升为国家制度，并在打赢脱贫攻坚战中扮演生力军角色。20多年的坚守与笃行，使福建推行科技特派员制度工作始终走在全国前列，涌现出林占熺、苏海兰、黄瑞宝、谢福鑫、黄新忠、康英德等先进典型和南平市科技局、三明市农科院、福建省农科院、福建农林大学等先进单位，培养出一大批“新型职业农民”，取得了显著的经济效益、社会效益和生态效益。至2019年，全省共派出科技特派员16348人次，省级科技特派员已覆盖全省916个乡镇，覆盖率100%，服务领域涵盖全省十大特色农业产业，并向二、三产业延伸，向对口帮扶的宁夏、新疆和西藏等地延伸，向第三世界国家延伸。由省级科技特派员领办创办的企业和农村专业合作社就有5298家。此外，全省科技特派员共创办创业基地、形成利益共同体和专业技术协会或经济合作组织2184家，实施科技开发项目1581项，推广新技术3109项（次），引进新品种2273项（次），服务企业、农户161033个，50855户农民实现创业增收。

20多年来，科技特派员制度坚持以服务“三农”为出发点和落脚点、以科技人才为主体、以科技成果为纽带，在推动乡村振兴发展、助力打赢脱贫攻坚战中取得显著成效。2019年10月，习近平总书记对科技特派员制度推行20周年作出重要指示，指出科技特派员制度推行20年来，坚持人才下沉、科技下乡、服务“三农”，队伍不断壮大，成为党的“三农”政策的宣传队、农业科技的传播者、科技创新创业的领头羊、乡村脱贫致富的带头人，使广大农民有了更多获得感、幸福感。

目前，福建进一步深入实施科技特派员制度，并按照2020年中央一号文件精神，将扶贫工作重心转向解决相对贫困。在做好科技兴农的同时，继续扩大科技特派员学科专业的跨界拓展，在生产经营、文明乡风建设、农村基层组织建设方面更进一步，在消除绝对贫困的基础上，防止发生返贫现象，致力于解决消除相对贫困问题，努力推进乡村治理现代化。

1 脱贫攻坚的科技答卷

——福建践行科技特派员制度20年

2002年，时任福建省省长习近平在对南平市向农村选派村党支部书记、科特派、乡镇流通助理的工作进行专题调研后，在《求是》杂志上发表署名文章，总结提升出“高位嫁接、重心下移”的“南平经验”，指出“南平市的这种做法是对创新农村工作机制的有益探索”。

福建省委省政府始终把实施科特派制度作为科技精准服务“三农”、深入实施脱贫攻坚和乡村振兴战略的长效机制，促进人才下沉、科技下乡、农民增收，走出了一条科技扶贫的新路。

脱贫突破口，可复制推广的创新制度

20世纪90年代，南平市所属10个县（市、区）中，国家级贫困县就有5个，分别为政和、浦城、光泽、顺昌、松溪。摆脱贫困成为南平市农村发展、农业进步的首要问题。为了更好破解“三农”问题，1999年2月，南平市在全国率先实行科技特派员制度，选派一批科技素质较高的人才到农村生产第一线开展科技服务。

福建省农科院80后科研人员苏海兰是福建成千上万个活跃在农村一线的科特派之一。派驻光泽基地三年多来，每年驻点近300天，每年组织培训企业技术骨干和农户15次以上，每天接到农户电话或微信至少5个。苏海兰的科特派团队通过研究，建立了珍贵中药材七叶一枝花培育

和规范化栽培技术规程及可追溯技术体系，使七叶一枝花育苗从原来需要两年且只有5%的出苗率，提升到现在只需6个月超60%的出苗率，基地扩建了6000多亩，带动农户种植近1万亩，全省七叶一枝花基地90%跟她有联系。

◎1999年2月26日，南平市首批225名科技工作者奔赴215个行政村

詹夷生当年任南平市林委科技中心副主任，1999年作为首批科特派下派闽北贫困村建瓯市水源乡温洋村。他被农民唤作“榛仙”，挎包常备几件宝——手电筒、蚊香、修枝剪、海拔仪、黑板擦，跋涉于山峦阡陌之间，走村访户，为农民讲技术、解难题。仅一年，村里的栗果产量从上年的22万千克猛增至32万千克。次年，他所服务的范围扩展到地跨建瓯、政和、建阳3地的3个村。

◎苏海兰（左一）带领技术队伍攻克技术难题

谢福鑫也是首批科特派之一，他被农民亲切地称为“葡萄仙”。当年，他的电

◎詹夷生（前右一）在锥栗山上为榛农现场示教

◎谢福鑫（中）指导葡萄种植

话被农民称作“葡萄110”，农民只要遇到种植难题，他随叫随到；他走到哪里，葡萄藤就爬到哪里，千亩万亩葡萄园拔地而起。

从田间地头到山间林地，再到企业基地，在广袤的闽北大地上涌现出了一批明星科特派，成为农民眼中脱贫致富的“财神爷”。

福建省委省政府始终把实施科特派制度作为科技精准服务农业增效、农民增收、农村发展的长效机制，全省各地扎实推进科特派工作，有力推动了农业先进科技成果转化和应用。

2002年，全国科特派工作现场会在南平市召开。在总结南平经验基础上，推动全国开展科特派试点工作，之后不断向全国推广。2012年起，科特派工作被6次写入中央一号文件。

2016年国务院办公厅发布《关于深入推行科技特派员制度的若干意见》后，福建省人民政府及时出台《关于深入推行科技特派员制度的实施意见》，探索建立新时代科特派工作长效机制，从更高层面、更宽领域推进科特派制度持续创新发展。

2017年11月，科技部又在南平召开全国深入推行科特派制度现场会。与会领导和代表一致认为，福建省深入推行科特派制度成效显著，做法行之有效，措施可借鉴、可复制、可推广。

2018年，在国务院第五次大督查中，福建省科技厅选送的推动科特派工作典型经验受到国务院督查组充分肯定，在全国通报表扬。

抗疫不误农时，科特派与农民“同耕一片地”

福建农林大学林文雄带领一批常驻式的科特派团队来到莆田东庄农场，依托高校学科优势和人才优势，与秀屿区乡村振兴研究院合作，建成全省首个高校科特派工作站，积极探索科技服务和脱贫攻坚的长效机制。工作站共有9名科特派参与建设，他们涉及作物栽培学、农业生态学、林业生态学等多个专业。在专家团队的指导下，该农场积极引进国内外农作物、果树新品种，正逐渐发展成为兼具休闲旅游、养生度假等多种功能的现代农业园。不仅如此，该农场还在全区率先采取“村集体+公司+农户+高校科技特派员”模式，流转盘活闲置土地，目前引导20多个农户加入。原先的小农户，成长为新型职业农民。

“这片百香果要及时采摘，然后枝叶要重新修整。”“大棚里的废渣要及时清理，这块地还要再施一些有机肥料……”尽管新冠肺炎疫情防控正值关键期，但林文雄教授终究放心不下正忙于春耕的农民兄弟们。连日来，他带领农业生态研究所科特派团队，戴好口罩，不辞劳苦，出现在莆田秀屿营边生态休闲农业园、白山中草药百草园等地。每到一处，这支团队都抓住关键细节，提出种植意见。

疫情打乱了科特派们“亲赴一线”的计划。在疫情防控战中，他们抗疫不误农时，在田间地头之外开辟了服务农民兄弟的“第二战场”。他们借助互联网、大数据、AI等新技术、新模式加强与“三农”互动，体现出科特派既能“接地气”，又有“新思路”的务实风格。

造血式援宁，培育一支带不走的科特派队伍

西海固，宁夏南部山区，中国14个集中连片贫困地区之一，彭阳县便是其中典型贫困县之一。改变当地农村深度贫困面貌，不能仅靠“输血式”的资金帮扶。怎么办？“要有一个产业、一个平台和一批扎根当地的技术能人。”福建援宁专家们为此进行了孜孜探索。

“发展食用菌，菌种是关键”，2011年，林戎斌协助彭阳县建成宁夏首家食用菌研发机构——六盘山食用菌研究中心。随后，他又和彭阳县科技局共同争取省区市县经费1000多万元，建成了闽宁现代食用菌产业科技示范园和大学生科技特派员农村创业基地，引进适合宁夏南部山区的食用菌规范化栽培技术，实现工厂化生产食用菌。从2006年11月至2019年10月，林戎斌等专家共培训当地农业技术员、科特派、农村优秀实用人才等1500多人次，这些人逐渐成为彭阳食用菌产业的中坚力量，带动一批贫困户走向致富之路。为解决宁夏产业和技术发展的瓶颈问题，2019年4月，福建省农业科学院与宁夏农林科学院签订闽宁食用菌研发中心共建协议，双方将共建闽宁食用菌种质资源库。同时，该院成立了一支由院长翁启勇、副院长余文权牵头，由果树所、土肥所等50多位专家组成的助力服务专家团队，投入经费400多万元，支持项目20多项，助力固原“四个一”（一棵树、一株苗、一枝花、一棵草）林草产业工程建设，以实现“山绿民富”。

土地荒漠化是当前我国最为严重的生态环境问题之一。面对这样一个世界性难题，福建省科技特派员、厦门大学化学化工学院尹应武教授

团队与宁夏大学曹兵团队合作，开发新技术和新产品，在白芨滩林场进行了生物基材料固沙试验，以及利用生物基土壤调理剂在石嘴山前进农场进行盐碱地水稻应用试验；与宁夏大学苏建宇团队合作，充分利用秸秆和枝条等废弃生物质资源，开发多功能、保水保肥新型生物基肥料，使荒漠变绿洲。

如今，在宁夏园艺产业园、白芨滩林场等示范基地里，无论是在大棚中还是荒漠里，其蔬菜、牧草等都枝粗叶肥、果实累累，与一脚之隔的荒漠地带景象截然不同。目前，该团队正在筹划建设万吨级水性生物基材料生产基地，重点聚焦荒漠牧草经济。长期以来，厦门大学和宁夏大学对口合作，双方通过项目牵引，柔性引进东部人才、技术资源等，打造了一支坚持不懈培养人才、源源不断产出科技成果的队伍。

在跨越24年的闽宁扶贫协作行动中，福建充分发挥科特派机制活的优势，选派一批以优秀科特派为代表的专家团队，把沿海地区的先进理念、技术、项目等带到宁夏，为当地培育、打造一支带不走的技术带头人、科特派队伍，探索新时代“造血式”扶贫的科技援宁新路子。

“集团作战”，荒山“生绿又生金”

车寮村地处长汀县河田镇西部，全村544户2027人，其中建档立卡贫困户25户95人。从2016年开始，由省农科院生态所牵头，通过支部结对共建，联合牧医、土肥、果树、农经、作物等领域专家，组建长汀科技扶贫科特派团队，开展生态种养殖产业，帮助贫困户精准脱贫。村民刘凤腾正是该团队扶持的典型贫困户，他原先也养鸡，但只有30羽，养殖成本很高。科特派团队通过与蓝秀鸡场等合作，免费向刘凤腾、谢香莲等贫困户提供鸡苗7000羽，通过技术培训、现场指导等进行帮扶，使贫困户实现了脱贫。刘凤腾一家年收入实现7万元以上。

福建省农科院农业生态研究所副所长应朝阳说，该团队以车寮村域产业发展瓶颈问题为导向，通过团队作战克服了单个科特派“势单力薄”的不足。据他透露，目前该团队还与河田镇车寮村虾哥农业合作社达成合作意向，开展以水生绿肥红萍为纽带的“稻—萍—虾”立体生态种养模式示范，壮大村域产业，推动贫困户增收致富。

点评

伟大实践催生和推动了一项伟大的制度创新。科特派制度正是在习近平同志的亲自关心和推动下，由福建地方经验上升为国家制度。

科技是国之重器，更是脱贫攻坚之利器。发展现代农业离不开科技兴农，这是农业发展的大趋势。习近平总书记在党的十九大报告中指出，要“培养造就一支懂农业、爱农村、爱农民的‘三农’工作队伍”。科特派正是这样的一支队伍。把科技第一生产力注入精准扶贫、精准脱贫，在打赢脱贫攻坚战中和解决“三农”问题，都可以起到事半功倍的作用。20年的实践，充分说明科特派这项制度创新，对于农业农村发展和广大农民摆脱贫困过上幸福生活，实现全面小康，具有重要的制度意义。这项制度给予人们的启示是：一是科技兴农的首要任务是脱贫攻坚，二是科技兴农要跨界拓展，三是要培育适应现代农业发展的新型农民，四是要激励激活科特派的积极性创造性。

2 高位嫁接　重心下移

——科技特派员制度的“南平经验”

20世纪90年代的南平，和全国大多数地方一样，“三农”工作面临农业科技服务缺位、机制不活，科技人才资源与农村、农业和农民脱节的困境。由于地处闽北山区，山高林密、路远水深，在全国开展首轮大规模扶贫工作时，南平市所属10个县（市、区）中，国家级贫困县就有5个，摆脱贫困成为南平市农村发展、农业进步的首要问题，也是解决“三农”问题的突破口。

南平把破解“三农”问题的第一脚踩在科技上，首创“科技特派员”概念，并于1999年2月选派一批科技素质较高的人才到农村生产第一线开展科技服务。2002年，时任福建省省长的习近平对南平市下派科技特派员的做法予以了充分肯定并总结提炼出“高位嫁接、重心下移”的“南平经验”。在科特派制度推行20周年之际，习近平总书记又作出重要指示。20年间，南平市共选派9批8083

◎1999年2月26日，南平市首批科技特派员整装待发

人次赴1444个村开展科技服务，覆盖88%以上的村。科特派制度的创新举措，有力地推动了农业科技水平提升，为脱贫攻坚提供了强大支撑。据统计，南平市科技对农业增长贡献率从1999年的33%提高到2016年的56%，主要粮油作物良种覆盖率达98%，农业“五新”示范点30个，农机总动力和农业“五新”技术推广水平居福建省首位。

科技服务“三农”的机制创新

科特派是农业农村工作的重大制度创新，从南平市20年的实践经验看，创新点主要表现为：

一是创新选派机制，构建宝塔型科技服务体系，解决“选好派强”的问题。科特派制度，是南平聚焦“三农”问题，通过制度创新和人才资源的重新配置，把科技直接导入农村，推动农业农村发展的一项创新与实践。这项制度，“特”在选派，关键在把人选好派强。通过以“人”为纽带，运用市场机制重组生产要素，构建了上有高校院所专家，中有科技中介机构、科技企业和服务团队，下有农村带头人、返乡大学生和乡土人才的宝塔型科技服务体系。

二是创新联动机制，构建漏斗型要素导入体系，解决资源下沉的问题。整合资源、集成要素，打通城乡融合的制度管道，构建高位嫁接、重心下移的漏斗型要素导入体系。

三是创新服务机制，构建平台型一体化运作体系，解决有效作为的问题。坚持要素集成和服务需求相结合，搭建科技推广平台、成果转化平台、产业促进平台，为科特派展现作为提供空间。市场化、公司化运作，成立科特派创业服务公司，导入现代企业管理理念，通过项目咨询、科技规划、平台搭建等方式，加快科技成果转化与示范推广，形成符合市场经济需要的服务模式。宽领域、多维度拓展，从

“三农”向绿色产业跨界拓展，组建科特派行业科技服务组，建设一批“众创空间”、“星创天地”、产业技术联盟、科技企业孵化器、创新创业示范基地、科技服务机构，推动三次产业融合发展。全链条、全环节服务，把科特派建在产业链上，打通上下游产业壁垒，延伸产业链条。

四是创新保障机制，构建激励型科学管理体系，解决导向牵引的问题。放活政策供给，强化导向激励，激发科特派创新创业活力。利益共享上，推动科技成果转化“放管服”改革，促进激励机制与成果转化机制相结合，提高科技人员成果转让收益奖励比例，让优秀科特派名利双收。导向激励上，专门出台评先评优、职称评聘、绩效奖励、经费保障等倾斜政策，重点向科技创新人才倾斜。考核评价上，建立科特派日常工作、绩效评估指标体系，出台科特派召回、退出和按需补派制度，加强分类管理、动态监测，激励科特派新时代新担当新作为。

推进科技特派员制度的基本做法

一是坚持需求导向，促进精准扶贫。力求选派的科特派能贴近各地产业需求和科技人员本身意愿。2019年，南平市有134名科技扶贫专员在5个省级扶贫开发工作重点县进行服务，在351个重点贫困村安排扶贫专员81个。南平市科特派在做好贫困对象调查摸底、建档立卡基础上，对12.89万贫困人口，因人因地施策，促进贫困群众生活加快改善。派驻政和县的科特派以现代竹业项目实施为抓手，建立竹山丰产示范片3000多亩，竹山收入由派驻前亩均1000多元提高到2000元以上。新建油用牡丹种植示范和良种繁育基地1000亩，指导东涧花卉基地种植非洲菊260亩，花卉基地亩均收入由过去种蔬菜2000多元提高到种花卉

3万多元，真正把科技扶贫扶到点上、扶到农民家里。

◎科特派高允旺在顺昌县秀吴村指导菇农竹荪采摘后的田间管理

二是坚持植根基层，促进农民增收。科特派通过手把手培训，制作上传“慧农信”农业技术视频，编撰本地特色培训资料，帮助农民群众提升农业技术。顺昌2016年选派科特派指导浦城县濠村乡、山下乡种植竹荪560亩，亩均产量从原来45千克提高到100千克，为农户增加100多万元收入。派驻光泽承天药业集团的科特派利用福建农林大学、南平市农科所技术优势，加强铁皮石斛、金线莲、三叶青、七叶一枝花等名贵中草药材的培育，获得国家发展改革委500万元的项目支持，带动南武夷中药材产业园区建设，农民增收效果显著。近年来，科技园区成为科特派帮助农民增收的另一个重要平台，取得良好成效。目前，南平市共建成1个国家级现代农业示范区、4个省级农民创业和农业科技园、8个省级农民创业示范基地，核心区面积2.83万亩，示范区增产增效水平达31.3%，核心区农民人均纯收入超过所在地农民人均纯收入37.3个百分点。

三是坚持互动联动，促进产业融合发展。南平市积极把科特派工作内容从单项向综合服务拓展。通过下派村支书的重点村、新农村建设试点示范村、省市确定扶贫重点村，加强与村党支部书记、驻村蹲点干部等下派队伍结合，推动科特派服务从生产环节技术服务向生产、加工、流通和行业管理等各环节拓展。松溪积极开展农村“七个一”创新示范工程，科特派与下派村捆绑，实施科技开发项目17个，总投资1230万

◎省级科技特派员俞秀兰指导技术人员喷施微量元素，采取保果措施

元，在指导食用菌生产、果蔬栽培等传统农业的同时，还着力推动“一产接二连三”发展，大力发展互联网现代农业，建设一批休闲农庄、水乡渔村等项目，推动旅游企业与农家乐相挂钩。此外，南平市还鼓励科特派通过“公司+科特派+农户”“企业+协会+基地”等模式，与农户或基层经济组织组建各种模式的利益共同体，联合开展新技术研发和产品流通，做大做强利益共同体，提高科特派收入与积极性。厦门大学科特派与顺昌县神六公司联合开展科研攻关，其中“高产抗衰老活性物质海洋微藻产业化开发”项目获得福建省海洋高新产业发展专项立项，同时也带动了当地农民的经济作物种植；延平区林业局选派科特派组织原来松散型百合花种植大户成立花卉协会，通过生产区转移、集中连片种植等方式开展生产示范，使百合鲜切花种植面积从2008年的300多亩发展到2016年的4500亩，年产鲜切花近4500万枝，年产值2.6亿元。

四是坚持特事特办，促进解决融资难题。全市每年安排6000万元科技特派员专项资金，用于科特派工作经费补助、工作站与示范基地补助、科技特派员项目补助等；与中国银行南平支行合作推出科特派企业增信资金贷款业务（科特派贷），由市财政出资500万元建立增信资金池，中国银行按照不超过人行同期基准上浮30%的利率向科特派领办、创办或服务企业放贷5000万元。同时，向科特派发放额度5万~30万元的专属信用卡，打破科特派“双创”融资瓶颈。

五是坚持立足实际，激活农技队伍。普遍建立灵活的服务时间制度，科特派根据农时季节、实施项目需要和当地产业实际，灵活掌握在基层的服务时间。专职科特派工作时间均在派驻单位工作，兼职科特派原则上每年应在派驻单位工作80个以上工作日。建立科特派工作台账制度，要求将每周下村科技服务情况、群众反映的诉求事项和意见建议等记录到《南平市科技特派员工作周记》。各县（市、区）委农办统一设计印制科特派“便民服务卡”，发放到驻点村（基地）每户农户。建立科特派工作实绩档案，要求上一季度的工作周记于下一季度第一周送乡镇党政办和县（市、区）委农办签署审核意见。县（市、区）委农办严格工作周记审核，每季度对科特派工作进行跟踪督查。对工作情况差的科特派进行诫勉谈话，提出整改要求，情节严重的责令派出单位召回不再选派，被召回的科特派及其派出单位科室当年不得被评为各类先进。

助力脱贫攻坚，推进乡村振兴

南平市科特派制度推行20年来，在助力精准扶贫精准脱贫方面取得了累累硕果。

一是上升为国家制度。2012年以来，科特派制度连续6次被写入中央一号文件。2016年5月，国务院办公厅出台《关于深入推行科技特派员制度的若干意见》（国办发〔2016〕32号），这一地方实践正式上升为国家制度。2018年9月，中共中央、国务院印发《乡村振兴战略规划（2018—2022年）》，提出“深入推行科技特派员制度，引导科技、信息、资金、管理等现代生产要素向乡村集聚”。

二是面向全国广泛推广。2019年10月21日，国务院举办的科技特派员制度推行20周年总结会议在北京召开，会上传达了习近平关于科特派工作的重要指示。中共中央政治局委员、国务院副总理刘鹤出席会议并讲话。20年来，科特派制度坚持以服务“三农”为出发点和落脚点、以科技人才为主体、以科技成果为纽带，在推动乡村振兴发展、助力打赢脱贫攻坚战中取得显著成效。新时代深入实施科特派制度，要紧紧围绕创新驱动发展、乡村振兴和脱贫攻坚，进一步完善制度体系和政策环境，进一步发展壮大科特派队伍，把创新的动能扩散到田间地头。南平市等地方政府和科特派代表在会上作经验交流发言。此前，全国深入推行科特派制度现场会分别于2002年、2006年和2017年3次在南平召开。目前全国有85万名科特派活跃在基层一线，覆盖90%以上的县（市、区），带动6000多万农民创新创业。

三是推动农业技术进步。广大科特派长期扎根基层一线，把技术服务、成果转化与产业发展有效结合起来，重构科技服务网络，提升科技

◎在浦城县九牧镇杉坊村，科技特派员李兴华指导技术人员进行火参果的病虫害防治

供给水平。20年来，累计推广新技术新品种1.4万项次，实施科技开发项目1.2万项，科技对产业增长的贡献率从33%提升到56%以上，成为乡村振兴的强大动力。

四是有力促进精准脱贫。科特派服务覆盖了全市贫困村，牵引和推动技术、资本、管理等现代生产要素与农村以土地、劳动力为主的传统生产要素相结合，扎实推进科技扶贫、产业扶贫和创业扶贫，提升贫困村内生发展动力。早在2017年，南平市3.77万名建档立卡贫困人口就已全部脱贫。

点评

农业农村农民需要科特派，科特派也需要农业农村这个广阔舞台展现作为。习近平总书记指出，推动乡村产业振兴、人才振兴、文化振兴、生态振兴和组织振兴，这“五个振兴”都是科技特派员可以大显身手的领域。科学技术与生产实践紧密结合，把论文写在祖国大地上，是新中国科技工作一以贯之的优良传统，也是当前脱贫攻坚、乡村振兴所必需的优良作风。

南平市在脱贫奔小康的征程中首创的科技特派员制度，继承了这一优良传统，并与时俱进，在新时代继续发扬光大，获得了巨大的经济效益、社会效益和生态效益。其所形成的工作机制和基本经验、做法具有很强的可复制性、可推广性，并上升为国家制度。

3 菌草变成“幸福草”

——“扶贫状元”林占熺

1996年，中央确定福建对口帮扶宁夏，时任福建省委副书记的习近平同志担任对口帮扶宁夏领导小组组长，1997年，菌草技术被列为福建对口支援宁夏的项目，习近平同志明确指出，“菌草是我省之优势，要扬长避短，要做自己拿手的。”在习近平同志的关怀支持下，菌草技术茁壮成长，成为农民增收致富、实现脱贫的产业支撑。被誉为东西部扶贫协作典范的林占熺，是菌草技术的发明人，福建农林大学国家菌草工程技术研究中心首席科学家。他于1986年发明菌草技术，解决“菌林矛盾”这一世界难题，开辟了新兴生态产业。他把菌草技术推广至全国31个省（市、区）487个县和全球106个国家，助力脱贫攻坚，取得显著的经济、生态和社会效益。先后被评为“扶贫状元”“全国脱贫攻坚贡献奖”和“时代楷模”。

◎林占熺

“世界菌草技术之父”

林占熺长期奋斗在农业科研教育和技术研发推广第一线，是菌草技术的开创者和学术带头人。他发明的菌草技术，开拓出了一条闽宁扶贫的新途径。

40年前，福建推广段木养菇，为人们打开致富大门。时为三明真菌研究所技术员的林占熺却忧心忡忡：食用菌生产若靠大砍树木，势必产生“菌林矛盾”，必将付出巨大生态代价。能否用草代替木头栽培食用菌？回到母校福建农学院任教后，林占熺利用业余时间探求答案，并在1986年初成功地以芒萁等野草为原料种出食药用菌，后在日内瓦国际发明展上获大奖。

◎林占熺指导农户种植食用菌

他在一穷二白的条件下，用一根接种针和几根试管，于1986年发明菌草技术，为草业和菌业科学拓展了新的研究与应用领域，开辟了菌草学这一新兴交叉研究领域。目前，可用48种菌草栽培59种食药用菌，并选育出适合不同生态脆弱地区种植的菌草草种，既可作为生态治理的先锋植物，又可作优质的食药用菌栽培原料和动物饲料及生物质能源与材料，实现一草多用、循环利用，形成“菌草—生态治理—综合利用”为一体的产业发展模式，由此开辟了高产、优质、高效、生态、安全、可持续发展的菌草新兴生态产业。

把论文写在“农民的钱袋子里”

林占熺一心为民。农民出身的他，笃行“把论文写在大地上”“写在农民的钱袋子里”的理念，30多年来无怨无悔，把菌草技术无私奉献给老少边穷地区。从1986年开始，菌草技术先后被列为国家级重点推广项目和国家级星火重中之重项目，被中国扶贫基金会列为科技扶贫首选项目，被福建省列为闽宁对口帮扶、智力援疆、科技援藏、帮扶贵州黔西南项目，取得显著的经济、生态和社会效益。“八五”期间，仅福建省就增加产值22.46亿元，农民增收17.8亿元，节约木材51.2万立方米。他先后在福建、宁夏等13个省区的120个县（区）指导菌草技术扶贫工作，在福建农林大学主办菌草技术骨干培训班104期，培训学员6287余人，被农民兄弟称为致富的“财神爷”。宁夏菌草技术扶贫使1.75万个农户受益，户年均增收5000元以上，被国务院扶贫办列为典型扶贫案例。菌草业被福建、陕西延安、贵州黔西南列为重点发展的新兴产业。菌草技术已在国内31个省（市、区）487个县推广应用，让一大批农民走上了脱贫致富之路。他先后获评全国“扶贫状元”“全国脱贫攻坚贡献奖”，所在集体被评为“国家西部大开发突出贡献集体”。

自1989年以来，他率团队先后在福建、广西、重庆、云南、新疆、西藏、贵州等省区和沿黄河9省区开展菌草治理水土流失、治理荒漠化、治理石漠化、防沙固沙、改良盐碱地、治理砒砂岩、治理洪积扇、修复矿山、滨海防风的研究与示范，攻克一个个难关，取得一系列国际领先成果，形成菌草生态治理技术体系。菌草生态治理技术已被黄河水利委员会列为全流域推广项目，被卢旺达列为全国水土流失治理重点推广项目。目前，已选育出适合黄河流域生态治理的菌草品种，并在黄河上、中、下游不同类型生态脆弱区建立菌草生态治理和产业发展示范基地，为黄河菌草生态安全屏障建设提供了科学依据和配套技术。

“这是中国人的一个发明”

1996年，在首届菌草技术国际研讨会上，林占熺正式为菌草确定英文名“Juncao”。有人担心外国人不明白此为何物，“看不懂没关系，那他就来学吧。”林占熺说，“我就是想让世界知道，这是中国人的一个发明。”

菌草，是“菌”与“草”的融合产物，颠覆了已有认知。比如那像甘蔗但更高的巨菌草，有人一见就说它费水费肥，断难在干旱地区推广，但林占熺实地测量发现，生产一吨鲜草耗水约19吨，只相当于一吨青贮玉米用水的1/3，而菌草更省水。

1994年，菌草技术被列为“南南合作”项目和联合国开发计划署“中国与其他发展中国家优先合作项目”，同年被对外贸易部列为援外培训项目。此后我国政府把菌草技术列为援助巴布亚新几内亚、莱索托、卢旺达、斐济等国的项目。25年来，林占熺秉持“发展菌草业、造福全人类”的坚定信念，多次冒着生命危险，创造性地完成菌草技术援外任务，为服务国家整体外交作出特殊贡献。2017年5月，菌草技术被列为中国—联合国和平与发展基金重点项目。2019年3月，菌草技术被列入中国—太平洋岛国农业部长会议《楠迪宣言》。2019年4月18日，在联合国举办的菌草技术高级别会议上，联合国大会主席玛丽亚·费尔南达·埃斯皮诺萨指出：“通过菌草技术，中国给我们讲了一个伟大的故事，这个故事现在已经分享到100多个受益于这一创新的国家。在福建省点燃的火花已经显示了一个创新的潜力，如果将其善加培育和部署得当的话就能改变世界各地人们的生活状况和改善他们的生计。”至2019年，中国已为106个国家培训学员7842人，并在巴布亚新几内亚、斐济、莱索托、卢旺达、南非、缅甸等13个国家建立菌草技术培训示范中心或基地，成千上万的小农户受益，为菌草技术全球推广打下了良好的基础。菌草在一些国家还被誉为“中国草”“神奇之草”。

点评

林占熺的事迹告诉人们，凡要成就一番事业，就要有一点精神：

在献身科学研究的工作中，林占熺几十年如一日，一心为民，全身心扑在农业科技事业上，他牢记习近平同志的嘱咐，带领团队在宁夏、甘肃、新疆等西北各省区开展菌草技术扶贫，并探索如何把西北地区的生态治理和菌草产业扶贫有机结合起来。经过14年的持续不懈努力，在宁夏等地的干旱荒漠地、盐碱地种植菌草不断取得新的突破。被国务院扶贫办列为典型扶贫案例。在脱贫攻坚战役中，菌草业被福建、陕西延安、贵州黔西南列为重点发展的新兴产业，让一大批农民走上了脱贫致富之路。

摆脱贫困是一个世界级的课题，也是世界级的难题，联合国及其他世界组织为此制定了许多计划。菌草技术的发明，使国际社会看到了一种希望。林占熺秉持“发展菌草业、造福全人类”的信念，把科研成果奉献给全人类，让“南南合作”和100多个发展中国家的人民受益，为全球减贫事业提供了中国方案、贡献了中国智慧。

4 面向扶贫主战场　构建产研新连接

——福建省农科院深入践行“科特派”制度

2019年10月21日，科技特派员制度推行20周年总结会议在北京召开。会上，全国共有92名科特派和43个科特派实施单位被科技部通报表扬。福建省农科院科特派生物资源所苏海兰、果树研究所黄新忠同时获得国家级通报表扬，苏海兰作为全国两位科特派发言代表之一，代表福建省在会上作典型交流发言。苏海兰、黄新忠的先进事迹入选科技部《科技特派员制度推行20周年典型案例》。

面向农业农村主战场成果丰硕

20年来，福建省农科院科特派队伍不断壮大，通过单人与组团相结合，先后选派个人科特派3220多人（次），覆盖了全省90%的县（市、区）和全部的扶贫开发工作重点县，还依托院下设的全部研究所（事业法人单位）组建了16个法人科特派、27个团队科特派，累计创造社会经济生态效益逾100亿元，成为全省特色现代农业发展的排头兵和乡村脱贫致富带头人。

20年来，福建省农科院科特派工作不断创新，涌现出科特派南平机制首批践行者，比如20年变换岗位不换科技特派员身份的吴敬才；每年扎根基层300天左右、潜心钻研稀缺中药材七叶一枝花的苏海兰；走遍建宁、清流等落叶果树产业重点县，助推闽西北黄花梨果业转型升级的黄新忠等一批科特派典型。

20年来，该院的法人科特派、团队科特派，在南平光泽县、延平区等开展科特派集团服务试点，推动科特派服务由第一产业向第二、三产业拓展，促进三产融合发展。数字所法人科特派牵头在光泽县实施“互联网+生态食品产业链关键技术开发应用”重大科技项目，建设“光泽生态食品产业链信息服务平台”，实现水稻、畜牧、水产等七大产业服务全程信息化，为光泽县建设中国生态食品城、打造“数字光泽”打下坚实的基础。土肥所法人科特派结合农业农村部“果茶菜有机肥替代化肥试点县”项目，在平和、顺昌等4个县市开展“柑橘有机肥替代化肥及绿色发展技术集成与示范”，通过“市场—政府—科技—农户”协同运作、整县推进，先后建立了60个示范片，推广5种有机肥替代化肥技术模式，辐射带动面积5万亩。

科技扶贫制度创新迸发新动能

作为全省选派科特派最多的单位之一，近年来，福建省农科院深入推行科特派制度，坚持科技创新面向现代农业主战场，通过科特派到农村一线、企业一线进行高效集成示范，强化了产学研用深度对接，为农业高质量发展提供了生态、安全、绿色技术供给，围绕派驻地优势特色产业开展技术服务，通过科研攻关、技术培训、成果转化等对支撑和培育相关产业做出了突出贡献。

2014年，光泽县一位商人瞅准了中药材种植加工的商机，在家乡崇仁乡成立了一家种植七叶一枝花的公司，建立了种植基地。然而，由于科技基础薄弱，缺乏技术，七叶一枝花种植遇到了瓶颈。就在此时，苏海兰来到该公司。凭借多年中药材种植经验，苏海兰从野生七叶一枝花种苗入手，很快攻克了人工种植难题，帮助当地建立了七叶一枝花培育和规范化栽培技术规程及可追溯技术体系。原来育苗需要两年且只有5%的出苗率，提升到只需6个月出苗率超过60%，基地扩建到6000亩，带动周边农户广泛参与种植，规模超万亩，预计达产收成后将实现3亿元增收。

20年来，全院科特派工作成效不断凸显，科特派瞄准各地产业问题导向和重大技术需求，以良种良法的示范应用为核心，以先进成果的转移转化为纽带，把创新的动能扩散到田间地头。截至2019年，共实施产业发展和科技扶贫项目3300多个，示范推广新品种、新技术、新成果7500多个，帮助解决区域农业重大、关键、共性技术问题和企业生产难题9000多个，建立科技示范基地、示范点1200多个，每年培训农民100多万人次，有力地助推了各地特色农业产业发展和脱贫攻坚工作。

科特派制度推行20年来，福建省农科院强化科特派服务“三农”的制度性设计与供给，落实关于科特派选派的相关政策，健全以增加知识价值为导向的收入分配机制，推进以分类评价为目标的职称评聘制度改革。2018年，新制定了《关于深入推行科技特派员制度的实施意见》，全院科技人员投身乡村振兴、助力脱贫攻坚的激情和创造力不断迸发。

振兴产业，打造科企利益共同体

福建省农科院通过不同的方式与农业企业开展深度合作，并从单一的科技输出走向协同创新。他们的主要做法：一是强化人员选派。二是强化科技示范基地、科企联合创新中心的示范引领。三是强化主体服务，对接合作社、家庭农场、企业等新型主体，解决技术难题，增加经济社会效益。四是强化技术培训，培养乡土人才、致富带头人，培训农民。

科特派进驻企业，并非单向的技术输出过程。科技人员为企业提供技术支持，企业则为科技人员提供了广阔的科研空间与成果转移转化的平台。为缓解科研成果转化率低、农业企业自主创新能力不足、科研和生产“两张皮”等问题，省农科院鼓励科特派常驻农业企业，因地制宜提供可持续的科技服务，推动科研成果转移转化，拓展科研新空间。

建宁县绿源果业有限公司成立于2002年，在2008年以前缺乏技术支持，连年亏损或保本经营。2009年，黄新忠带着团队入驻建宁县绿源果业建立示范核心园，集成示范水果新品种，推广增产稳产、提质增效新技术，结合病虫害绿色防控技术，2009年该公司扭亏为盈，实现利润80万元。2015年以来，绿源公司水果产量和企业利润持续稳定在1500吨、160万元，翠冠梨、锦绣黄桃两个果品获得国家绿色食品标志使用权，注册的“建绿”牌商标荣获福建省著名商标，2017年被指定为金砖国家领导人厦门会晤的食材供应商。

位于福清市海口镇的福建三华农业有限公司成立于2002年，在农业转型的过程中，科技与人才瓶颈日益成为制约企业发展的关键。这时，陈钟佃带来了科技赋能现代农企的全新解决方案。2016年，陈钟佃出任三华公司副总经理。就任后，他首先为企业导入新品种、新技术、新模式，构建现代高效生态农业体系，着手改造果园。为改良盐碱地土壤，他决定导入山地果园套种豆科绿肥的经验。科研团队还尝试在番石榴果园中套种油菜花、黄花、萱草、观赏型南瓜等经济作物，实现了土壤改良与果园景观营造相结合。随后，他们再造农产品产销流程，大力发展以观光采摘为主要形态的都市观光农业，打通线上与线下渠道，自建物流配送体系，提供配送到家服务。此后，省农科院农业生态研究所与三华公司签署协议，共建福建三华田园综合体产业研究院。双方商定，将发挥科研机构的科技与人才优势，以及企业的品牌与资金优势，共同开展生态农业、数字农业、创业农业等领域的研究。

点评

习近平总书记指出：科技特派员制度推行20年来，坚持人才下沉、科技下乡、服务“三农”，队伍不断壮大，成为党的“三农”政策的宣传队、农业科技的传播者、科技创新创业的领头羊、乡村脱贫致富的带头人，使广大农民有了更多获得感、幸福感。

在精准扶贫、精准脱贫的过程中福建农科院以科特派为路径，充分发挥专业农业科技队伍的优势，面向农业农村主战场，在打赢脱贫攻坚战中，作出了应有贡献，在全国都颇有影响。

福建农科院在实施科特派制度中注重创新，给人以深刻印象。

在科特派的派遣方面，农科院依靠组织力量，创造了个人、法人和团体科特派的形式。省农科院科特派的工作卓有成效，这与他们创造形式多样的科特派队伍并取得优异成绩密切相关。

在科特派的运行方面，紧紧抓住市场动向，与当地政府紧密合作，发挥技术优势，对接农户生产需求，形成“市场—政府—科技—农户”的协同运作机制，把几个方面的积极性都充分调动起来，促进增产增收。

同时，打造科企利益共同体，较好解决了科研成果转化率低、农业企业自主创新能力不足、科研和生产“两张皮”等问题。特别是科技人员出任企业负责人，把科技导入、企业效益和人员选派捆绑在一起，形成科特派、科研机构和企业一体化的责任共同体、利益共同体、命运共同体，促进了科技兴农内生动力的生成。

强化制度性设计与供给，落实关于科特派选派的相关政策，健全以增加知识价值为导向的收入分配机制，推进以分类评价为目标的职称评聘制度改革，推动科特派服务“三农”的制度落到实处、细处，解除科技人员的后顾之忧，真正解放科研生产力。

5 “绿色金库”焕新颜

——“中国科技特派员第一村”溪后村

南平市延平区王台镇溪后村，群山环抱，林木苍郁，从20世纪50年代开始，这里就因“绿色金库”的美誉而闻名。同时，溪后村还是科技特派员这一新生事物的发祥地，被誉为“中国科技特派员第一村”。自1999年迎来“1号科技特派员”吴敬才以来，已经整整20年了。20年来，科技特派员是如何扎根溪后村、助力该村发展的？

◎吴敬才（左1）到泰禾农业开展技术指导

1998年11月底，为破解闽北乡村存在的“三农”问题，南平市领导来到溪后村驻村三昼夜，连续召开了几场座谈会，问计于农。在座谈会上，黄昌泉等农民说：“你们干部下乡，就像破皮球提水。从上面看，皮球下了水；从下面看，照样浮在面上。你们从来没有下过水，哪里知道我们农民的难处？”

解决“三农”问题，摆脱贫困，必须抓住细节，把工作落到实处。基层农民这番大白话，引起南平市领导的深深思考：要让“皮球”沉下水去，必须选派农业科技人员直接下乡为农民服务。经过反复调研论证后，南平市委市政府决定，以科技特派员方式派出农业科技人员，下沉基层，精准扶贫，破解“三农”难题。

“科技特派员”第一人

黄昌泉回忆道：“那时，乡镇农技站的工作人员都是些中专生，主要做的是水稻的种植和技术推广工作，无法满足种植户对于新品种、新技术的迫切需求。”

因为没文化，不懂农业技术，村民们吃了不少亏。当年，黄昌泉大老远地跑到城里购买果树种苗，却因为不了解果树品种，错把雪柑当成了品质与市场价值都更低的雪橙，损失颇大。后来在驻村科技特派员的讲解下，他才了解到，光是橙的品种就有120多类。村民们深刻认识到，如果没有农业技术，就不可能种出品质优良的果蔬产品，实现增产增收。

据当年的村党支部书记徐恭文回忆：“传统的农业和种植技术，已经不适应农民增收致富的需要，村民迫切需要一些新技术、新品种，迫切需要一些能够真心实意为农民发展致富提供帮助的技术人员下到农村来，我们提出了要技术、要人、要科技支援的诉求。”

不久，南平市农业局高级农艺师吴敬才就被派到村里担任科技特派员了。

吴敬才1984年从福建农林大学园艺专业毕业后，一直在南平农业系统工作。1997年，他被公派到德国莱法州进修园艺栽培技术，1998年12月学成归国。这让吴敬才成为市里尝试科技特派员制度的最佳人选。刚进修回来，吴敬才便受命前往延平区王台镇挂职镇长助理，派驻溪后村进行农业技术指导和推广工作。谁也没想到，他的下派成为一场闽北大地“体制性革命”的开端。1999年初，南平市首批225名科技特派员下村为农民服务。吴敬才由此成为“1号科技特派员”。

时隔20年，如今已56岁、在福建省农科院任职的吴敬才，又以省派溪后村科技特派员的身份，“回归”溪后村。

1999年，吴敬才驻溪后村的3个月里，几乎包下了果树、蔬菜、土肥、林业等各项专业的技术指导工作。白天奔赴田间地头，手把手地指导村民如何施肥、修剪、嫁接、防害、打虫等工作；到了晚上，就在村部大会议室里为求知若渴的村民讲授农业科技知识，村民们都叫他“吴老师”。

村民们回忆说，那时村部的会议室，晚上常常灯火通明，五六十人坐成好几排认真学习听讲。

“大家的学习热情都很高。没有吴老师和其他科技指导老师，就

◎溪后村全景

没有溪后村的今天。经过吴老师指导后，一亩雪橙最多卖了7000多元，可把家里人给高兴坏了！”黄昌泉现在说起“吴老师”，依然满含感激之情。

打开摆脱贫困之门

科学技术是农业农村发展的重器，也是广大农民摆脱贫困的利器。溪后村的实践，充分说明科技特派员的重要作用。在吴敬才之后，延平区农业局经作站的陈用模、市委农办干部徐忠雷等科技特派员和下派村支书又陆续来到了溪后村。

徐恭文说，科技特派员发挥专业优势，与下派村支书联手，共同写好“农”字大文章。在他们的指导帮助下，村里先后改造了低产柑橘100亩，发展种植翠冠梨100亩、烟叶250亩、大棚蔬菜100亩，建成了绿化苗圃30亩，圈养鸡鸭年产70万羽，改善了农业经济结构，提高了村民收入。

在这一机制带动下，溪后村变化巨大，目前该村注册各类企业18家，家禽养殖量居延平区之首，造林技术为全镇之冠，生产的黄瓜、辣椒、西红柿获全国无公害蔬菜标志，新村建设日新月异，生活水平逐年提高，在脱贫致富的道路上走得更加稳健扎实。

◎“中国科技特派员第一村”主题馆

新时代科技特派员制度的“升级版”

2019年10月21日，科技特派员制度推行20周年总结会议在北京召开，作为科技特派员制度的发源地，溪后村迎来了更多慕名而来的游客。

走进溪后村的“中国科技特派员第一村”主题馆，墙上贴着当年的“溪后村科技特派员制度”“溪后村科技特派员工作示意图”“溪后村科技特派员挂钩帮扶指导农户一览表”“溪后村科技特派员挂钩帮扶农户成效”等图片。这个利用旧村部建设的主题馆，记录了科技特派员在溪后村20载的点点滴滴，见证了科技特派员机制从萌芽到壮大的发展史。

近年来，溪后村探索“科技特派员+”的模式，科技特派员与绿色金融有机结合，创立了“科特派贷”“科特派信用卡”，由科技特派员推荐，授信37户，金额超过了600万元，解决了农村产业融资难题。另外，溪后村成立延平区第一个村级科技特派员工作站，有一个团队和12

名科技特派员，由科技特派员梅光义博士挂帅，一个人带来一支林业团队，策划金杉园建设，升级安槽下杉木丰产林，使之成为村里标志性的旅游名片。

在科技特派员指导下，溪后村调整种植结构，进军百合花这个朝阳产业。“绿色”与“创新”交响，“科技”与“产业”相融，青山正在加快变成金山。如今，溪后村“绿色金库”外延不断拓展，依托国家储备林质量精准提升项目，在一批批科技特派员接棒助力下，综合发展森林旅游、花卉种植、文化创意等产业，以百合小镇为新载体，打造百年“绿色金库”升级版，奏响乡村振兴曲。

点评

如何让“皮球沉下水”的思考，引发了一项重大的农村发展的道路变革和制度创新。溪后村的实践再一次证明群众是真正的英雄，一旦代表先进生产力的农业科技与广大农民脱贫致富的冲天干劲相结合，就能够迸发出摆脱贫困的巨大力量。

科技特派员制度在助力精准扶贫的同时，也带来了新的发展理念。溪后村“绿色金库”农业科技项目，推动了当地的绿色发展，绿水青山就是金山银山的新发展理念深入人心。科技特派员工作站的设置，解决了这一制度创新持续推进的问题，使得科技特派员制度落地生根，不断出新。因“科特派+金融”而诞生的“科特派贷”，比较好地解决了农业科技嫁接农业生产面临的融资难问题，由此派生出“科特派+”的新模式，促进了农业生产和经营管理的转型、升级，在带来经济效益的同时，也带来了生态效益和社会效益。

“中国科技特派员第一村”溪后村的经验，具有可复制性和推广性，在乡村振兴战略中，依然具有现实指导意义。

第八章 /

扶贫搬迁“拔穷根”的造福工程

福建多山，一些山区交通、通信不便，生产生活条件恶劣，零星村落很难就地解决贫困问题。对这部分群众，根据其本人意愿，有计划地帮助他们迁移到条件好的地方，是个釜底抽薪摆脱贫困的好办法。习近平同志在闽工作期间，创造并推广了这套办法。从1994年开始，福建省委省政府连续26年将扶贫搬迁列入为民办实事项目。党的十八大以来，福建省进一步加强扶贫搬迁的工作部署，强化对搬迁群众的扶持力度，力求做到既挪“穷窝”，又拔“穷根”，并注重易地搬迁与新型城镇化相结合，与产业发展相结合，与完善公共服务相结合，与生态修复相结合，取得民生、经济、生态等多重效益。2017年5月，省政府根据《中共福建省委福建省人民政府关于推进精准扶贫打赢脱贫攻坚战的实施意见》和国家发展改革委、国务院扶贫办印发的《易地扶贫搬迁工作成效考核暂行办法》，制定《福建省易地扶贫搬迁工作成效考核实施办法》，确保到2018年如期完成全省建档立卡国定标准贫困人口搬迁脱贫任务。同时，要求加强安置区社区管理，优化搬迁社区设施服务，引导搬迁群众树立文明新风；加强搬迁群众权益保障，用好增减挂钩政策，规范迁出区土地流转管理服务。截至2019年底，全省累计搬迁170多万人，整体搬迁7300多个自然村。这套措施，深受农村广大干部群众欢迎，被誉为“造福工程”“民心工程”“德政工程”，也成为福建扶贫攻坚的重要经验，各地在实践中涌现出许多典型的事例。

1 搬出穷山窝　迎来新生活

——政和县搬迁脱贫之路

政和县位于福建北部闽浙交界处，属革命老区县，境内地形复杂，高低悬殊，山地、丘陵占92.3%，海拔300米以下谷盆、平原仅占约7.7%。由于地处偏远，交通不便，生产生活条件艰苦，政和县经济发展各项指标长期居于全省末位，曾被戏称“省尾”。省委省政府高度重视对政和脱贫致富奔小康的扶助工作，长期由省长亲自挂钩帮扶。政和干部群众以“俊波精神”为动力，因地制宜挖掘资源，化劣势为优势，走出富有特色的脱贫致富路子。

以产业发展为支撑，筑牢扶贫攻坚基础

说到政和县的脱贫攻坚，不能不先说说“全国优秀县委书记”廖俊波。这位书记上任之初，就立下“革命老区绝不能是贫穷落后的代名词，要致力摆脱贫困，让群众过上好日子”的铮铮誓言。党的十八大后，廖俊波带领县委领导班子，牢固树立“四个意识”，坚决贯彻党中央决策部署，面对贫困县、革命老区、经济发展长期落在全省末位的严峻现实，不气馁、勇担当，用勤奋、实干、严谨和坚韧不拔的精神，在传统农业县建起省级工业园区，大大延伸产业链，几年内实现全县财政总收入翻了两倍多，连续3年进入全省县域经济发展“十佳”，创造出“政和速度”，为脱贫攻坚和改善教育医疗、基础设施奠定了坚实

◎2015年6月，廖俊波（左二）在政和县铁山镇了解花卉产业情况

的基础。

产业发展大大增加了劳动力需求，增强了就业扶贫能力，这是一方面；另一方面，政和大量居民深居山区，交通落后，生产生活条件恶劣，就地扶贫很难从根本上摆脱贫困。在这种情况下，对一些偏僻山村实行整体搬迁，帮助他们迁移到条件好、易就业的地方定居，就成为解决当地群众脱贫问题的最佳选择。多年来，政和县把造福工程易地扶贫搬迁作为脱贫攻坚“五个一批”工程中的“头号工程”和为民办实事的重要项目来抓，持续推进造福工程易地搬迁扶贫工作，让精准搬迁、精准脱贫落到实处。

具体做法是，选择城镇、中心村以及工业园区附近作为集中安置点，形成一批新的居民社区。同时，配套解决好就业、教育、医疗、社会保障等问题，逐步实现了“搬得出、稳得住、能致富”的目标。2012年以来，全县累计完成造福工程易地搬迁3893户17083人，其中2016—

◎政和县牛背山社区

2017年完成造福工程搬迁1141户5021人，入住率达到100%，累计脱贫率达到100%，新建百户集中安置点8个，投资8.2亿元，争取上级补助资金1.04亿元。

与美丽乡村建设相结合，打造安居乐业新社区

新的安置点不但要便于就业和发展生产，还要有良好的居住条件和生活环境，有利于群众长远利益。政和县将造福工程与美丽乡村建设相结合，强化村庄风貌管控，推进村庄绿化。根据各地特色，统筹考虑，按照“统一规划、统一设计、统一配套”的要求，引导农民科学建房、量力建房，节约土地。畲头村的搬迁，便是个成功范例。

畲头村是政和铁山镇最为边远的自然村之一，地处偏僻，生存条件恶劣，生态环境脆弱，自然灾害频发。建档立卡的贫困户，普遍住房

为土坯房、土木房，存在安全隐患，且农户居住分散、偏远，存在路不畅、饮水难、用电差、通信阻、基础设施建设难度大等问题。村民以耕山为生，家庭收入以毛竹、茶叶、锥栗为主，一年辛苦下来，收入仅有万余元。

经过统筹考虑，政和县将畲头村的搬迁地址选择在牛背山社区。牛背山社区占地面积74.3亩，搬迁对象涉及13个边远偏僻自然村和一个地质灾害点。牛背山社区是南平市2010年灾后集中重建点之一，2010年8月开始建设，仅用3个月，就建成19栋住宅楼。2013年成立社区以来，住户日益增多，共有住户199户1006人。小区有村民活动中心、农贸市场、篮球场、公厕、垃圾收集站点、公园等公共设施。

牛背山社区紧邻的铁山工业园区，是个省级山海协作示范园区，已有“店小二”“泰云春”等竹、茶、食品加工企业近20家，园区可安排就业人员4000多人，可以很好地解决园区企业用工难问题和集中安置农户就业问题，居民就业与园区企业用工相结合，实现“两区”驱动、互惠互利、共同发展。这样搬迁到新的安置点，便于着力解决好就业、教育、医疗、社会保障和社会融入等问题，最终做到搬得出、稳得住、能致富、生活好。造福工程的实施，不仅使农户的生产、生活条件大大改善，而且农户收入比搬迁前明显增加。

发展多种经营以巩固脱贫成果

从深山搬到新的安置点，对于文化水平不高、生产技能单一而又受安土重迁的传统观念束缚的村民来说，的确不是件简单的事情，要做大量细致的动员工作，还要提供立竿见影的就业服务和劳动技能培训，帮助他们提高在新的环境中适应各种劳动和开展生产经营活动的能力。就业是一种迅速脱贫的有效途径，而村民主体综合能力的提升，则是发展多种经营和适应各种工作，从而达到巩固脱贫成果的根本长策。村民黄瑞聪一家，就是个典型例子。

黄瑞聪一家于2011年享受受灾搬迁政策，从边远的畲头村搬进了牛背山社区，搬迁后，工作和生活状况都发生了巨大的变化，他和爱人都在旁边的工业园区务工。黄瑞聪还参加社区组织的培训，学会了电力维护技术，当上一名电工，现在是车间主任，每月能挣差不多5000元。他爱人在园区一家公司上班，每月工资2500元。概算起来，黄瑞聪一家的年收入从搬迁前一万多元，增加到搬迁后的八九万元，可以说生活水平有了显著提高。2015年时，黄瑞聪还当上了牛背山社区主任，儿女就学条件也极大改善，黄瑞聪对现在的工作和生活非常满意。

铁山镇牛背山小区是受灾群众集中安置和造福工程建设相结合的新农村建设示范点，较好地解决了居民就业和企业用工问题，对推动园区和社区发展起到了双赢作用，真正实现了宜居宜业。

点评

习近平总书记指出，易地搬迁是解决一方水土养不好一方人、实现贫困群众跨越式发展的根本途径，也是打赢脱贫攻坚战的重要途径。畲头村搬迁脱贫，是福建“造福工程”既挪穷窝又拔穷根的典型例子。搬迁前村民以耕山为生，既不利于山地生态保护，也很难提高收入水平，居住条件也无法根本改善。像这样的村子，就地帮扶是无法达到稳定脱贫目的的。搬迁后的新居住小区，紧邻工业园区，很好地解决了村民就业问题，显著提高了收入水平，改善了居住条件和受教育条件，不但拓展了生存空间，还拓展了发展前景。这个案例的突出特点，在于注重扶贫搬迁与产业发展相结合，与美丽乡村建设相结合，切实做到搬得出、稳得住、能致富。造福工程之所以在长期实践中成为福建扶贫开发的特色项目，与福建独特的地理人文条件密切相关。

2 搬迁“造”出幸福新社区

——柘荣县结合新型城镇化推进扶贫搬迁

柘荣是闽东山区小县。为有效改善边远山区群众的生产生活条件，县委县政府认真贯彻落实省、市关于造福工程建设的工作部署，结合新型城镇化和社会主义新农村建设，实施“小县大城关”发展战略，按照“统一规划、统一设计、统一征地、统一实施”的原则，在城乡接合部划出造福工程建设用地，用于安置地质灾害整治点搬迁群众和边远山区困难群众。在实施造福工程中，做到集中建新村与零星安置相结合、规划设计与建设新农村相结合、易地搬迁与小城镇建设相结合、“小县大城关”建设与地质灾害点整治相结合，取得了良好的精准扶贫、精准脱贫效应。

统筹兼顾，实现多赢

柘荣是太姥山脉主体部分，全境以山地、丘陵为主，地势较高，河流多属山地性水系，水流湍急，受台风、暴雨等影响，自然灾害频繁，地质灾害点多面广，而且深居边远山区的农民也缺乏致富门路。基于这种条件，柘荣县审时度势，将扶贫攻坚纳入经济社会发展通盘考虑，在实施造福工程时，坚持扶贫搬迁与小县大城关建设、社会主义新农村建设、地质灾害点治理相结合，综合考虑，共同发展。

在造福工程实施中，柘荣县采取统一规划、统一征地、统一设计、统一实施的办法，分别在城关周边的东源岚下洋、双城龙山等地择地集中建造安置小区。县发改委、国土、建委、民政、水利、林业和供电等有关部门齐抓共管，互相配合，为搬迁户建房提供服务保障；县里每年安排1500万元资金援助造福工程建设；柘荣县委县政府还专门制定了一系列造福工程优惠政策和措施，凡列入造福工程的对象，涉及建房征地、村建规划、资金补助、税费减免、设施配套等方面，及时予以兑现落实，真正让搬迁户“建得起、建得好、住得进”；同时，切实解决搬迁户子女就业、就学、婚嫁、医疗等难题，在企业用工上，优先安排搬迁户进厂务工，安排村民子女就近入学，让搬迁户“搬得进、安得稳、富得起，今后还会有发展”。到2013年，柘荣县城乡接合部实施造福工程点3个，建设用地136亩，搬迁对象涉及全县8个乡镇，共安置655户3393人。这一做法，有效地解决了地质灾害点和边远山区群众的生产生活困难问题，避免了二次搬迁，也带动了县城城区向东向南扩展。

加强服务管理，改善生活环境

福源农村社区的前身，就是东源岚下洋造福工程安置小区，属省级造福工程安置区。该项目从2005年开始建设，至2014年已形成448户2453人的规模，搬迁户共涉及9个乡镇，其中80%来自偏远的山区。起初由于公共服务和管理没有及时跟进，加上村民舍不得原居住地的土地，户籍一直未迁移过来。另外，从大山里搬出来，村民生活方式和习惯一时转变不过来，2000多人聚居在一起，各种问题开始凸显，公共空间的卫生没人做，社区脏乱差，偷盗事件时有发生。更为重要的是，村民的户籍都留在原地，他们要办理医保报销、收入证明、孩子上学等手续，都要回户籍所在地，很不方便。

◎东源乡福源社区

◎小板凳宣讲队在福源农村社区开展宣讲活动

◎福源农村社区开展首届“金邻居”评选活动

2013年10月，柘荣县委主要领导走访了福源农村社区，了解到这一情况后，立即召开专题会议。经与会人员讨论协商，形成共识：为了让造福工程更好地造福群众，必须加强社区的服务和管理。2013年底，在县委县政府的支持下，该社区正式参照农村社区管理模式，成立了社区党支部委员会、社区管理委员会，并选举产生了5名“两委”成员。作为配套，东源乡党委投入资金120多万元，为福源社区新建一座300多平方米的社区综合办公楼，增设便民服务中心，全天候为村民提供便民服务。

社区两委和便民服务中心的成立，很快就产生了凝聚力和便利群众生活的效果。2013年，居民金家明因病去世后，两个孩子面临辍学，社区群众纷纷捐款帮助，不到一个星期就捐了2万元。同年，社区便民服务中心通过介绍等途径，为23位“剩男”娶了媳妇。县里还投入500多万元完善社区水、电、路等基础设施，建起了幼儿园、卫生所等，大大方便了村民的生活。乡镇、社区两委以及服务中心的干部们积极为新搬来的村民寻找营生门路，他们主动联系附近的工业园区，及时帮助村民顺利找到工作。村民遇上生活问题有了社区两委关心，村民办事有了便民服务中心做依托，社区不再是一盘散沙，中心起到凝聚人心的作用，村民对新社区的认同感大大增强，整个小区入住率很快提高，并形成聚居和服务的良性互动。

营造良好氛围，重塑邻里温情

福源农村社区是宁德市规模最大的造福工程安置小区。由于社区的居民都来自不同乡镇，互相都很陌生，又因风俗习惯、治安等原因造成搬至新居后各自大门紧闭，邻里间难以融洽相处，虽然他们家都挨住在一起，却没有近邻的亲切，总有一种背井离乡的飘浮感。

为加强社区居民的主人翁意识和互相认同，必须创新管理，鼓励居民积极参与社区公共事务。2013年，福源农村社区党支部和管委会成立后，在推进居民参与公共事务管理方面采取了许多措施。一是开展“邻里节”以及“我能为社区发展做什么大讨论”等各种类型的活动，拉近邻里之间的距离。东源乡将社区分成5个网格，分别由一名社区工作人员牵头，介绍邻居互相认识，并积极开展“金邻居”“百家宴”“献爱心”等活动，还开设象棋、舞蹈、书法兴趣班，让大家参加各种集体活动，寻找共同话题，找到“集体感”，提高居民的归属感与幸福感，帮助居民树立“新居民、新故乡”的意识。二是制定村规民约，每年还通过孝德模范评选，有效示范带动形成文明社区新风气，增强了社区居民的凝聚力。三是搭建平台优化服务，促进居民和谐相处。

如今，有纠纷找“和事佬”评理，已经成为福源农村社区居民们的习惯，居民实现了从“客人”到“主人”的角色转变，邻里关系大大改善，社区公共事务得到有序管理，人人参与人人有责的观念逐步树立起来，一个和谐的新社区正日益走向成熟。

点 评

2017年12月28日，习近平总书记在中央农村工作会议上指出：“要有序推进易地搬迁扶贫，让搬迁群众搬得出、留得下、能致富，真正融入新的生活环境。”柘荣县实施扶贫搬迁的做法，关键在于结合当地情况，把造福工程与“小县大城关”建设、社会主义新农村建设、地质灾害点治理结合起来，整体推进，采取统一规划、统一征地、统一设计、统一实施的办法，先集中建造安置小区，再完善新社区的服务与管理。在这个过程中，党委和政府的推动起着关键性的作用。由于集中建造统一安置，新小区居民五方杂处，形成的是村民一时难以适应的陌生社会，导致群众搬迁意愿不强、对新家园缺乏认同感，以及治安、公共卫生等问题。对此，党委政府高度重视继续跟进，适时完善新社区管理服务机构和设施，对焦问题，细化服务，通过帮助居民解决具体问题和公共事务，凝聚人心，并举办各种活动增进居民互相熟悉互相信任和对新家园的认同感，提高人人参与人人有责的主人翁意识。这是个重塑熟人社会的过程，也是个很值得研究的社会学问题，不但对诸多搬迁扶贫安置点有借鉴意义，对城镇新小区的建设也有普遍的借鉴意义。

3 从灾后安置点到新农村建设样板村

——浦城县小溪新村推进灾后重建与造福工程相结合

浦城是全省23个扶贫开发重点县之一，2018年已成功“脱帽”。在浦城县脱贫奔小康的诸多举措中，搬迁扶贫是个重要抓手，也是成功经验。其中搬迁安置点山下乡小溪新村，实现了灾后重建、造福工程、美丽乡村建设的完美结合，先后被浦城县委县政府授予文明村、明星村、先进基层党组织、中心村建设十佳村、美丽乡村建设十佳村等荣誉称号。2013年，

◎小溪新村全貌

小溪村被省环保厅授予第五批“福建省生态村”称号，被省林学会、省水土保持学会、省海峡非营利组织研究院联合授予“关爱自然　保护生态”荣誉。2014年5月顺利通过创建国家级生态村的专家评审。

搬出深山，开启幸福新征程

小溪新村的村民，来自浦城县高山寒冷、偏远、分散的11个自然村。该村原有267户1036人，老村部位于海拔670多米高的群山间，进村的道路蜿蜒曲折，村民的房子就坐落在层层叠叠的梯田上，村里没有一块平整宽敞的空地，公共配套基础设施更是奇缺。由于生产生活条件恶劣，搬迁起步较早。2004年，居住条件恶劣的龙井头自然村最早搬迁，在距乡政府1.5千米远的水元寺附近建起了新村。统一规划的住房分列在笔直的水泥街道两旁，50户村民在此安居乐业。2008年，又有20多户村民迁居到乡政府所在地山下街。这一年，村两委反复讨论后决定，计划用5年时间将剩下大部分村民迁居到乡政府所在地。2009年，征地工作启动，村两委干部采取“先租后付款”方式，由村主干担保，带头筹款。

2010年6月，闽北遭遇特大洪灾，当年7月，南平市将小溪新村列为灾后重建与中心村建设点。小溪村人紧紧抓住灾后重建和造福工程的大好机遇，开始了更大规模的集中搬迁，选址乡政府南面作为新村建设点，仅用不到两年时间便建起一个整齐美观、配套完善的新农村。新村建设采取“统一规划设计、统一住房模式、统一招标施工、统一基础设施、统一房屋价格、统一退宅还田”的办法，50亩规划建设用地中，房屋、道路和绿化景观建设面积各占1/3。村内建成水、电、路等基础设施和教育、医疗卫生等完整的公共服务体系，宾馆、超市、幼儿园、农产品信息中心一应俱全。新村吸引161户近700人入住，集聚了全村7成的人口。

到2014年，小溪村又把原11个自然村整合为一个中心村和3个自然村，村里的绝大部分人口都聚居在小溪中心村和水元寺新村里，全村共有新房245座，占原总户数的92%。至此，经过持续10年的努力，小溪村人实现了走出深山的梦想。如今，建成后的小溪新村，已成为全省新农村建设样板村。远山如黛，溪水潺潺，两排粉墙蓝顶的新楼房在青山绿水的映衬下显得分外气派。走进村落，仿佛置身于一个城市花园小区，街道干净整洁，房前屋后花草掩映，社区服务中心、幼儿园、文化读书室、灯光球场、体育健身场所、家庭宾馆等配套设施完善。从散到聚，从乱到美，偏远山区的农民实现了人居环境的改善，提高了防灾减灾能力，享受到了新村的优美。

发展生态林业，助力幸福新生活

有了更好的居住环境，还要有更多的发展机会、更高的生活品质，才能让搬迁户搬得下、稳得住、能致富。小溪山村的人，最大的资源在于山地，最大的优势在于做好竹林经济。

发挥优势，发展生态林业。小溪村有林地18000亩，人均17.4亩，其中毛竹山11800亩，人均11.4亩。但耕地仅1260亩，人均只有1亩多一点。集体林权制度改革的全面推进，犹如一阵号角，吹醒了小溪村沉寂已久的万亩竹山。全村所有的竹山以组为单位，全部实行第二次均山制，达到人人均山、户户有山，林改率达100%，群众满意率100%。集体林权制度改革让小溪村林农吃上了定心丸，林区和谐稳定，林农管山积极性空前高涨，林农在竹山上的投入得到了成倍的回报。

小溪村人有做笋干的传统独特工艺，家家户户都有笋干加工作坊。产自小溪村的白笋干、黑笋干、咸笋干，色、形、味俱佳，是远近闻名的特色农副产品。每年村民利用本村资源加工笋干100多吨，村里的笋原料不够，很多村民就到附近乡镇承包竹山加工笋干，进行小溪笋干的品牌输出和技术输出。

◎笋干烘烤

2013年，村里成立了毛竹专业合作社，引导村民抱团闯市场。扎实的竹业经济，奠定了小溪村人几乎家家户户盖新房、购置全套家电的雄厚实力，有的还开上了小汽车。青山常绿就有滚滚财源，尝到甜头的村民更加自觉地保护生态，积极采取毛竹山科学管育措施，走上了一条产业增收与保护生态良性互动的发展之路。成立毛竹专业合作社当年，小溪村民人均收入就达到9218元（超过全县平均水平427元），其中从林业经济中获利占到2/3以上，村民每年笋竹收入近500万元。

好招牌总能引来滚滚客源。随着生态林业的发展，光顾小溪村的客商和游客逐渐增多，小溪新村开始规划建设配套旅馆，为来村里收购毛竹、笋干的外地客商提供服务。如村民吴德松办起了健美宾馆，客房按高标准装修，服务员根据星级宾馆要求培训。小溪村两委也积极筹划建设较大规模的笋食品深加工企业，开发以“竹海风情游”为主题的生态旅游业和以“游天然氧吧，赏自然美景，品绿色美食”为主题的农家乐产业，为小溪村发展生态经济寻找新的增长点。规模生产、规范生产、延伸产业链的思路，使小溪村人对未来充满期待。

党建先行，引领幸福新生活

小溪村搬迁脱贫奔小康取得突出效益，最根本的原因在于党建先行，村两委坚持加强党的领导，在上级党委领导和支持下，紧紧依靠群众、相信群众，科学决策，建章立制，带领群众实干兴村。

党组织模范带头是群众的主心骨。村支书毛信昌既是小溪村发展的见证者，更是小溪村各项事务的执行者和推动者。毛信昌是土生土长的小溪人，20世纪80年代从部队退伍回乡后，担任小溪村党支部书记。30多年来，他团结村两委干部和党员，带领广大群众积极保护生态，大力发展绿色经济，争取项目筹措资金进行新村建设、基础设施建设、凿山开路和路面硬化等实事工程。

完善村民组织是取得群众信任和拥护的关键。村里专门成立了由老党员、退休老干部和德高望重的村民代表组成的新农村建设村民理事会，负责对群众工作条例实施全程监督。小溪新村建设从规划、征地到施工，全程接受村民理事会监督。原设计时村旁溪边的村道宽为6米，后来理事会向村两委反映了建房户代表的意见，把溪边村道拓宽成9米，并建好亲水平台，让建房户的后花园变成休闲娱乐场所。群众正是从这样的具体事务中感受到党组织的温暖。

◎2020年6月30日，毛信昌（中）查看小溪村贫困户竹荪产业情况

建章立制是引领群众走向新生活的稳定保障。2011年下半年，小溪村成立新村社区综合服务中心，实施农村社区化管理新模式，并成立了文明卫生、矛盾纠纷调解等多个

服务小组，分块处理村里各项事务。村里发动村民制定了《小溪村村规民约》《小溪村山林管理约定》《小溪村文明村民标准》《村庄整洁美化环境守则》《农村居民门前“三包”责任制度》等一系列村民约法事项。全村划定了卫生包干区，指定包干区责任人，购置保洁工具，招聘村保洁员，年终开展环境整治检查评比，对卫生清洁农户进行授牌奖励。有了各项制度和村规民约的保障，小溪村的生态建设各项工作成为常态，能够长期顺利地开展下去。

点 评

习近平总书记强调，一定要把易地移民搬迁工程建设好，保质保量让村民们搬入新居。大家生活安顿下来后，各项脱贫措施要跟上，把生产搞上去。浦城是福建北通中原的古道门户，本属富庶之地，因现代交通、业态的改变才失去区位优势，但其潜在的资源优势依然存在。从小溪村的林地、耕地面积和土质来看，应该说比其他艰苦山区的条件稍好。与其他山村搬迁解决“一方水土养不活一方人”有所不同，小溪解决的是“一方水土养不好一方人”的问题。由于交通不便，居住分散，改善公共服务条件比较困难，搬出深山后，村民既享受到良好的公共服务，改善了生活环境，又拓宽了基于原有资源的生产发展空间，大部分人可以实现搬迁不改业，村民也比较好组织。因此，在村两委带领下，通过集体林权制度改革和建章立制，村民积极性被充分调动起来，劲往一处使，实现了扶贫搬迁与美丽乡村建设、生态保护的有机结合和良性互动，展现出可持续发展的良好前景。

“搬”出来的幸福新生活

——武平县泥洋村的易地搬迁之路

武平县是福建省“长连武扶贫开发试验区”实施县份之一。多年来，武平县充分利用基础设施建设、生态产业发展、生态扶贫开发工作机制、金融服务、农村产权制度、城乡一体化发展等方面的政策支持，大力开展精准扶贫、精准脱贫，以移民搬迁等方式帮扶生活条件恶劣地区的贫困人口搬到宜居宜业的地方，同时配套做好异地集中安置小区的水、电、路基础设施，协调解决好教育、医疗、土地调整、住房建设等问题，并通过技能培训、政策引导、资金扶持等，帮助他们就近就业、创业，确保他们“搬得出、稳得住、能致富”。2019年，武平全县共实施完成造福工程易地扶贫搬迁2996户10283人，其中国定贫困户易地搬迁1572户4959人、省定贫困户造福工程搬迁730户2399人，同步搬迁对象694户2925人，建档立卡贫困户危房改造1067户，全县实现脱贫“摘帽”。东留镇泥洋村的扶贫搬迁便是个典型案例。

摆脱贫穷，搬迁破解难题

泥洋村距离东留乡集镇12千米，有32个自然村、13个村民小组，共有176户836人，分散居住在方圆19.3平方千米的76个山头，当地群众戏称为“一户一山头”。该村是武平县地域面积最广、人居最分散、自然条件最差的贫困村，几百年来大多数村民守着大山过穷日子，尽管距离集镇也不算特别远，但山路崎岖陡峭，出门靠走、通信靠吼，冬天寒冷，春季阴湿，生活、交通等极其不便。多年来，为帮助村民发展生产、增加收入，县镇有关方面没少费心，干部没少出力，但收效总是有限。到2016年，这个贫困村仍有24户贫困户，贫困人口68人，人均年纯收入只有几千元。

要彻底摆脱贫穷，必须根本改变生活环境现状。在上级领导的关心和支持下，村两委积极研究争取各项有关惠民政策，抓住关键点，聚焦地质灾害隐患点排除、造福搬迁等安置措施，实施小阳桥和茶头窝两个集中安置点建设。早在2010年，东留镇就开始在泥洋村陆续启动易地搬迁工程，泥洋村小阳桥地质灾害点被定为福建省省级地质灾害重点治理民心项目，其后，泥洋村被确定为造福工程整村搬迁，2012年，泥洋村被定为福建省村庄规划示范村。2016年，在实现小阳桥安置98户280人的基础上，开建茶头窝易地搬迁集中安置点，竣工后16户贫困户全部入住新居。

小阳桥和茶头窝作为泥洋村造福工程集中安置项目确立之初，就非常注重村庄发展规划。泥洋村在鼓励村民移居时，遵循“移得出、稳得住、能发展”的原则，对一些条件好、不以农业为主收入的村民，动员他们向县城、集镇和周边村落移居，对一些条件相对比较差、依靠农业产业为主要收入的村民，村两委则动员他们向这两个小区移居。泥洋村在改善村民居住条件的同时，不忘弱势群体，该村对低保户、贫困残疾户建新居的，则是无偿为他们提供建新房地块。

◎泥洋村新貌

村里的两个小区都是按照统一规划、统一设计的要求建设的，保证了新居的美观统一。

同时，小区周边还进行了绿化美化，配有文化图书室、运动场所等基础设施，保证了小区村民生活的丰富多彩。如今泥洋村村民流传着一句顺口溜：“昔日一户一山头，肩扛手提累死人。今日村民住小区，农家风光胜苏杭。”

拔除“穷根”，发展产业，脱贫致富

泥洋村有耕地1690亩，山林面积26000多亩，山林面积超过全村总面积的90%以上。茂密的森林里，每一个地方都是城里人向往的天然氧吧；高高的福朝山，是传说中的神仙福地，空气清新凉爽，白天经常云雾缭绕，四处花果飘香。泥洋人充分利用这种自然资源和有利条件，大力发展竹业、林业来拔除“穷根”。

东留镇通过党建引领，为泥洋村规划并扶助实施“党建+产业+扶贫”模式，以“输血”+“造血”助力脱贫攻坚，积极引导贫困户发展生产，激励贫困户种植芙蓉李、油桃、脐橙及养蜂、养鸡鸭等，取得显著的扶贫成效。到2019年，全村的水果种植面积达500多亩，成为泥洋村民巩固脱贫成果的绿色宝库。以村民刘传林为例，刘传林以前住在山上种水稻、养鸡，辛劳一年算下来，家庭收入也不足一万元。搬迁下山后，平时他与妻子到镇里打零工，夫妻俩加起来每月收入有两三千元，在政府的帮助下还种了十几亩油桃，养殖了象洞鸡，收入增长了好几倍，日子也越过越红火。

随着人们生活水平的提高和乡村旅游的兴起，良好的生态环境里蕴含着巨大的财富。依托泥洋村生态资源，东留镇开发了石狮岭百米瀑布、云华山千年古庙等旅游资源，引进外资建设生态农业观光园，大力发展乡村休闲旅游，极大地丰富了当地业态，也解决了部分人口就业问题，拓展了收入渠道。

村里还统筹各级扶贫资金96.4万元，建设了两处146.29千瓦光伏发电项目，鼓励贫困户入股，每户入股1000元，村委给予每户鼓励金500

元，进一步帮助他们增加收入。光伏发电项目从2018年起，每年可增加村集体收入11万元；投资44.9万元集中入股武平农村信用社，从2019年起，每年都可增加村集体收入约2.7万元；投资50万元入股县工业园区科技孵化器项目，年收益6%。流转村民的土地，建设“富贵籽”基地，让村民们参股，进一步增加他们的收入。

到了2018年，泥洋村24户贫困户68人全部脱贫，全村人均纯收入达到14560元，村集体收入也从2016年的4.6万元提高至2018年的18.45万元。泥洋村民已经从“一户一山头”穷山民，脱胎换骨为具有崭新精神面貌和良好物质生活的新村民。

点评

习近平总书记指出：“加快老区发展步伐，做好老区扶贫开发工作，让老区农村贫困人口尽快脱贫致富，确保老区人民同全国人民一道进入全面小康社会，是我们党和政府义不容辞的责任。”（2015年2月13日《在陕甘宁革命老区脱贫致富座谈会上的讲话》）“长连武扶贫开发试验区”是闽西原中央苏区的核心区域，也是福建省集中连片特殊困难地区和扶贫开发工作重点地区之一，是龙岩市脱贫攻坚工作的重头戏。由于地处内地连片山区和闽赣边界，发展底子薄，开发水平总体偏低，与全省平均水平相差较明显。但该地区生态地位重要、文化底蕴深厚、物产资源丰富，具有很大的开发潜力。随着交通、通信等基础设施的改善和近年对原中央苏区和革命老区发展加大扶持力度，其固有潜力逐渐化为现实发展优势。武平县泥洋村借力扶贫攻坚之势，通过造福工程，有序引导村民搬出深山，既改善了生活、就业条件，又有利于原有山地进行种植、养殖、旅游开发和生态恢复，取得了显著的扶贫效益、经济效益和生态效益，对于巩固集体林权改革经验，把扶贫攻坚与生态文明建设和文化建设有机结合起来，具有典型示范意义。

5 挪窝换业走上致富路

——云霄县火田镇易地搬迁喜脱贫

云霄县把实施“造福工程”作为脱贫攻坚工作的重头戏，最大限度释放易地搬迁扶贫政策红利，让广大贫困群众走出深山，搬到宜居宜业的新居。

搬出穷窝

火田镇位于云霄县东北部，是漳州郡治的发祥地，全镇辖21个行政村108个自然村，总人口5.4万人，地域面积196平方千米，山地面积16万亩，地处地质灾害点，原来一直是当地的贫困镇，群众生产困难，住房面临滑坡倒塌等危险。要彻底帮助当地群众摆脱贫困，相当一部分居民必须进行易地搬迁。尽管如此，要让他们挪出“穷窝”，也不是一件容易的事。搬迁难，难在每个搬迁户心里都有一杆秤。有的故土难移，不愿搬；有的受经济条件所限，搬不出；有的搬了，但因致富困难，“农忙在新家、农闲跑老家”，影响了“后来者”搬迁的信心。毕竟，易地搬迁扶贫不只改变搬迁户的居住环境，还要让他们在就医、就学、就业、思想观念等方面有全新的改变。

为改变这种现状，云霄县着重在搬迁选址、规划设计、资金管理、工程建设、设施配套五大关键环节上下功夫，变零星搬迁为整村搬迁，变分散安置为集中安置，严格按照统一规划、统一设计、统一施工、统

◎圆峰造福工程在建三期

一标高、统一设施配套、统一服务管理的“六统一”原则，打造有规模、有档次的新型农民住宅小区。如在选址方面，下河“造福工程”安置小区地理位置优良，紧邻坂云线、和田路及正在建设中的云平高速，交通四通八达；县第二实验小学、下河中心幼儿园、唯美学校、下河乡政府、县福利中心等与安置小区比邻，小区还配套建设了社区办公场所、社区活动中心、大型超市、公厕、运动场所等设施。

同时，政府通过多种途径筹集资金。采取争取上级补助一点、县乡补助一点、村集体出一点、涉农资金捆绑一点、企业赞助一点、银行贷一点的“六个一点”办法，建立多元、集约、稳定的资金投入机制。县级财政对造福工程100户以上和50户以上集中安置区基础设施分别给予50万元、30万元的补助。7个百户集中安置区共投入建设资金2.3亿元，其中基础设施建设资金累计达3500万元，安置区基本实现通水、通电、通电话、通宽带、通电视信号标准。

为确保改造工作“不跑偏”，云霄县还调整充实了扶贫开发工作领导小组，在集中安置区均成立造福工程集中安置区建设领导小组，并充分发挥群众主体作用，建立由村两委干部、村民监督委员会成员、老干部、报名登记村民代表组成的集中安置点村民理事会，对搬迁工作实行全程跟踪监督，既保证工程质量，又按时竣工交付使用，形成“让群众做群众工作，群众的事情群众办”的工作机制，确保这一民心工程真正落到实处，做到好事办实、好事办好。

至2019年，火田镇陆续建设了400多座框架结构房屋，由当地纪委对涉迁项目资金全程监督，陆续搬迁安置地质灾害点周边1600多名村民。

兴业致富

搬迁是手段，脱贫致富才是终极目标。朝着这一目标，云霄县始终坚持“挪穷窝”与“换穷业”并举、安居与乐业并重、搬迁与脱贫同步，让贫困户不仅搬得出、稳得住，还能脱贫致富。云霄县引进中草药

◎祥和新村250KW光伏发电项目

种植基地、果园、鞋服加工厂等62个扶贫开发项目，让村民改善居住条件，在家门口就业，逐步实现脱贫。

全县最大的“造福工程”易地扶贫搬迁安置区——火田镇圆峰祥和新村最具代表性。村里成立了金和荣食用菌合作社，推行“公司+合作社+计生户”的模式，投资新建杏鲍菇基地及相关配套设施，由市场主体统一提供菌种、技术指导、回购销售，采取村民分棚种植或者自主种植模式，初步形成了培育、加工、销售等一条龙的产业链，引导带动70户农户发展食用菌栽培，还吸纳了当地上百名搬迁户在家门口稳定就业，搬迁贫困户实现了“打工不离家、还能哄娃娃”的美好愿望。

2019年10月，正值杏鲍菇丰收的季节，天金生物科技有限公司的生产基地一片忙碌，在智能化的立体培架上，一丛丛杏鲍菇长势良好，工人们熟练地将成熟的杏鲍菇采收、挑选、分类、包装。基地上的工人，大多来自圆峰村。村民罗雪华和丈夫搬迁前都在外打工，现在都在天金生物科技有限公司上班，还承包了20亩的杏鲍菇培植大棚，每年采收的杏鲍菇都由合作社统一收购销售，一年可收3000千克的杏鲍菇，年可增收上万元。

金融信贷助脱贫

云霄县造福工程易地扶贫搬迁金融服务示范点提出“金融宣传教育面、金融信贷帮扶面、金融扶贫满意度、金融造福扶贫面、金融产业扶贫面”等5个百分百的创建目标，以火田镇圆峰村两个造福工程百户集中安置区——祥和新村和埔楼自然村为中心，辐射全村铁皮石斛、杏鲍菇等产业，通过推行扶贫乡居贷、扶贫宝、扶贫惠农贷等信贷产品，开展精准帮扶。示范点对建档立卡贫困户、搬迁安置农户进行建档授信，并开展送金融知识下乡宣传等活动，用实际行动推动造福工程易地扶贫

◎在圆峰村支委会的协调下，金融扶贫走进圆峰

搬迁工作进展。其中乡居贷是云霄县结合造福工程，针对贫困户易地搬迁住房消费需求而推出的创新性举措，不仅能延长贫困户的贷款时限，还以比普通利率上浮幅度下降60个百分点的降息额度，让贫困户享受优惠。在2017年云霄县造福工程易地扶贫搬迁金融服务示范点启动仪式上，贫困户们切实享受到了“金融+扶贫”带来的福利，在活动中共发放扶贫乡居贷15户，金额150万元；扶贫宝贷款2户，金额10万元；产业扶贫宝1户，金额95万元。

随着一个个造福工程新村拔地而起，一批批群众搬出“穷窝窝”，奔向新生活，思想观念得以改变，致富路子越走越宽，生活质量逐步提高。“造福工程”切切实实让云霄县火田镇成为环境优美、设施完善、生活便利、安居乐业、文明和谐的美丽乡村。

点评

“人往哪里搬、钱从哪里筹、地在哪里划、房屋如何建、收入如何增、生态如何护、新村如何管”，这是习近平总书记针对易地扶贫搬迁提出的七个关键问题。云霄县在搬迁扶贫过程中，令人印象深刻的是最大限度释放易地搬迁扶贫政策的红利和充分发挥群众主体作用，形成“让群众做群众工作，群众的事情群众办”的工作机制。火田镇是整村搬迁和集中安置阶段按照“六统一”原则打造有规模、有档次的新型农民住宅小区的典型。该镇在搬迁项目建设阶段和搬迁后扶持村民发展多种产业求致富方面，都有许多可圈可点之处。尤其在金融信贷扶持产业发展助力脱贫致富上，采取了乡居贷、扶贫宝、扶贫惠农贷等创新举措，对搬迁户发展新业态有很大的帮助，取得明显的扶贫效果，为脱贫攻坚探索了有益经验。

第九章 /

保就业稳生产促增收的产业扶贫

帮助扶贫对象发展生产，增强贫困主体“造血功能”，是达到稳定脱贫的根本之策。因此可以说，精准扶贫重在产业、成在产业。习近平同志早在主政宁德时就指出，扶贫要有比较明确的脱贫手段，无论是种植、养殖还是加工业，都要推广“一村一品”项目。长期以来，福建省把产业扶贫作为保就业稳生产促增收的重要抓手，突出靶向治疗，注重从贫困地区和困难群体的“痛点”找药方，因地制宜，精准施策，帮助扶贫对象发展特色产业，引导贫困户发展种植养殖、农产品加工、电子商务、“农家乐”、林下经济等项目，支持贫困地区大力培育农业产业化龙头企业和农民合作社，采取“公司＋合作社＋基地＋贫困户”等模式带动地方经济发展和贫困户增收。深化产权制度改革，通过土地、金融、税收等政策手段，盘活各种优势资源，把潜在资源化为特色产业，让产业发展带动增收脱贫，取得突出的经济效益、社会效益和生态效益。

1 从国家级贫困县到全国百强县

——安溪县发展茶产业带动全域稳定脱贫

安溪县曾是福建省最大的国家级贫困县。1985年，贫困人口31.37万人；2016年，建档立卡贫困人口1.58万人、贫困村71个。自开展精准扶贫以来，安溪已实施产业扶贫项目6000多个，7000名建档立卡贫困人口通过产业扶贫直接脱贫。

2019年底，安溪县实现了全面脱贫。

安溪县具有上千年产茶历史，是中国乌龙茶之乡和名茶铁观音的发源地。茶产业是安溪的民生产业、支柱产业，在安溪脱贫奔小康中具有特殊的地位。改革开放以来，尤其是党的十八大以来，安溪持续做大做强茶产业，经济效益、社会效益不断提升，县域经济不断壮大，民生迅

▲在茶叶公园拍摄的城东新区（2012年12月24日）

◀1999年11月的城东片区

◎旧貌换新颜

速改善，80%的安溪人因发展茶产业而脱贫致富，实现了从“全省最大国定贫困县”到“全国百强县”的华丽转身，成为福建省依靠产业发展实现脱贫的典型案例。

“脱贫不是送钱花，勤劳肯干靠自家；学技术、搞产业，自主造血人人夸。”这几句话道出了安溪干部群众脱贫致富的心声。近年来，安溪大力发展茶产业等富民特色产业，同时因地制宜引导产业多元发展，给群众带来了真金白银。

近三年来，累计为1579户贫困户发放贷款9985.79万元，发放贴息资金516.8万元。帮扶2241户贫困户发展种养业、加工业。2019年，安溪共投入各级财政扶贫资金12185.02万元，将809个项目列入2018—2020年项目库，其中2019年对100个项目补助952.9万元，2020年规划入库240个项目，为产业扶贫、巩固脱贫成果筑牢基础。

打造现代茶业

历史上，安溪茶叶生产以一家一户的生产方式为主，规模小、组织化程度低，抵御自然、市场和质量安全风险的能力弱。为提高整体效益，安溪县提出“小农户融入大市场、大合作、大体系、大培训、大金融，促进小农户与现代茶业发展有机衔接”的发展思路，全面推广庄园化、地标化、标准化，持续打好质量管控、链条延伸组合拳，利用国家现代产业园建设及农业农村部安溪农业有机肥代替化肥试点建设契机，建设现代生态茶园，极大地提高了茶叶生产的组织化程度和经济效益。

以庄园新业态为基础，安溪县又下大力气做好延伸产业链文章，积极引导龙头企业开展茶叶全价利用和精深加工，累计开发茶含片、茶粉、茶水饮料、茶辣椒酱、茶菌饮料、茶挂面、茶酒等茶叶深加工产品50多种，显著提升了产业附加值，引领茶业转型升级。

随着旅游业的兴起，安溪县还积极发挥现代化茶庄园的资源优势，大做茶旅融合文章，打响以“海丝茶源·中国茶都”为代表的安溪特色茶文化旅游品牌，让“铁粉”们到安溪体验消费，推动一二三产业融合发展，全面带动茶农脱贫致富。

打造产业扶贫新载体

安溪县努力发挥企业、社会组织、技术能手等优势，帮助贫困户实现由“输血”到“造血”的转变，使贫困家庭、贫困村具备一定的自我生产、自我发展、连续增收能力，让贫困群众找到致富路子、贫困村找到增收致富的产业。安溪铁观音大师、制茶能手与10000户贫困茶农结对帮扶；中化公司与安溪共建10个“造血式”扶贫新载体，营收利润全部反哺扶贫，发展壮大村集体经济；晋江市与安溪县合作，沿海10个发达乡镇与安溪10个扶贫开发重点乡镇结对，提供帮扶资金1500万元。

2016年，安溪县成立国内首支茶业合作基金——华源茶业合作基金，该基金主要用于科技兴茶与精准扶贫，推动安溪县茶产业再发展。华源茶业合作基金由华源茶业全额提供，自2016年起，连续3年提供50万元组成专项基金，用于支持与华源茶业开展产销合作的产茶村、专业合作社、茶农，强化茶园基础管理，实施科技兴茶，构建茶叶质量全程

◎安溪县城全景

保障体系，并参与“百企联百村帮千户”精准扶贫行动，开展技术扶贫、资金扶贫、产销合作扶贫。

◎2019年，八马跟随福建省农业农村厅的“清新福建·多彩闽茶”系列活动到访“一带一路”沿线国家举办八马茶品鉴会

推动“互联网+扶贫开发”跨界融合，让在传统的发展模式基础上，广泛涉足电商，淘宝镇、淘宝村脱颖而出，让藏于深山的农特产品、特色工艺品搭上新媒体营销的网络，让贫困户早日脱贫。

“无安不成店，无铁不成市。”随着福建海丝核心区建设的深入推进，安溪茶叶加大走出去的步伐，“闽茶海丝行”处处闪烁着安溪茶元素的影子。

政府助力，安溪各龙头企业也各自发力。三和公司自2012年开始便开展功夫茶道世界巡礼活动，先后在澳门地区和意大利、西班牙、德国、英国等国家及美国布朗大学、哈佛大学、耶鲁大学等常春藤盟校推介中国茶和中国茶文化。同时还在罗马、米兰、威尼斯、热那亚等地高校设立茶学社，传

播中国优秀茶文化。八马赛珍珠铁观音全球巡回品鉴会、华祥苑东方茶文化全球巡回展以及近年颇受关注的“外交茶礼”让安溪茶叶美誉连连。

2014年成立的安溪县龙涓内灶茶叶专业合作社，是福建省首家茶叶联合社，同时也是福建省首家获得出口资质的茶叶合作社。联合社成立之初便瞄准国际市场。2015年，联合社建立了出口卫生质量管理体系，并申请出口茶叶卫生注册备案，于2016年获批。联合社积极参加香港国际茶展、马来西亚国际茶展等各类展会，赢得大批国际订单。经过5年培育，联合社的合作社成员扩大到10家，共有农户800多户。联合社茶园从刚成立时的1000多亩壮大到3000多亩，其中，出口备案基地2000多亩，每年出口茶叶总额约4000万元。目前，安溪自主茶叶品牌打开了我国香港和东南亚中高端市场，并逐步走进欧美市场，成为新的增长点。

精耕一片茶叶，是安溪全域脱贫致富的强大引擎。

点 评

地方传统优势产业，是地方经济发展的强大引擎，也是千家万户增收致富的财富源泉。习近平总书记强调：“推进扶贫开发、推动经济社会发展，首先要有一个好思路、好路子。要坚持从实际出发，因地制宜，理清思路、完善规划、找准突破口。”（2012年12月29日、30日《在河北省阜平县考察扶贫开发工作时的讲话》）安溪实现从“全省最大国定贫困县”到“全国百强县”的华丽转身，是立足本地传统优势资源，着力发展现代化、规模化产业，带动全域脱贫、稳定脱贫的典型案例。在这个过程中，政府的战略规划、组织引领、平台搭建、政策激励固然重要，但社会公众的积极参与和市场主体的积极作为更为关键。安溪有着深厚的茶产业资源，又有着闽南商业文化传统，其独特的传统优势得以挖掘和发扬光大，是政府、公众、市场主体共同发力的结果。安溪，因茶而变。

2 扶贫“1+N” 加出新活力

——古田县做大做强食用菌产业脱贫攻坚

古田县素有“中国食用菌之都”的美誉，是全国开发品种最全、生产规模最大、菌类产量最高、科技实力最强的食用菌生产基地之一。目前，古田县的食用菌产业，特别是人工栽培银耳，占据了全国95%、全世界90%的市场份额，成为古田县重要的支柱产业。这一切都得益于习近平同志当年对食用菌产业的支持和指导。近年来，古田县加大以食用菌产业发展带动脱贫攻坚的力度，在“精准”上下功夫，找到一条“1+N”的脱贫新路子。在食用菌产业的带动下，农民人均纯收入连续15年保持宁德市第一，2019年6月顺利实现省级扶贫开发重点县脱贫“摘帽”。

围绕产业优势，精准施策，精准扶贫

古田县紧紧围绕发挥食用菌产业优势来做足精准施策的扶贫文章，注重把产业优势化为精准扶贫的有力抓手。古田县食用菌产业管理局在《2016年精准扶贫工作实施方案》中提出：在摸清贫困户家底的基础上，坚持扶贫对象精准、项目安排精准、资金使用精准、措施到户精准、因村派人精准、脱贫成效精准，重点落实好“五个帮”。

帮助制定脱贫计划。统筹考虑贫困户家庭的劳动力、住房、财产、教育、健康等现实状况，量身定制产业增收、教育培训、土地流转、医

疗救助等帮扶计划，力争通过发展生产脱贫。

帮助筹措帮扶资金。在帮助贫困户选准增收项目的基础上，发挥部门优势，通过落实帮扶项目、申请扶贫小额信贷、助推农产品销售等，每年为每户贫困户落实2000元以上扶贫资金。仅2018年就投入产业扶贫专项资金1544万元，发放小额信贷扶持资金8087万元，帮助贫困户实施产业增收项目467个。

帮助参与技能培训。通过争取“阳光工程”、“雨露计划”、新型职业农民培训或联系农业龙头企业、劳动密集型企业定点委培，引导和帮助贫困家庭青壮年劳动力学习科技文化，掌握实用技术，增强脱贫致富能力。

帮助推销农产品。通过牵线搭桥，帮助对接在本地建立农产基地的龙头企业、农民专业合作社与贫困群众结对共建，签订合格农产品订购合同；帮助对接超市、农贸市场、果蔬专营店等实体店面，代销贫困户优质农产品；帮助对接电商平台，通过“互联网+农产品”渠道，出售

◎城东街道建档立卡贫困户农业技术培训会（桃溪会场）

◎食用菌生产

贫困户特色农产品。

帮助发展脱贫致富项目。依照乡村特色资源、产业基地及市场需求状况，想出路、出实招，帮助贫困户发展种植业、养殖业、农产品加工业、农家乐等脱贫增收项目，增加贫困家庭经济收入，实现贫困户脱贫致富目标。

上述政策在扶贫攻坚阶段帮助贫困户脱贫致富中发挥了重要作用。

为做到产业扶贫与搬迁造福双管齐下，古田县将食用菌产业发达的大桥镇列为试点，探索出“统建精补”新模式，即由政府投资，统一规划、统一建设、统一销售新型农村住宅，贫困户入住后，既可以到小区边上的天天源食用菌企业就业，还可以到镇里的62家食用菌企业打工，或者自己发展食用菌生产，真正实现搬得起、稳得住、能致富。

创新合作模式，带动农户脱贫

福泉鑫生物科技有限公司位于古田县凤埔乡福全村，是当地食用菌龙头企业，公司日产海鲜菇4.8万袋，日产海鲜菇鲜品30吨，产品主要销往国内外各大城市。其探索的“农民专业合作社+公司+农户”的扶贫模式，帮助了许多当地农民脱贫致富。公司建立的“菌业研究院+福泉鑫+农户”技术服务推广模式，对周边从事食用菌生产的农户进行技术指导，同时通过与农户签订采购订单的模式，解决农户销售难的问题，现已初步形成企业与农户共赢的局面。

古田县桃溪村依托合作社，推行“合作社+贫困户”模式，以“租金+股金+薪金”的方式，帮助贫困户脱贫致富。这种“合作社+农户”的方式，变单打独斗为抱团发展，让传统农民变身为产业股东、职业工人。2017年，桃溪村有17户建档立卡贫困户与中信合作社形成结对帮扶，其中土地流转3户，签订用工协议12户，扶贫小额信贷资金入股7户。林勇是古田县城东街道桃溪村的建档立卡贫困户，因为老母卧病在床，又遇妻子体弱，一家人生活陷入困苦之中。2016年，他把自家的3亩地流转给中信食用菌合作社，成为一名社员，每年在合作社里打工三四个月，收入1万多元没问题，其他时间种几亩橙，再加上年底的股金分红，收入比原先增加了一倍多。

2016年，古田县还专门成立扶贫小额信贷促进会，设立扶贫小额信贷风险资金池，对建档立卡贫困户5万元以内的小额贷款予以担保并贴息，有效地解决了贫困户创业的资金难题。因增收脱贫效应显著，各种形式的合作社在古田得到较快发展，2017年，古田县已发展农民专业合作社30多个，带动244个贫困户实现增收致富。

扶持集体经济，带动村民增收

近年来，古田县从村级集体经济这一基础环节入手，相继出台《古田县进一步发展壮大村级集体经济意见》等政策文件，统筹组织、资金、政策、金融、项目五个方面，积极引进扶贫好项目，扶持村级集体经济发展，带动村民增收致富，对带动古田食用菌产业迅速发展和菇农脱贫致富起到了积极作用。

光伏食用菌项目，是根据光伏发电要阳光，食用菌生长要遮光的原理，将光伏电站和食用菌种植大棚组合，在不改变和破坏土质的情况下，提高土地的利用率，实现发电和收菇的综合叠加效益。古田县卓洋

◎光伏+食用菌

乡树兜村的一处林地，几座“光伏+食用菌”专用菇棚引人注目。每年依靠食用菌与光伏发电一体化项目，就可为村里带来发电收益12万元、菇棚租金2.7万元。

除了树兜村，大桥镇大桥村也通过引进好项目，进一步壮大了村集体经济。2015年以来，该村两委积极招商引资，先后有13家食用菌产业链相关企业落地，同时通过引进食用菌种植能人、建设大桥食用菌基地，带动了食用菌产业的升级。大桥村2017年村集体经济收入达到103万元，村民人均纯收入也提高到13866元。

点评

食用菌产业是古田县的重要支柱产业，是农民增收致富、实现脱贫的重要途径。习近平同志在宁德工作期间对古田发展食用菌产业予以了大力肯定和悉心指导，指出：古田县坚持一县一品，以食用菌特色产业带动县域经济发展路子对，效果好。近年来，古田在技术改进破解可持续难题之后，又做足精准施策的扶贫文章，注重把食用菌产业优势化为脱贫攻坚的有力抓手，通过培育龙头企业、专业合作社平台和延伸产业链等方式，从土地流转、创业就业、教育培训、技术支持、资金扶持、多样化经营、农产品销售等方面，聚焦扶贫对象，加大帮扶力度，做到扶贫对象精准、项目安排精准、资金使用精准、措施到户精准、因村派人精准、脱贫成效精准，在做大做强优势产业的同时，取得了扶贫攻坚的突出成效。在这个过程中，政策引导起了很大的作用，合作社模式和集体经济发展是突出亮点。

3 走产业化路子　创致富新格局

——南靖县特色产业打造脱贫样板村

南靖是农业经济发达的县份，农产品资源丰富多样。在扶贫攻坚中，南靖立足传统优势，大力发展特色农业、设施农业、规模农业，引导贫困户走产业化路子，让贫困户融入产业经营主体，或为他们提供就业。2017年以来，县财政累计投入7000多万元，财政专项扶贫资金70%以上用于产业发展，培育大棚蔬菜、花卉苗木、中药材、茶叶、兰花及养殖鸡鸭、黑豚鼠等特色产业。截至2019年，全县发展大棚蔬菜种植面积1360亩，带动180户540个贫困人口脱贫；发展茶叶扶贫项目1820亩，实现产值360万元，带动56户174个贫困人口脱贫；发展花卉苗木扶贫项目590亩，中药材基地1400亩。特色产业的发展，有力地带动了农民脱贫致富，并涌现出许多独具魅力的脱贫样板村，靖城镇沥阳村与和溪镇坂场村就是典型例子。

产业致富路

靖城镇沥阳村是革命老区村，也是县级贫困村，位于靖城镇和山城镇交界处。20世纪30年代，以余天助为首的革命前辈在这个村庄开展革命活动。目前，全村共14个村民小组，565户2241人。曾经的沥阳村，基础设施差，村民观念落后，生产发展缓慢。随着县镇扶贫挂钩人员和帮扶部门的到来，依托各种扶贫政策，沥阳村发生了前所未有的变化。

如今的沥阳村，田间道路四通八达，水利设施建设稳步推进，设施农业发展迅猛，产业特色优势明显，村民种植热情高涨，还建起了产业扶贫项目设施大棚基地，村集体经济也得到发展，建档立卡贫困户18户70人全部脱贫，整村实现脱贫摘帽。

沥阳村在这么短时间内就取得如此大的成效，是怎么做到的呢?

发展特色产业，着力破解产销难题。发展产业脱贫致富，沥阳村也曾面临着缺资金、缺技术、销售渠道单一等几大难题。对此，帮扶人员花大力气，着力解决贫困户思想上“不愿种”、技术上“不会种”、销售上“怎么卖”的问题，依托特色产业设施农业，采取“党支部+合作社+扶贫产业园+贫困户”模式，把设施农业与脱贫攻坚紧密结合，走上专业化、标准化的产销道路。2016年以来，帮扶工作组成员、镇村干部走村入户，不断做村民思想工作，鼓励他们发展设施农业，并承诺提供统一搭建标准化蔬菜大棚、统一申请上级补助等服务，村民们的思想观念慢慢发生了转变，农户“不愿种”的难题迎刃而解了。

与此同时，镇村经常开展设施农业技术咨询、技术推广、技术跟踪等服务，县、镇农技人员每月定期或不定期上门，“一对一”到地里指导贫困户如何剪枝、施肥、保果等，破解了农户“不会种”的难题。截至2018年，全村大棚蔬菜种植面积已达1000余亩，村民种植热情高涨，产业发展后劲十足。村里为村民购置了三轮车、水泵、喷雾器等农机用具，还免费发放有机肥料，帮忙联系企业上门收购，解决了产品的“怎么卖”问题。

壮大集体经济，助力村民增收致富。农村不少人外出务工，房子无人看护，有些成了杂草丛生的荒芜老屋，既影响村容村貌，又浪费土地资源。为变废为宝，2017年以来，靖城镇把旧村复垦作为实施乡村振兴战略、推动农村农业发展、助力脱贫攻坚的重要举措，在摸查旧村复垦潜力的基础上，进一步结合村民意愿和地块连片程度，选定沥阳村作为优先开展旧村复垦试点项目村。截至2018年，沥阳村利用旧村复垦新增耕地15.6亩，同步实施旱改水15亩，可增加村集体收入超过280万元。接着，沥阳村利用结余资金，同时积极争取上级帮扶项目，完善了水、电、路等基础设施，先后在产业扶贫项目设施大棚基地新建并硬化一条长900米、宽3.5米的田间道路，新增农业灌溉用变压器1台，新建公厕1座，更新农民公园健身设备，同时聘请10名贫困户作为保洁员，完善乡村卫生保洁体系，为村民生产生活营造了良好的环境。

基础设施的完善，环境的改良，便利了生产，带来集体经济壮大和村民增收的双效益，村民的精神面貌也发生了极大改变。现在，村里正筹备乡村文艺队，以满足群众的业余文化生活，同时积极筹集资金，建设革命烈士余天助纪念馆，修缮余氏宗祠，利用村级文化教育基地，提高广大村民的自身修养，弘扬乡村文明之风。沥阳村正朝着升级打造全县“精准脱贫、同步小康、美丽乡村”示范样板村阔步前进。

产业扶贫样板村

和溪镇坂场村地处偏远山区，全村共400多户1500多人，其中建档立卡贫困户6户22人。从20世纪70年代开始，坂场村以发展农业产业为支柱，种植水稻、甘蔗、柑橘、七叶胆等作物，是典型的纯农业村。但由于产业基础差，加上农产品市场价格持续走低，村民增收乏力。脱贫攻坚战打响后，在村党支部的有力领导和创新带动下，坂场村走出了一条脱贫之路、发展之路、致富之路。如今的坂场村，田间道路四通八达，水利设施建设稳步推进，花卉苗木产业发展迅猛，村民种植热情高涨，人均年收入增加1.5万元，带动本村及周边5个村的40多户建档立卡贫困户通过发展花卉苗木脱贫致富，更带动和溪镇花卉苗木销售额超10亿元。

创新机制，突破技术资金难题。坂场村的产业扶贫路，同样是从

◎坂场万亩花卉长廊

◎花卉田间养护

◎与闽南师范大学签约成立“博士工作站”

破解资金、技术、销路难题开始的。村两委开阔视野，瞄准花卉苗木产业，在建立有效机制，寻求技术支持，重点扶持贫困户资金困难上下功夫。首先，坂场村联合花农组建了漳和花卉苗木专业合作社，实施“支部+农户”生产管理模式，并建设起漳和花卉苗木淘宝店、漳和花卉苗木网、便民服务中心，方便花农扩大销路及办理花卉苗木检疫、运输许可证。其次，合作社与闽南师范大学陆銮眉教授团队签署合作协议，通过建立科研基地、培育推广新品种、开展技术培训和指导等方式，提高该村花卉苗木种植技术，促进产业技术升级和结构调整，造福广大花农。再次，村党支部积极实行建档立卡贫困户“育种优先、指导优先、销售优先”的“三个优先”政策，在种苗提供、技术指导和销售等环节，对建档立卡贫困户予以扶持。同时，与农行、农信社等金融部门联系，通过联保、信用担保等方式帮助花农贷款，有效地解决了花农特别是建档立卡贫困户资金困难问题，推动花卉苗木产业快速发展。在镇党委统筹协调下，村党支部还通过向上级争取资金，不断加快小型农田水

◎闽南师范大学博士专家到村开展技术培训

利、中低产田改造、农村环境连片整治、美丽乡村等项目建设，促进农业增效、农民增收。

做大规模，延伸效应扩大增收。坂场村党支部多次组织花农赴外地参观学习，并积极引进台湾种植新技术，与六福农业、荣兴农业、台正通农畜园艺、漳州铭优农业有限公司等4家台商企业开展合作，改良花卉品种、创新种植模式，将坂场村打造成集休闲、观光、旅游为一体的闽南花卉苗木生产基地。

依托镇党委扶持培育花卉苗木产业“闽台万亩花卉长廊项目”发展战略，坂场村把发展花卉苗木产业与特色农业相结合，大力实施建立“闽台万亩花卉长廊”网、技术服务等10项具体措施。2018年，以坂场、林坂村的县道及漳和线交通干道为主线辐射和溪镇的闽台万亩花卉长廊已成规模，集花卉苗木培育种植、物流、批发等功能，有效推动坂场村乃至和溪镇花卉苗木产业的发展。

村党支部还主动与周边地方联系，帮助解决土地租赁流转事项，鼓励引导种植户在相邻城市甚至外省租地扩大花卉种植规模，解决花农土地制约困难。截至2018年，坂场村种植面积达2.1万亩，不少种植户到广东、海南等地发展，种植面积超过5000亩。茶花、桂花、竹柏、含笑、红豆杉、罗汉松等20多个品种远销北上广、浙、赣等全国大中型城市，并成立专业销售队伍，在全国各地开设销售网点。

通过上述举措，坂场村走上了依托花卉苗木产业脱贫致富之路，一个新的产业扶贫样板村应运而生。

点评

习近平总书记强调，扶贫、脱贫的措施和工作一定要精准，要因户施策、因人施策，扶到点上、扶到根上，不能大而化之。南靖是个美丽富饶的农业县，气候、水土条件很好，农业发展潜力极大，过去多因个体生产和农产品价格、品种、品质局限而影响农民收入。扶贫攻坚战打响后，南靖县立足自身优势，大力发展特色农业、设施农业、规模农业，引导贫困户走产业化路子。这既须要财力支持，又须要具有市场远见的项目策划和引导。从沥阳村和坂场村两个案例可以看出，南靖县在组织农民走产业化种植、养殖方面投入力度很大，在扶贫干部和村两委带领下，从转变农民观念、整合土地资源、改善基础设施到选定发展项目、寻求技术支持、用好扶贫资金、开拓产品市场，走过了很不平凡的历程，兴业增收迅速见效。为了壮大产业，沥阳村还从旧村复垦整出大片土地，不但美化了乡村环境，还扩大了种植规模，这是向内深挖土地资源；坂场村引导种植户到相邻城市甚至外省租地种植花卉苗木，这是向外扩大利用土地资源。这都是很不简单的创新。这些创新，不但对脱贫致富有现实意义，而且对于把乡村振兴建立在产业兴旺的基础上，从而从更高层面上巩固全面小康成果，具有长远意义。

4 立足独特资源 谱写致富华章

——诏安县从富硒土壤中创出产业扶贫良策

诏安县土壤硒元素含量最大值1.71mg，平均值0.42mg，已调查富硒土地面积76.2万亩，占县域面积的39.27%，富硒土地面积和土壤含硒量为福建省之首，且优质、安全、环保，具有极高的开发利用价值。诏安县充分发挥这一天然资源优势，发展特色产业，打造“中国青梅之乡”“中国海峡硒都”“中国书画艺术之乡”“中国长寿之乡”等国字号名片，按照“一乡一业、一村一品”的思路，开发出富硒八仙茶、水果、蔬菜、蛋鸡、中药材等八大类120多种富硒产品，有效地带动了县域经济发展，增强了贫困村、薄弱村“造血功能”和内生动力，走出一条生态环境“高颜值”与经济发展“高素质”融合的绿色崛起之路。2016—2018年，诏安县连续三年入选福建省县域经济发展十佳县，2018年荣获年度“中国十佳脱贫攻坚与精准扶贫示范县市”称号。

◎中国青梅之乡

青梅产业，创造“梅”好生活

作为“中国青梅之乡”，诏安全县青梅种植面积12万亩，总产量

10万吨，青梅产业已成为当地支柱产业之一。这几年，诏安在青梅精深加工上发力，当地企业逐步与知名品牌合作，进行终端产品代加工，青梅精深加工快速发展。青梅产业转型升级成为诏安县脱贫攻坚的主要手段。

诏安县通过龙头企业带动、青梅文化拉动、品牌营销推动，解决了青梅产品种植、加工、销售和农户就业问题。同时，骨干企业与高等院校、科研机构联合，建立产、学、研相结合的技术创新和产品研发体系，加快产品多元化开发，提高青梅产品附加值。在一批领军企业的带动下，诏安青梅产业活力迸发。2017年，诏安全县百余家加工企业年加工量达到15万吨，加工量超过产量，诏安青梅从此不再是原材料提供者，产品全部深加工出售。其中，21家规模以上加工企业实现产值53.96亿元，已开发青梅蜜饯、月饼、青梅酒、饮料等四大系列100多种产品。连续举办多年的青梅产业推介会更使诏安青梅的知名度明显提高，

◎青梅产业推介会

◎青梅精深加工

青梅销售从出口为主，转为国内销售为主，县域电商发展迅速，青梅制品线上销售风生水起。

青梅作为诏安富硒产业的“当家花旦”，成为当地脱贫致富的首要法宝。以“梅满天下”为代表的青梅加工龙头企业，通过基地示范带动农户发展生产，以订单形式和农户结成利益共同体，共同发展。他们聘请技术顾问，为贫困户提供一对一的种植技术指导，引导贫困户种植优质高产品种。据统计，青梅企业带动青梅种植1万多亩，带动农户300多户，农户增收600多万元，近100户贫困户通过青梅种植成功脱贫。

韵味八仙茶拓宽脱贫路

茶业是诏安县极具优势的农业特色产业，也是山区农民脱贫致富的重要出路之一。诏安县17个乡镇中，有16个种植茶叶，茶农超过3万户，茶叶种植面积5.2万亩，年产量近1.1万吨，年产值超10亿元。

在诏安县委县政府的大力支持下，福建硒来乐生态农业有限公司在扶贫路上进行了有益探索，发展步伐加快。2016年3月，由硒来乐公司出资，漳州富硒产业研究院在诏安成立，致力于研发富硒产品，提供富硒技术开发、转让、咨询、检验检测、产品研发、产业推广等服务。研究院邀请农业科技专家和技术人员深入田间地头，进行富硒农作物种植技术指导，农户在富硒种植技术、科学管理等方面能力增强。几年来，福建硒来乐生态农业有限公司和漳州富硒产业研究院为充分发挥富硒八仙茶种植骨干的示范带动作用，通过统一供应品种、统一栽培模式、统一操作规程和统一收购销售的服务方式，逐步提升富硒八仙茶种植户的组织化和规模化程度，并在传统工艺的基础上自主创新，研发独具特色的富硒红茶和茶食品，延伸产业链条，增加产品附加值。

在以福建硒来乐公司为代表的一批富硒茶企的努力下，诏安八仙茶

◎茶农采摘八仙茶

产业发展迅速。截至2017年，在省市县注册商标品牌30个，茶叶初制厂200多家，茶叶营销店100多家，产品主要销往广东，并逐渐进入北京、上海地区和东南亚市场，市场影响力日益提升。八仙茶的价格逐年上涨，由原来的8毛钱，到2017年的16元，每亩增收3000元，收入增长了20倍。硒来乐公司在司下村拥有1200亩生产基地，吸纳了当地近200个农村富余劳动力。

磷岭村是秀篆镇最南端的偏远山村，曾是漳州市扶贫重点村、革命老区村。这几年，依靠八仙茶，磷岭村实现了美丽蝶变——拥有茶园6120亩，约占全镇的50%，成为全镇乃至全县最大的茶叶产业村，磷岭村已成为远近闻名的富裕村和旅游地。

网红鸡蛋孕育新生活

把富硒优势转变成产业优势，大力发展富硒鸡蛋特色产业，成为诏安县雄鸡村精准扶贫的突破口。雄鸡村成立景安雄鸡生态养殖专业合作社，注册“景坑雄鸡”商标，采用“村集体+合作社+贫困户”模式，引导贫困户养鸡。2017年诏安县出台的“十三五”扶贫开发专项规划提出：至2020年，每年将为富硒蛋鸡产业注入1000万元专项资金，从基础设施建设、科技创新、品牌打造、营销体系建设等方面加以扶持。村集体率先投入40多万元，投建100亩富硒蛋鸡生态养殖示范基地，带动贫困户加入合作社。加入合作社的贫困户通过资金、土地入股参与分红，或通过参与劳动得到报酬。

合作社采取统一提供鸡苗、统一饲养标准、统一防疫程序、统一收购、统一品牌、统一质量控制体系的运作模式，走出产供销一体化的路子，解决了技术、资金、品牌、市场等方面瓶颈。技术方面，由中国农业大学常年提供技术指导和培训；品牌方面，统一以“景坑雄鸡”包

◎富硒蛋鸡生态养殖示范基地

装，建立“产地准出、市场准入、标志溯源、实时监控”的产品质量安全监管体系、产品溯源体系，建立鸡蛋身份证，保护和塑造“富硒蛋”品牌；市场开发方面，以“互联网+”模式，通过电商等现代营销，开拓大市场，与京东商城、永辉超市合作，线上线下结合，拓宽销售渠道，产品远销浙江、广东、上海等地。

每户贫困户以200羽入股，所产富硒鸡蛋由合作社以1.6元/枚的保护价统一收购，确保贫困户至少从每枚鸡蛋中收益0.5元，每户年可收益9000元。合作社销售赢利与村集体五五分成。通过这个方式，雄鸡村实现了合作社、村集体与贫困户“三赢共富”。

在政策支持和雄鸡村的辐射带动下，太平镇8个村相继成立养鸡专业合作社，带动225户贫困户。仅2017年，太平镇贫困户收入便近200万元，有6个村脱掉“空壳村”的帽子。

缤纷果蔬铺出富裕之路

得益于优良的区域气候，大棚果蔬成为诏安农业的主力军之一，也成为诏安现代农业的新亮点和精准扶贫的主要推手之一。诏安县主要采取建立专业合作社联合社、引进先进技术、引进新品种、做好服务保障等方式发展果蔬产业。

2018年9月，在县里扶持下，林华强成立华强果蔬种植专业合作社联合社，以华强果蔬专业合作社为龙头，吸纳华金青梅专业合作社、海月白淡水养殖合作社等7个成员社，惠及果农382人，主要生产青椒、花茄子、彩椒、扁豆、芭乐、青梅、灰鹅、淡水产品等，以“基地+农户+合作社”的模式辐射带动种养殖户，年销售额可达720万元。

西潭镇是当地大棚蔬菜主产区之一。该镇引进优新良种，成立市场调研与决策预测小组，为社员提供全方位技术培训，完善基础设施，整合涉农项目资金，重点建设道路、排灌设施等，提升基础设施水平，集中力量打造千亩设施蔬菜核心示范园区，示范带动全县设施蔬菜产业发展。在这个过程中，诏安县和西潭镇都不遗余力做好服务保障。

为提升当地蔬菜的市场竞争力，诏安县2015年引进嘉禾百利种苗有限公司。嘉禾百利种苗有限公司是漳州市农业产业化龙头企业，是全县首家现代集约化、智能化的蔬菜育苗中心，主要从事高端蔬菜新品种引进与推广、蔬菜工厂化育苗生产与销售、蔬菜栽培与病虫害防治技术培训服务等，业务辐射福建、广东、浙江、江西等地。嘉禾百利通过高端蔬菜新品种引进与推广，筛选出适合本地的更高产、更优质、更稳定的品种，运用先进技术推动农业产业优化升级。同时，还与贫困农户建立利益联结机制，提高农民在产业开发中的参与度和受益度，带动他们脱贫致富。

点评

“一方水土养一方人”，诏安县富含硒元素的土壤，是当地得天独厚的优越条件，诏安县牢牢抓住这一天然优势，做大做强农业特色产业，这是因地制宜、顺势而为的又一成功范例。习近平同志早在主政宁德时期，就大力提倡脱贫手段无论是种植、养殖还是加工业，都要推广“一村一品”，这一方法具有普遍的指导意义。富硒土壤可以产出各种特优农产品，如果抓不住重点，胡子眉毛一把抓，照样难以把产品做大做强。如何选定特定的“品”持续做下去，需要智慧和韧性。诏安基于市场预判，从一粒青梅、一片茶、一枚鸡蛋做起，按照“一乡一业、一村一品”的思路，逐步开发出富硒水果、八仙茶、蛋鸡、蔬菜、中药材等八大类120多种富硒产品，相继做大富硒青梅产业、八仙茶产业、富硒鸡蛋产业、千亩设施蔬菜产业等项目，有效带动了县域经济发展，并通过“村集体+合作社+贫困户”“基地+农户+合作社”等模式，把扶贫对象融合进来、把分散生产整合起来，统一标准、统一收购、统一质量控制，产供销一体化打造品牌，增强了贫困村、薄弱村“造血功能”和内生动力，走出一条生态环境“高颜值”与经济发展“高素质”融合的绿色崛起之路。这对于具有独特资源的地方脱贫致富，具有重要的示范意义。

5 打造产业扶贫新“引擎”

——周宁县大力发展林下经济促脱贫

周宁县地处福建省东北部，全县土地面积1046平方千米，林地面积126.6万亩，林地面积占土地总面积的81.3%，森林覆盖率达72%。蓊郁的森林，是周宁最大的财富。森林这一绿色宝库，为发展林下经济提供了得天独厚的条件。

近年来，周宁县党委政府按照国务院《关于加快林下经济发展的意见》，合理开发林下资源，把发展林下经济与农业开发、结构调整、扶贫开发、科技推广、新农村建设等相结合，按照“以销定产、因地制宜、种养结合、突出特色、以质取胜”的原则，坚持以产业化经营为手段，以龙头企业为依托，以“专业合作社+基地+农户”的发展模式，大力培育一批林下经济企业和大户，努力打造农民收入新的增长点。

周宁县还积极做好政策扶持、金融支持、科技服务，催生扶强一批专业化林下经济发展龙头，带动更多的群众投身林下经济发展，并通过政府引导、企业牵头，加快建设各种林下经济专业合作社。同时，实施农业农村“311”发展计划和“113”产业扶贫开发计划，即在3年内着力扶持11个农业示范基地、11家农业加工企业、11个自驾旅游点和在9个省级扶贫开发重点村分别连片种植100亩马铃薯、100亩金银花以及300亩的林下经济示范片。

培育合作社，推动林下经济产业化发展

周宁县怡然生态农业专业合作社成立于2012年，占林地面积约2000

亩，引进前期资金600万元，利用林下空闲地，实施“生态土鸡养殖工程”，实验性养殖土鸡10万只。2015年扩产土鸡400万只，形成了具有一定规模的集孵化、育雏、养殖、饲料仓储及禽蛋产品深加工等功能于一身的大型专业合作社。2015年达产后，实现年产值6亿多元，创造2000多个就业岗位。在周宁县浦源镇东升村怡然生态农场可以看到，散养的土鸡悠闲自得，或觅食或嬉戏，土鸡在森林中自由觅食，鸡粪滋养着树木快速生长。发展林下经济，在短时间内可以获得经济效益，还解决了林下大面积土地闲置造成的资源浪费，带动农户得实惠，帮助贫困户脱贫致富。

怡然生态农场的成功提供了一个可复制的样本。周宁县把怡然生态养殖办法推广到全县，在每个乡镇抓好发展1个林下经济先进养殖基地。基地实行统一品牌营销、统一鸡舍标准建设、统一种苗供应、统一饲料配送、统一技术指导、统一回收、统一扶持政策和每个基地独立核算、自负盈亏的“七个统一、一个独立”的经营模式。同时，成立专业技术服务队，深入实地开展技术服务，加强技术培训，解决群众发展林下经济的技术难题。县财政每年单列专项资金，重点扶持基地建设及种养大户，100亩标准基地补助2万元，1000亩补助20万元，1万亩补助200万元，有效推动林下经济快速发展。

因地制宜，发展多样化林下经济

林下空间可以多样化利用，关键在于找到适合当地气候、土壤、海拔和其他条件的种植、养殖项目。周宁县鼓励各地因地制宜积极探索，从政策和服务上均予以积极扶持，一些村在两委带动下，林下产业悄然兴起，并带动许多贫困户成功脱贫。

紫竹村位于周宁县玛坑乡，该村依托自然资源优势，扶持当地农民大力发展林下经济。通过采取“企业投资、村委出地、群众入股”的方式，吸纳全村贫困户入股种植草珊瑚、黄精、铁皮石斛等中药材，规模越做越大，经济效益稳步提高。

后洋村是老区基点村，早期群众生活困难，村民黄振芳一家七口人常常连肚子都吃不饱。适逢政府全面推行家庭联产承包责任制，号召农民勤劳致富，年逾半百的黄振芳积极响应政策，承包山地、开荒种树。1983年，黄振芳带领全家上山开垦荒山、贷款造林，短短几年内造林1207亩，成为当时宁德唯一的福建省造林大户。在他的带领下，后洋村掀起了造林热，林地面积很快扩增到7307亩，并在林下套种生姜、马铃薯、魔芋等经济作物，实行“以短养长”，实现全村群众脱贫增收。

经过30多年养护，当初种下的千千万万棵小树苗，如今长成了成片的参天大树林，后洋村也因为生态资源丰富，发展起蜜蜂养殖、铁皮石斛、花卉种植等林下经济；还铺设观光旅游步行道，新建展示厅、休憩亭等。现在该村已是小有名气的明星村，村里群众纷纷办起农家乐和民宿，成立合作社，近三年来先后共接待游客3万余人。下一步，该村计划建设草莓、葡萄采摘基地，通过农业和旅游相结合，走出一条绿水青山带来金山银山的致富路。

点评

习近平总书记指出：“发展是甩掉贫困帽子的总办法，贫困地区要从实际出发，因地制宜，把种什么、养什么、从哪里增收想明白，帮助乡亲们寻找脱贫致富的好路子。”（2013年11月3—5日，在湖南考察时的讲话）周宁是福建省平均海拔最高的县，千米山峰遍及全境，在高海拔的山地间又出现了许多平展的盆谷地，平均气温全省最低。这种独特的天然条件，极其有利于发展林业和林下经济。周宁县紧紧抓住这一特点，扬长补短，较早就在林业上下功夫。虽由于区位的原因，工商业竞争力有限，总体经济实力不强，但保有青山绿水，注定不会长久落后。近年来，随着基础设施的完善和经济转型升级，各地潜在的优势和沉睡的资源纷纷被激活，政府顺势而为，通过实施农业规模化产业计划和产业扶贫开发计划，培育合作社振兴乡村经济，迅速收到区域经济发展和脱贫攻坚的显著效果。而且，这种发展与国家实施乡村振兴战略高度契合，脱贫致富奔小康的稳定性更强。

6 网络直播　“云端”助农

——抗疫消费扶贫新模式

受新冠肺炎疫情影响，曾经供不应求的优质农产品，如今线下销售艰难，特别是对一些刚摘去贫困帽的种植户，农产品滞销可能影响更大。为全面统筹疫情防控和推动经济发展，尤其是打通产品销路，越来越多地方官员、基层干部借助网络直播，当起“网红”，为产品带货。政府通过线上推广的模式强化帮扶措施，引导乡村改变传统销售模式，打开国内消费市场，切实帮助贫困户拓展销路、渡过难关，为推动脱贫

◎县长带你买好货，顺昌县县长余向红

攻坚和乡村振兴提供了新思路。

“县长带你买好货”

2020年5月，由福建省农业农村厅主办、福建广播影视集团承办的“县长带你买好货”系列网络直播节目走进漳州市长泰县，长泰县县长蔡绿璇化身“主播”，向广大网友推介长泰农特产品，助力扶贫产业发展。直播现场，蔡绿璇从长泰坂里乡的时令水果芙蓉李入手，推介了芙蓉李的各种吃法以及功效，而这些芙蓉李是坂里乡贫困户种植的，也是长泰产业扶贫项目之一。

2020年，坂里乡33户贫困户的芙蓉李产量可达25万多千克，蔡绿璇化身“主播”带货不仅给贫困户农产品销售找到了新出路，更给乡村振兴、脱贫攻坚添了一把“旺火”。直播中，蔡绿璇形象地用芙蓉李比喻脱贫攻坚，从小到大、从青到红、从酸涩苦到清香甜，记录了以全国“十大暖心人物”徐妈为代表的扶贫工作者的艰辛和付出，也记录了一个个像“酿酒师傅驼背汤”等贫困户的收获和幸福，长泰县以实际行动践行扶贫这条艰辛之路、奋斗之路、幸福之路。

坂里乡党委书记黄丽坤、乡长陈小琴也化身“主播”，“带货”坂里红曲酒、长泰砂仁、韭菜等特色产品，这些产品也都是产业扶贫项目。近年来，坂里乡实施精准扶贫战略，坚持“输血”与“造血”并重，谋划发展蛋鸡、芙蓉李、龙柚、红酒等扶贫产业项目。经过4年多的努力，全县贫困户家庭年人均纯收入达到15459元，远远高于国定4000元的贫困线标准，实现了如期脱贫、稳定脱贫。在“主播”们的倾力推介下，网友们纷纷下单订购。数据统计，两个小时的现场直播，在海博TV、直播福建、海峡导报等平台的累计观看量达到200多万人次，成交量近4万单，总销售额70多万元。

“第一书记带好货”

2020年6月，由中共福建省委组织部指导、福建省农业农村厅与福建广电网络集团联合主办的“第一书记带好货”活动正式启动。在脱贫攻坚工作中，福建全省近3000名省市县下派驻村第一书记发挥了重要作用。这次，驻村第一书记成为名副其实的“带货主播”，带着大家走进大山、走进乡村、走进扶贫一线，不仅给观众们甄选、推介高性价比的地道好物产，也讲述了驻村扶贫、美丽乡村的动人故事。

6月14日下午，第一场“第一书记带好货”助推脱贫攻坚公益直播活动在泉州安溪芦田镇福岭村正式开启。首场直播活动覆盖电视大屏端、手机移动端等渠道，全媒体覆盖人次突破1000万，首场3个村在线各渠道累计成交近百万元，笋干、香菇、蜂蜜等多款山货被“秒空”。

“石盘村的稻米采用传统的农耕模式种植，除草除虫严把绿色无污染关。我们的红米生长在火山口下肥沃的土壤中，山泉灌溉，一年只种一季，营养丰富，尤其铁元素含量高……”安溪县石盘村驻村第一书记叶鹏飞向观众们边介绍边用当地的鲜甜米饭做起了“书记蛋炒饭”，“加班回到村宿舍后，简单炒碗饭或煮锅粥，满屋清香四溢，就会有一种自豪感，作为历史悠久、得天独厚的‘稻谷村’，我们种出来的稻米就是好！”

云溪村驻村第一书记李文灿则展示了安溪铁观音、香菇干和天然笋干。为了让远在茶山外的观众能更形象地了解农产品特性，李文灿还带来了当地的采茶歌、茶艺展示，制作起茶餐“茶叶焖鸡”，烹饪了家常菜香菇笋干炒肉片。来自锦龙村的驻村第一书记李锐，带来了土蜂蜜，并邀请当地蜂农介绍采蜜制蜜过程。直播结束后，李锐感慨：“贫困村要想脱贫致富，农业产业化、规范化是必由之路，可是之前蜂农信心不足，反觉得发展电商手续烦琐。今天网友们这么热情，一场直播改变了蜂农的心态。”

“线上花果山”

2020年，漳州市依托网络媒体矩阵，在各县市陆续举办了“线上花果山·抗疫助农”等多场线上活动，结合“电商+直播”“新闻+销售”等形式，多次开展枇杷、杨梅等地标农产品“网上行”促销活动，并对建档立卡贫困户鼓励以“一户一店一码”的形式进行推广促销，借助电商促进消费扶贫，助力产区农户增收。

3月6日，漳州“线上花果山”首场活动“云霄枇杷网上行”启动，云霄县委书记王金狮、副县长李娟亲自上阵当起了主播，为农户代言推广农副产品。此次线上枇杷节通过“网上下单”“无接触配送”“县长

◎在云霄陈岱镇大山顶村枇杷果园，陈文君通过手机直播平台线上卖货

◎云霄下河乡农户正在打包网销杨桃

直播”等多种形式带动云霄枇杷全面销售。云霄枇杷果农说：“受疫情影响，传统收购商减少了很多，价格也一压再压，零售商吃不下那么多的货量。卖不出去，果子结得越多越头疼。”云霄当地最大的供应商福建汇鲜锋供应链有限公司负责人许进勇认为，漳州“线上花果山”首场活动对他的帮助特别大，与往年相比，疫情期间该公司收货量明显翻了一番，从每天2500斤增加到了5000斤。

通过开展“一户一店一码”模式，云霄县的贫困户罗穆荃今年销售枇杷2500千克约2.75万元，吴慧婷销售枇杷1400千克约1.54万元……一个月内，云霄县农户和企业通过网络平台销售枇杷近150万千克，与去年同期相比，发货数量和网销金额增长近一倍，真正实现“战疫”和“助农”双胜利。

此外，漳州市云霄县率先建设“田野直播间”，让网红、县长、农民、店主都成为直播“剧中人”，不仅展示“田间地头”的新鲜场景，还增强“农事农活”的互动体验。首播当天，在5家电商企业、16位平台主播示范下，累计引流约7万人次，助销杨桃近0.9万千克。

新冠肺炎疫情发生以来，漳州市积极打造农村电商升级版，依托农产品生产基地，开展线上品牌促销活动，带动枇杷、青梅、杨梅等线上线下直播对接，观看人数达上亿人次。通过工业化、产业化思维发展现代农业，全市培育出多个农产品网销品牌，手机变成了农民的“新农具”，流量变成了致富的“新通道”。

点评

习近平总书记指出，可以发挥互联网在助推脱贫攻坚中的作用，推进精准扶贫、精准脱贫，让更多困难群众用上互联网，让农产品通过互联网走出乡村。受疫情影响，农产品传统线下销售渠道不畅，贫困户很可能因疫返贫。直播带货不仅能够促进消费与生产，为经济增长提供新动能，更是为助农扶贫开创了新方式。网络直播的信息传播优势打破了城市与乡村的交流屏障，弥合了城乡差距，社交电商则利用大社交平台，实现去中心化裂变传播，触达更多用户。地方政府官员和驻村第一书记作为乡村党员群众的“带头人”“引路人”“代言人”，越来越能够熟练运用短视频宣传、直播带货等方式助推农产品销售，让大山深处的特色农产品有市场、卖得出、卖得远、卖得好，让网络直播带货等新模式、新业态成为带动贫困群众增收致富的重要途径。在网络时代，合理利用直播平台和社交电商平台的资源和优势，为乡村赋予新的动能，挖掘乡村用户的数字生产力和创造力，展示更多的乡村价值，对于福建的脱贫攻坚战来说，是一项非常有意义的举措。

第十章 /

社会动员协同发力的扶贫格局

习近平总书记指出："扶贫开发是全党全社会的共同责任，要动员和凝聚全社会力量广泛参与。"的确，面对脱贫攻坚中最难啃的"硬骨头"，社会动员是关键，因为社会力量在发展生产、提质教育、社会服务、公益扶助等方面有很大优势，尤其是在帮助贫困地区根植发展基因、构筑产业支撑、激活前进动力、阻断贫困发生动因等方面更能够发挥巨大作用，这是对政府扶贫职能的巨大补充，也是我国政治优势和制度优势的重要体现。因此，必须凝聚起强大的扶贫工作合力，推动形成政府、市场和社会协同推进的大扶贫格局。

从政府的角度看，政府以其强大的政治动员能力和资源整合能力在扶贫开发工作中处于主导地位，在资源、政策及扶贫动员宣传方面投入了巨大的人力物力财力，包括把扶贫开发纳入国家总体发展战略，积极发挥好政府的社会保护职能，优化脱贫攻坚政策的顶层设计，加强各类法律法规及社会保障制度建设，为市场机制在扶贫资源配置中发挥作用保驾护航，等等。但是，打赢脱贫攻坚战，仅靠政府的力量是不够的，必须高度重视社会扶贫在大扶贫格局中的重要作用，创建人人皆愿为、人人皆可为、人人皆能为的社会扶贫参与机制，不断动员社会各方面力量参与扶贫开发，充分释放社会扶贫潜力。积极引导社会公益组织和非政府部门以扶贫项目为依托，助推精准扶贫、精准脱贫，有条件的地方还通过引导海外华侨华人以及港澳台同胞回乡投资，结对帮扶，爱心捐赠，回馈桑梓。

动员社会力量参与扶贫，主要是通过市场这只“看不见的手”进行宏观调控和指挥，引导贫困地区经济发展，通过经济增长惠及贫困人口脱贫受益。比如，在可以通过市场配置资源使扶贫开发更有效的领域，支持社会力量在遵循市场经济规律、义利兼顾的基础上，通过投资兴业、培训技能、吸纳就业、捐资助贫等多种方式，吸引各种资源要素向贫困地区转移，不断释放市场配置扶贫资源的活力，拓宽扶贫开发的资源渠道，发挥好市场在资源配置中的决定性作用。包括培育多元社会扶贫主体、搭建各类社会扶贫平台、完善社会扶贫激励体系、营造社会扶贫浓厚氛围。

1 “千企帮千村”行动

——民营企业助力脱贫攻坚的创新实践

2015年11月，《中共中央国务院关于打赢脱贫攻坚战的决定》颁布后，全国工商联、国务院扶贫办和中国光彩会及时启动“万企帮万村”精准扶贫行动，提出要用3~5年时间，动员全国1万家以上民营企业参与，帮助1万个以上贫困村加快脱贫进程。

2016年，福建省从“百企帮百村”起步，在各级工商联、商会组织的共同组织推动下，与各级统战部、扶贫办及省光彩会、省农发行等合作，助力民营企业与发展需求迫切的群体进行有效对接。2018年，“百企帮百村”上升为“千企帮千村”。全省广大民营企业家通过产业扶贫、就业扶贫、公益捐赠等形式，巩固拓展脱贫攻坚成果。

这种以民营企业和商会为帮扶方，以各地建档立卡贫困村为帮扶对象，以“村企签约共建”为主要形式的扶贫行动，通过精准对接，精准施策，大力开展产业扶贫，有力地助推着福建打赢脱贫攻坚战。

捐赠帮扶助力脱贫攻坚

“在乡扶贫协会的帮助下，我扩种十多亩黄金百香果，预计年可增收6万元。”站在自家果园里，安溪县福田乡丰都村贫困户陈天山介绍说。2016年，在乡党委政府的帮扶下，他通过种植特色水果成功脱贫。2017年，为巩固脱贫成果，乡扶贫协会又送上一笔资金，帮助扩大种植规模。乡扶贫协会的基本资金来自各类企业的捐助。

作为曾经全省最大的国定贫困县，2015年底，安溪仍有3.09万贫困人口，占泉州市的1/3，扶贫攻坚任务较为艰巨。同时，安溪县又是铁观音的原产地，中小民营企业林立。2016年4月，安溪在泉州市率先启动“百企联百村帮千户”精准扶贫、扶贫小额信贷、易地搬迁工程等六项扶贫行动，企业扶贫行动在这过程中发挥了积极作用。2017年6月起，全县24个乡镇陆续成立扶贫开发协会，首期募集扶贫资金1.23亿元，构建了“政府、行业、社会”三位一体的大扶贫格局。

“消除贫困，我们勠力同心！”在安溪虎邱镇，众企业家“组团”前来捐款。新当选的镇扶贫开发协会会长、深圳市鸿都百货有限公司董事长林火辉当场捐资150万元，当天从深圳、上海组团前来捐款的企业家纷纷慷慨解囊，助力家乡扶贫。

安溪另一个贫困人口比较集中的乡镇——西坪镇，有留山村、平原村、宝潭村、龙地村、珠洋村等5个建档立卡贫困村，共有建档立卡贫困户422户1569人。在“百企联百村帮千户”行动中，截至2016年底，留山村和平原村退出建档立卡贫困村，全镇281户1061人实现脱贫，脱贫率67.4%。在这过程中先后有14家企业、商会结对帮扶西坪镇贫困村157户贫困户581人，帮扶资金合计132.1万元，企业扶贫仅在开头几年就体现出了良好的效果。

自2016年2月福建省“百企帮百村”精准扶贫行动开展以来，企业扶贫已经成为全省扶贫工作的一项重要内容，仅近三年来，全省便有1282家民营企业和商会组织结对帮扶1326个贫困村，占全省建档立卡贫困村的58%，实施各类扶贫项目2764项，投入资金6.47亿元，受帮扶贫困群众近4万人。

从“授人以鱼”到“授人以渔”

企业扶贫并不完全是简单的资金输入，如何通过企业发展优势帮助贫困人口增强内生动力，进而形成自身的脱贫能力，是许多企业家一直思考的问题。

“通过几年的实践，我深切地体会到，精准扶贫不是简单的捐钱捐物，一定要因地制宜、实事求是，树立‘授人予鱼，更要授人予渔’的帮扶意识。”鸿星尔克实业有限公司董事长吴荣照表示，近年来，鸿星尔克帮扶泉州横口乡、宁德崇儒村等贫困村，结合自身产业背景，形成了以慈善帮扶、产业带动、促进就业等为主的精准扶贫模式，越来越多地致力于探索用产业和市场实现内生式脱贫的方式，使企业扶贫从单纯的弱化了市场特性的捐赠帮扶，逐渐演化为可以调动双方积极性的“授人以渔”。此外，还采用“一企（会）帮一村”“一企（会）帮多村”“多企（会）帮一村”等方式，采取就业帮扶、困难帮扶、项目帮扶等多种形式进行深入对接，共同确定帮扶重点和方式，确保“千企帮千村”计划有效实施，助力受助村由脱贫攻坚向乡村振兴跨越与提升。

永泰县梧桐镇春光村曾经是一个典型的贫困村，青壮年劳动力流失严重，全村人口900多人，常年留守村子的仅有老弱妇幼200余人。2013年，通过“千企帮千村”行动，省级农业龙头企业春伦集团流转了村里的180多亩土地，建成茉莉花种植基地。基地建成后，村民们除了种植瓜果蔬菜之外，还可以通过采摘茉莉花获得另外一份稳定的收入。基地每年可为春光村增加总收入100多万元。除了产业扶贫外，参与帮扶的企业还各显神通，通过完善基础设施建设、培训青年创业人才、开启电商运营模式、设置帮扶基金会等行之有效的手段进行帮扶行动。通过“千企帮千村”，春光村2017年底便实现整村脱贫。

春伦集团不但在春光村，同时还与罗源县叠石村、中房村及永泰县坂埕村采用“公司+农户”和“公司+合作社”模式，建立茉莉花、茶叶种植基地，直接带动这些贫困村2000多户农户增收脱贫。

为了更好地引导民营企业参与扶贫攻坚，全省在以往工作经验的基础上，进一步构建政府、社会组织机构和民营企业有机结合的新机制，加强指导性、规划性和远程帮扶。福州市闽侯县在“千企帮千村”行动中，根据县域经济发展的特点，由县工商联、县扶贫办对接的15个村的村两委代表分别与结对的北京、上海、广东、西安、广西、山东、海南等7家异地商会和福州弘博工艺品有限公司等8家企业代表进行签约，从一般的帮助贫困人口摆脱贫困，逐步着眼于民营企业参与乡村振兴战略的长期发展规划。

点评

2018年11月1日，习近平同志在民营企业座谈会上明确指出：“民营经济是社会主义市场经济发展的重要成果”，“是我们党长期执政、团结带领全国人民实现‘两个一百年’奋斗目标和中华民族伟大复兴中国梦的重要力量。”在脱贫攻坚战中，福建民营企业毫无疑问承担着重要的社会责任，成为精准扶贫的重要实践者和社会风尚潮流的引领者。通过推动“百企联百村帮千户”“千企帮千村”行动，民营企业自觉参与扶贫开发进入常态化，扶贫开发成为民营企业履行社会责任的重要内容，在为贫困地区群众带来福音的同时，也将之纳入到企业发展战略和文化建设之中，为企业自身健康发展带来了机遇，从而将贫困人口的发展需求和企业的发展能力有效结合起来。这种民营企业参与扶贫开发的新模式，既规避了政府扶贫的弱点，又能体现出市场元素的积极作用。民营企业参与市场扶贫，不仅仅是开展公益的慈善事业，同时也能通过在贫困地区建立开发扶贫项目，开发资源、培育产业。通过规模化生产、现代化管理、精细化分工、产业化经营，建立产业集群，催生贫困地区发育新经济组织，既吸纳贫困人口就业，提高自我发展的能力，也有利于形成企业互利共赢、多元平衡、高效运作的开放型经济体系，创造企业自身社会价值和经济效益的新的实现模式。

2 引入金融“活水”

——福建省农信社普惠金融助力精准脱贫

所谓普惠金融，就是以可负担的成本为有金融服务需求的社会各阶层和群体提供适当、有效的金融服务，小微企业、农民、城镇低收入人群等弱势群体是其重点服务对象。无论在中国还是在全球各地，上述人群想要从银行获得贷款都是不容易的。近年来，福建积极建设宁德、龙岩普惠金融试验区，探索“民富中心+”模式，推进“插花式”金融精准扶贫等。目前已经形成多层次、广覆盖的普惠金融机构和普惠金融产

◎福鼎流动银行进村服务

◎寿宁“背包银行”垄上行，金融扶贫到农家

品体系，贫困人口的金融服务可获得性持续提升，“普惠之花”逐渐开遍了八闽大地。

宁德市寿宁县下党乡的脱贫工作，吸引了社会各界的关注，福建省农信社作为金融扶贫的一线力量，责无旁贷，他们深入下党乡，解决贫困户金融需求和供给之间的结构性障碍，建立起一个低成本、广覆盖、商业运营的农村金融扶贫体系。

2017年3月30日清晨，由省农信系统组织的普惠金融“垄上行”金融服务队走进下党乡。1000名队员背着背包，开始走村串户，上门为农民提供扶贫小额信贷、办理精准扶贫卡和普惠金融“畲族卡”、贫困户授信、贫困户贷款等金融支农服务。所谓“垄上行”金融服务，就是由福建省农信社系统与宁德各地政府围绕农民增收、农业增长、农村稳定，在团省委、人民银行等部门协同努力下，形成的给贷款、教技术、助增收、保还款的扶贫新思路，也称“垄上行”背包银行服务。

作为福建省唯一的金融扶贫开发示范区，宁德市当地信用社通过合作社带动、电商拉动、结对帮扶、捐助帮扶等模式，推出许许多多具有当地特色的金融扶贫措施，实现贫困户授信满足率100%、贫困户贷款增速高于农户贷款增速，最高授信额度达20万元，全市6个贫困县贷款增速高于全省平均水平。据寿宁县农信社2017年2月的一项统计，“垄上行”金融服务队累计下乡112个工作日，服务足迹遍布全县所有社区和乡村，共整村推进13个行政村，精准建档评级授信2710户，举行村级民富卡推介会23场，现场办理民富卡657张，受理贷款725户，存折换卡3314户，社保卡激活2377户，办理手机银行1301户，短信银行1543户，电费代扣代缴690户，借记卡开卡264张。

福安市下白石镇下岐村是闽东连家渔民上岸第一村。20世纪80年代，许多渔民生计都在船上，以船为家、终日漂泊在水面上。“不敢回想20多年前的日子，我们家6口人都生活在一条渔船上。”下岐村村民江成财每每回忆过往都不胜唏嘘。

1998年和2000年，人民银行宁德市中心支行紧紧围绕普惠金融发展

◎宁德市建立三都澳海上信用渔区

战略，将“船民安居工程”列入金融支持重点民生工程，以政府向渔民免费提供土地建造房屋为契机，引导辖区内银行推出渔民住房建造装修贷款项目，解决了渔民上岸建房资金难问题，推动该村全部渔民3571人上岸定居。

如今，江成财不仅上岸定居，还做起了建筑工程的生意，一年有几十万元的收入，他感慨地说，这一切都得益于“插花式”金融精准扶贫的稳步推进。“有了政策上的支持，上岸后我开始组织一批渔民承包建筑工程。”江成财说，创业并没有想象中那么容易，首先我们就被几十万元的启动资金难住了。于是，他带着七八户渔民去农信社贷款，那种对创业的渴望和对实现富裕生活的信心，感动了信贷部的工作人员。“我们捕鱼的没有文化，手都是硬邦邦的，连自己的名字都写得有点困难，是农信社的领导一笔一画地教我们签名，一步一步帮助我们取得了几十万元的贷款。”他激动地说。

不仅在沿海地区，普惠金融的“活水”还浇灌到龙岩市武平县的广阔山林。作为全国林改第一县的武平县，在全省率先成立林权服务中心，通过引入普惠金融扶贫的方法，有效地解决了林权抵押贷款“五难”，即评估难、担保难、收储难、流转难和贷款难问题。

武平县捷文村灵芝林农李广军就是林权金融服务的受益者。“以前种植资金跟不上，可把我愁坏了，甚至还要公务员做担保才能在银行贷到款。现在我用林权证抵押贷款，算一算月息还不到4厘。前年我有100亩地种植灵芝，贷款10万元，今年种植规模扩大许多，全年贷款40万元，可以随借随还。”李广军说，一亩灵芝产量为30千克，1千克售价400~500元，现在一年销售额达到几百万元不成问题。正是武平县首推的林权“直接抵押+收储担保”贷款模式，破解了抵押林权处置难题，1500万元的收储担保基金也同时成立。

林农融资难题破解的背后，是武平县林改金融服务的大步迈进，是农信社普惠金融助力精准扶贫的又一个例证。林农在林权服务中心申请贷款，一站式办理手续仅需1小时，林权评估费用全免，信贷风险由银行和政府共担。

宁德市古田县，被称为“中国食用菌之都”，其中银耳的产量占全国的90%，大部分是以“专业分工+种植户”的模式生产的。

48岁的渭洋村村民陈炳登是众多种植户菌农中的一员，已经种了20多年银耳，以前搭几个茅草棚种植银耳，收成好的话一年能挣7万块钱。2014年，陈炳登加入农丰食用菌专业合作社，不仅能从合作社买到所有种植需要的辅料，还能通过合作社为银耳销售搭建的桥梁销售银耳，感觉做什么事情都方便了很多。

2018年，陈炳登从银行获得了20万元贷款用于扩大生产。“月息7厘，已经算低的了，如果从民间融资要1分2至1分5。现在每年能做20多万袋，每年能挣20万至30万元。”陈炳登能获得贷款得益于古田县的一项普惠金融模式创新。

◎古田“两权”抵押贷款现场发放仪式

古田县是全国农村“两权”抵押贷款双试点县，以此为契机，古田县农信社与农丰合作社一起创新了“合作社担保+农户资产反担保”的模式，有效解决了农户贷款无抵押、担保难的问题，有效盘活了农民手头沉睡的资产。即农户以自己的农村宅基地、标准房、果林地、厂房、加工设备等资产，以民间契约的形式抵押给合作社作为反担保，合作社再为社员在银行的贷款提供担保。截至2019年5月末，该合作社已通过该模式发放“两权”抵押贷款497笔，余额8032万元。

合作社与农信社的对接是通过2015年设立的民富农村可持续发展中心（以下简称“民富中心”）实现的。

民富中心是联合国开发计划署（UNDP）、商务部和人民银行“在中国构建普惠金融体系”项下的实践研究项目。民富中心成立以来，帮助孵化、规范农民专业合作社，引导金融机构面向农民专业合作社社员提供批发性贷款及配套金融服务，实现农户生产资金的可获得性和低成本性，从根本上突破农村金融发展的瓶颈。

截至2019年5月末，金融机构通过民富中心累计为合作社社员提供信贷资金2663笔，金额7.28亿元，发放农信社“民富卡”1.9万张，授信8.42亿元，用信3.41亿元。

近三年来，民富中心网络已经在古田县、乡、村实现三级贯通，沟通政府、银行、合作社、农户，并形成了集便民服务、产业发展、金融服务、精准扶贫为一体的综合服务平台。

民富中心着力对合作社进行引导和规范，其中8家已对接农信社等金融机构开展信贷业务合作，有效助推农民专业合作社发展壮大，助力农业产业化发展。通过与民富中心合作，这8家合作社生产、加工、贩运农产品年产值达52780万元，比加入民富中心前增加22780万元。合作社社员总数达1289人，比加入民富中心前增加 557人，有效带动128户贫困户脱贫致富。

点 评

习近平总书记指出，要加快农村金融改革创新步伐，提高贫困地区和贫困人口金融服务水平。普惠金融是一种较为特殊的专为贫困人群设计的金融扶贫方式，最初在福建的落地体现为人民银行推动设立的助农取款点，目的是解决农村地区取现难的问题。近年来，助农取款点优化升级为普惠金融服务点，以原有的小额取现、转账、缴费、农村社保金缴纳、社保卡激活等业务为基础，拓展了贷款需求预约登记等业务，使农民“不出村”就可办理支付、信贷、保险等金融业务。而且普惠金融并不是千篇一律的，具有多样性、针对性和可持续性。福建各个县、乡甚至村都有各自的支撑产业，同时伴生着中小微金融机构。这些中小微金融机构发育得好，与产业配套也好；他们创新了很多金融产品，都特别适合在小范围、针对特定产业做配套。乡村振兴是普惠金融的重要着力点，两者是共荣共生的关系。福建农村经济的发展得益于普惠金融的支持，反过来也给金融机构的生存发展提供了很好的土壤。因此，普惠金融对于这些地区的经济发展和乡村振兴有着重要的意义。

3 破解贫困地区水利发展瓶颈

——福建省扎实推进水利扶贫行动

近年来，福建省水利部门按照水利扶贫的要求，大力实施农村饮水安全巩固提升工程、小型农田水利重点县建设、中小河流综合治理、水土流失综合治理等项目，为全力破解贫困地区水利发展瓶颈、补齐贫困地区水利基础薄弱短板提供了坚实的水利支撑和保障。

实施农村安全饮水工程，让贫困群众喝上放心水

长期以来，福清东壁岛山利村与厝场村因地势较高，自来水压力不足，岛民生产生活都是靠挖井取水。76岁的余林是东壁岛厝场村村民。和岛上其他人一样，往常，余林一家人用水靠的都是井水。一遇干旱季节，井里没水可取，就得走上几里的山路去挑山泉水。没有自来水的生活在余林的老伴心中留下了难忘的印记：每天要到井里打水，做饭前还要将水沉淀、过滤。而且，东壁岛四面临海，地下水的盐度较高，特别是近年来，随着井水严重海水化，水质越来越咸，东壁岛村民的生活生产用水受到严重影响，他们期盼能喝上安全放心的自来水。

2019年，东壁岛安全饮水工程被列入了福清市为民办实事项目，随着东壁岛二次供水加压泵房的建成，1000多户岛民期盼已久的梦想终于成真，用上了放心的自来水。当余林拧开自家的水龙头，看到清澈的自来水哗哗地流出，他满怀喜悦地说："喝了几十年又苦又咸的井水，终

于能喝上干净卫生的自来水了。”

有了充足安全的饮用水，群众的日常用水得到保证，同时东壁岛未来的旅游开发也具备了更充足的条件。目前，福清市正在东壁岛倾力打造渔乐文旅特色小镇，每年都有大量游客上岛游玩，带动了当地居民实现脱贫。

加大中小河流综合治理，提高农村防洪减灾能力

阮思宏是周宁县泗桥乡洋尾村的农民，十多年前，他投入毕生积蓄承包耕地种植玉米，不料一场洪水冲毁了玉米和棚舍，40亩玉米颗粒无收，连生活用品都被冲走了，这成了阮思宏心中难以抹去的黑色记忆。

2013年9月，洋尾村中小河流综合治理项目竣工，建成防洪堤800多米，新修3500米的水渠7条，有效地保护了大片良田。还修筑了一条1500多米的机耕路直达山脚农田，农具、茶叶、稻谷等物资都可以用车运送，再也不用肩挑背扛了。良好的农田基础设施建设，有效地促进了该村农业朝着机械化、立体化、规模化方向发展，目前该村的烟草和花菜种植已初具规模。阮思宏再也不用担心自家的玉米地遭遇洪水了。

洋尾村只是宁德市开展中小河流综合治理的一个缩影。作为水利扶贫开发的重要内容，从2011年至2015年，宁德市水利部门先后实施了39条中小河流治理项目，总投资74435万元，综合治理河长139千米，对全市200多座水利水库进行除险加固，对66条海堤进行强化加固，还实施了一批重大水利项目。在加强硬件保障的同时，水利部门还从防灾机制着手，制定了一系列防灾减灾专项规划，强化了应急响应、水资源监管平台、山洪灾害防治等预警监测措施，全面提高农村防洪减灾能力，保障防洪安全。

发展节水灌溉，促进农业增效

传统农业灌溉模式基本上是引水漫灌，这不仅大量浪费水资源，还费时费力，而且如果引水不及时还容易造成粮食大量减产。特别是丘陵、山地地带，本来就缺水，大水漫灌更加造成水资源的紧张。柘荣县楮坪乡坑头村村民林福生以前总为他们家连片的几块地浇水而犯愁。

为解决农业生产“最后一公里”问题，自2013年开始，柘荣县小型农田水利重点县项目便被列入重点建设计划，并分3年度实施，每年实施3个乡镇，共涉及9个乡镇116个行政村。2016年，该县“小农水”各年度项目已基本完工，相继进入验收阶段，全县116个行政村的7.4万亩农田有效实现节水、降本、增效，农业综合生产能力和抗御自然灾害能力显著提高。有了“小农水”，林福生再也不用为浇地而犯愁了。

同样，在宁德市蕉城区赤溪镇留洋村，高效节水喷灌所覆盖的农田面积已达600亩。而且，根据该村土地属于丘陵坡地地形，地势由西向东缓坡，为典型的丘陵梯田种植区这一特性，水利部门从周边山涧处新建拦河坝，引水经蓄水池至项目区。田间管道采用“丰”字形布置，并可进行全圆喷洒，使遍布田畴沃野的“小农水”发挥出了“大效益”。

点 评

习近平总书记强调，脱贫攻坚工作要实打实干，一切工作都要落实到为贫困群众解决实际问题上，切实防止形式主义，不能搞花拳绣腿，不能搞繁文缛节，不能做表面文章。在贫困地区脱贫攻坚战进程中，水利基础设施薄弱一度成为脱贫攻坚的短板，严重影响当地人民群众生产生活和脱贫致富。作为脱贫攻坚十大行动之一，福建省水利扶贫紧跟整体脱贫攻坚行动的步伐，聚焦深度贫困地区脱贫攻坚，以对口支援、定点扶贫等方式有序展开工作。全省通过农村安全饮水工程，动态跟踪建档立卡贫困人口饮水安全状况，存在一户，解决一户，确保不漏一人。同时强化扶贫开发重点县农村饮水安全巩固提升和建后管护，确保集中供水率超过85%，进一步提升农村饮水安全保障，全面解决贫困人口饮水安全问题。充分发挥福建省贫困地区小水电独特资源优势，统筹省级以上财政补助资金，扶持浦城、顺昌、建宁等扶贫开发工作重点县和贫困村的31座农村水电站增效扩容改造，通过折股量化等方式，从发电收益中拿出一定比例，支持贫困村的基础设施建设和贫困户扶贫扶智工作。开展水库移民解困帮扶，努力让移民搬得出、稳得住、能致富。通过中小河流综合治理，促进了现代化农业的发展。通过发展节水灌溉，促进农业增效、农民增收，给老百姓带来实惠。实施水土流失综合治理，有效地改善了当地的生态环境，提高了农业抗风险能力，实现生态效益和经济效益双丰收。

4 为脱贫攻坚提供坚强电力保障

——福建电力多措并举助脱贫

近年来，国网福建省电力有限公司通过挂钩帮扶、电网线路升级改造工程、光伏扶贫项目等全面助推脱贫攻坚。

挂钩帮扶，电力先行，让贫困村走上致富路

徐剑是2017年12月由福建省电力有限公司推荐到三明市明溪县瀚仙镇瀚溪村的驻村扶贫第一书记。当时这个村有308户1176人，其中建档立卡贫困户29户85人。入村第一件事就是走访，徐剑每月走村入户的时间超过25天，走遍了瀚溪村9个村民小组和附近4个自然村，他说："脚下有泥，心里才有底。"

在走访中，徐剑了解到村民范根轩一家原本已经摘掉了贫困的帽子，但是2017年的一场车祸又将他家的生活拖入贫困的境地。在这场车祸中，老人唯一的儿子不幸去世。家里顶梁柱倒下了，老人和患病的儿媳抚养着两个孙儿，生活十分困难。徐剑第一时间就到老人家了解情况，安抚他们。他还调取了车祸现场视频，反复查看车祸发生过程，找到有力证据，帮助老人协商事故赔偿事宜，并为老人申请了低保补助资金，以保证他以后的生活来源。这是徐剑到村里后解决的第一个问题，也让他迅速与村民们打成一片。

乡村建设，电力先行。徐剑将农配网改造升级工程纳入瀚溪村"美

丽乡村”规划与建设的基础设施提升配套子项目，同步计划、同步实施，进一步提高村庄供用电可靠性，推进民生工程建设，增强村民幸福感。徐剑还与项目施工方谈妥，将优先吸纳村里的劳动力，提供相应的劳务报酬，增加村民们的收入。在了解到瀚溪村村民以种植业为主的实际情况后，徐剑积极帮助贫困户发展庭院经济产业，精准对接明溪县农业局、林业局及国土局等单位，拓宽贫困户增收渠道，创办了贫困村“脱贫产业开发室”，还提出创建“绿色智慧云平台”，通过打造乡村商务平台，推动经济发展，并探索建立了“属地龙头产业+专业技术合作社+新型职业农民”的经济发展新模式，实现村财政、村民增收多元化。

由于就业或居住地变化等原因，瀚溪村14名党员中有12名流动党员较长时间内无法正常参加组织关系所在党组织的活动，徐剑想到用微信搭建党建平台，建立瀚溪村党建微信群，建强战斗堡垒，让党员有归属感。对于外出人员包括流动党员的留守家属，特别是孤寡老人和儿童，瀚溪村村委逐一登记造册，“一对一”“一对多”建立帮扶关系，及时通过电话、短信、微信等方式，定期将“后方”情况向“前方”通报，并了解外出人员子女就学、老人赡养、户口签转等方面的需求与困难，广泛开展“送温暖、解难题、办实事”活动，让“前方放心”“后方安心”。

在徐剑的带动下，瀚溪村村民展现出新的精神面貌，焕发出乡村经济新气象。像徐剑这样的驻村第一书记，在福建电力系统还有很多。自2004年开始，国网福建电力公司连续5轮参加福建省扶贫开发，累计挂钩帮扶213个省级、市级、县级扶贫开发重点村，先后选派53个优秀干部任驻村干部或第一书记，累计投入资金4000万元，帮助贫困村、贫困户脱贫致富。

光伏扶贫，让贫困户有了“阳光收益”

大田县地处福建省中部山区，曾经共有建档立卡的贫困村34个、空

◎仙峰光伏长廊

壳村38个，贫困户2967户8808人，是福建省23个扶贫开发工作重点县之一。2016年，大田县积极探索光伏产业扶贫机制，大力实施和推进光伏扶贫工程，成为福建省率先实施光伏产业扶贫项目的扶贫开发县。

55岁的林纯听，是大田县吴山镇梓溪村人，夫妻俩都失去了劳动能力，欠下十多万元的债务。2016年，他贷款5万元在自家闲置的空地上申请安装了光伏板，以每千瓦时0.98元的价格将电出售给国家电网公司，一年下来收入达7480元，光伏扶贫让林纯听有了“阳光收益”。加上低保等政策补助，2017年他实现了脱贫，2018年重新修缮了自己的2层平房。与林纯听一样，梓溪村14户村民领到了自家屋顶光伏电站的首笔“阳光收益”，再加上其他收入，2017年，梓溪村建档立卡贫困户人均年收入由过去的2245元提高到了1.19万元，全部脱贫摘帽。梓溪村成为大田县首个光伏扶贫示范点。

为进一步扩大光伏扶贫效应，大田县探索推出“房光互补”“农光互补”“地光互补”等多种建设模式。对于不适合安装分布式光伏设备的贫困户，县里选择在日照时间长的村部、学校屋顶，种植养殖基地的大棚，荒草地、废弃矿山等集中建设光伏板，实现光伏用地节约化、集约化。

此外，大田县还将光伏产业与美丽乡村建设、休闲旅游、水源保护相结合，形成经济、社会和生态效益的共赢局面。大田县武陵乡大石村有一条利用防洪堤建成的2.6千米光伏长廊。这条三明最长的光伏长廊，现已成为融入乡村旅游项目的绿色休闲长廊，不但成为贫困乡的聚宝盆，还将沿线的农场、景点串成线，带动了美丽乡村游。该光伏扶贫项目装机容量1500千瓦，每年可产生效益约191.7万元，每年可为全乡133户贫困户每户增收约7500元，乡财政每年也可增收约37.4万元。

◎大石光伏长廊

截至2018年8月，大田县已有62个贫困村引入光伏扶贫项目，覆盖全县91.1%的贫困（空壳）村和73%的贫困户。光伏扶贫项目年发电量达180.88万千瓦时，年发电收益达到1772万元，有2084户贫困户从中受益，光伏精准扶贫变“输血”为“造血”。

点评

习近平总书记强调，扶贫开发成败系于精准，要找准“穷根”、明确靶向，量身定做、对症下药，真正扶到点上、扶到根上。福建部分山区自然条件恶劣，尤其是多高山峡谷，供电半径大、负荷密度低，导致电网建设单位投入远高于沿海地区，同时电网投资刚性与投资回报低之间存在较大矛盾。近年来，各级政府持续加大对山区农村电网建设支持力度，加大资金投入，深化电改工作，明确服务标准、资金来源和成本补偿机制，为电力扶贫提供必要的法律政策和资金政策扶持。与此同时，国网福建电力公司作为电力扶贫的主要实施主体，主动践行社会责任，积极参与具体的脱贫攻坚行动。通过开展挂钩帮扶，选派驻村干部和第一书记，帮助制定帮扶规划，因地制宜，立足当地资源优势，选准、选好发展路子，并积极给予资金和业务上的扶持，推动了挂钩帮扶工作的深入开展。通过实施电网线路升级改造工程，提升了扶贫地区配电网供电能力和供电质量，为发展脱贫产业提供了强劲的电能动力，有力地巩固了贫困地区的脱贫成果，为彻底打赢脱贫攻坚战提供了坚强的电力保障。

5 推动社会帮扶全覆盖

——南安市百会万贤助力脱贫攻坚

南安是福建人口第一大县，2016年初摸底的贫困人口有8106户19163人。同时南安又是商会大县，目前拥有100多个商会、行业协会，会员近5万人，从业人员超过50万人，是全国首个实现各省区市异地南安商会全覆盖的县级市，异地商会数量居全国县级市首位。

2016年4月，南安市委市政府发出百家商（协）会精准扶贫行动的倡议。南安商企积极响应，101家商（协）会与103个村结对，创新开展“百会帮百村”行动，凝聚起共同扶贫的合力。在“百会帮百村”活动中，南安探索出产业扶贫、消费扶贫、就业扶贫、商贸扶贫、智力扶贫、慈善扶贫和公益帮扶等7种方式，力求做到精准帮扶。

绿茶合作社让马迹村24户贫困家庭拿到了分红

2017年6月的一天，南安市向阳乡马迹村的24户贫困家庭拿到了绿茶合作社的分红。深圳市南安企业家协会会长张呈毓当天特地从深圳赶回来，把全会1000多家企业会员的爱心带到马迹村，把分红款分到贫困户手中。

马迹村是个高山村，距离县城70千米。2012年以前，村集体收入主要靠上级转移支付和补贴勉强维持，因缺乏产业支撑，全村农民人均年收入不到5000元。2016年5月，深圳市南安企业家协会响应“百会帮百村”结对帮扶活动，张呈毓带队进行实地考察后，发现马迹村山高雾多，适合种植绿茶，当即决定捐资10.5万元支持马迹村种植原生态绿茶，成品茶作为协会的工作用茶。

马迹村村委会决定推行“专业合作社+基地+贫困户”模式，随后，向阳乡萌芽生态绿茶合作社应运而生。2016年8月，40亩的流转土地开始整理，2017年3月种下茶树苗，目前长势良好。深圳市南安企业家协会的10.5万元扶持款则作为24户贫困户每户3000元的股金入股合作社，以后按股金分红，有劳动力的贫困户还可以在合作社务工。

虽然第一年每户分红只有300元，但这意味着这些贫困户每年有了固定的收入，而且随着茶树的生长与产量增加，贫困户的分红收入将逐年增加，企业家也看到了自己投入扶贫的各种努力产生了积极的效果。马迹村绿茶合作社扶贫之路有了越来越光明的前景。

由百会万贤助力到构建大扶贫格局

南安市是著名侨乡，除了100多个商业协会助力扶贫之外，当地还有海外侨胞350多万人、海外同乡社团150多个。如此众多的海外商业资源，再加上遍布全国的企业家协会组织和市乡村三级党员干部投身扶贫攻坚，形成了南安市极具特色的大扶贫格局。作为大扶贫格局中的重要力量，众多商会发挥了难以替代的作用。上海南安商会通过产业扶贫，出资10万元用于眉山乡三凌村、外寨村光伏发电项目建设，投资产生的利润用于帮助两村贫困户发展生产；澳门南安商会和广东南安商会分别投入15万元和10万元帮助挂钩帮扶贫困户入股金菓头养殖合作社……各商会资助贫困户因地制宜发展种养业、手工业、农产品加工业、服务业和电子商务等项目，支持贫困户成立或加入家庭农场、专业大户、农民合作社等农业产业化经营组织，力争做到每个有劳动能力的贫困户都有

1个以上增收脱贫项目。南宁南安商会和康美商会投入13万元支持贫困户发展养殖业，发动商会会员进行消费，促进贫困户增收。美林商会积极帮助美林街道松岭村设立电商创业服务中心，免费为困难家庭开展电商培训，鼓励村民发展电商。英都商会、洪濑商会、海西阀门协会鼓励支持贫困村村民到会员企业务工，待遇从优……

此外，广大南安乡贤秉承爱国爱乡、爱拼敢赢、乐善好施的优良传统，长期以来关心关注家乡发展，侨捐资金连续26年超亿元，成为又一支扶贫攻坚的宝贵力量。南安市在此基础上，开展了“万贤扶千户”助力全面脱贫行动，组织动员民主党派、工商界人士、海内外南安乡贤、民族宗教界人士等各界贤达近万名，参与挂钩帮扶3000户贫困户（帮扶贫困人口1万多人），推动由“会”帮“村”延伸到由“人”帮“户”，打造精准扶贫升级版。与此同时，全市32名处级干部、各乡镇（街道）和市直部门以及424个村（社区）共3591名党员干部职工，带头发挥先锋模范作用，主动参与挂钩贫困户，把扶贫成效与干部绩效考核相挂钩，形成了市镇村三级干部一起抓扶贫的工作格局。

点 评

2015年11月27日，习近平总书记在中央扶贫开发工作会议上指出：“调动各方力量，加快形成全社会参与的大扶贫格局。‘人心齐，泰山移。’脱贫致富不仅仅是贫困地区的事，也是全社会的事。要更加广泛、更加有效地动员和凝聚各方面力量。”南安市精准扶贫工作通过凝聚广大商会、乡贤合力，开展“百会帮百村”“万贤扶千户”活动，开辟了百会万贤投身精准扶贫的主战场，实现了社会力量对贫困户帮扶全覆盖，形成了这一特色扶贫的五种模式。

一是“商会+专业合作社+基地+贫困户”产业扶贫模式。主要由商会资助贫困户因地制宜发展种养业、手工业、农产品加工业、电子商务等项目，支持贫困户成立家庭农场或加入农民合作社，激发内生活力。二是“消费+采购+代销一条龙”商贸扶贫模式。这一模式主要是工商界人士通过消费和产业合作的方式，帮助贫困户对接外市场，努力打开局面，加入更大范围的市场循环，不断提升扶贫项目生存和竞争能力。三是“就业培训+岗位开发”就业扶贫模式。南安市利用商（协）会、工商企业众多的优势，通过对有劳动力的贫困户加大就业培训，提供就业岗位，增强劳动力的可持续就业能力。四是“人才+”智力扶贫模式。引导商（协）会借助人才优势开展智力帮扶，为结对贫困户把脉问诊、出谋献策，阻断贫困根源。五是“公益+”慈善扶贫模式。

商会组织参与精准脱贫，一方面，有众人拾柴火焰高的优势，相对于内部会员企业的实力，商会更能够在扶贫工作中多做事、做成事；另一方面，商会参与扶贫的过程，也是为众多中小企业参与精准扶贫搭建平台、提供机会，使更多的中小企业能够为精准脱贫贡献爱心，达到涓涓细流汇成大海的效果。与企业相比，商会生命力更长久，即使商会内部会员有进有出，但基本不会影响商会发展，这保证了商会在提高扶贫的可持续性上有更好表现。南安市在关注商会组织在新时代扶贫工程中的重要角色作用的同时，又很好地把握住当地同样极具优势的海外侨胞与港澳台同胞扶贫和慈善的传统，并通过积极引导，推动其成为又一支扶贫攻坚的重要力量，进一步打开了当地扶贫工作的新局面，拓展了社会力量参与扶贫攻坚的新平台。

第十一章 / 党建引领脱贫攻坚

习近平总书记指出："要把扶贫开发同基层组织建设有机结合起来，真正把基层党组织建设成带领群众脱贫致富的坚强战斗堡垒。"越是进行脱贫攻坚，越是要加强和改善党的领导。在攻克深度贫困这个最后堡垒、巩固好脱贫成效的过程中，尤其必须深化抓党建促脱贫攻坚，进一步发挥党的政治优势和组织优势，聚焦产业扶贫、就业扶贫、易地扶贫搬迁，提高组织化程度，为高质量打赢脱贫攻坚战提供坚强组织保障。福建省牢固树立"围绕扶贫抓党建，抓好党建促扶贫，检验党建看脱贫"的理念，积极探索，形成了以党建引领脱贫攻坚的福建经验。

一是福建始终强调要想打赢这场脱贫攻坚战，就必须以党的建设工作为核心，制度建设贯穿其中，从政治建设、思想建设、组织建设、作风建设和纪律建设等方面下功夫扎实推进，在探索党建扶贫新路上迈出坚实步伐。尤其是在不断创新农村基层党支部党建方法上，不断推出新举措新办法。比如，大力传承红色基因，增强党建促脱贫能力。再如，创新党建方法，提升党组织服务脱贫攻坚能力。

二是福建省始终强调抓党建促脱贫攻坚，是组织路线服务政治路线、党建工作服务中心任务的具体体现，是必须完成的政治任务，并通过一系列具体措施进一步发挥贫困地区党支部的政治优势、组织优势和密切联系群众优势，提升基层党组织的组织力。比如，对一些战斗力、凝聚力不强的农村党支部进行重新组建，通过配齐配强队伍，严密组织设置、健全组织体系，如古田县“农村党建便利店”促脱贫、连城县“村+村”党建联盟引领乡村抱团发展。再如，选好配强村两委班子，加强农村基层党组织带头人队伍和党员队伍建设，是福建党建扶贫的重要经验。尤其是选派2900多名优秀党务工作者到贫困村担任第一书记，很好地起到了脱贫攻坚的领头雁作用。同时，严打扶贫“拦路虎”，治理扶贫领域腐败和作风问题。既重点治理扶贫领域存在的腐败现象等突出问题，又较好地防范了扶贫责任落实不力的问题，同时也进一步推进了基层工作作风建设。

福建省充分发挥基层党组织在引领推动产业发展中的领导作用，提升脱贫攻坚服务质量。产业扶贫是稳定脱贫的根本之策。只有采取更加有力的措施，扶持贫困地区不断发展壮大特色产业，才能为贫困群众稳定脱贫和长期增收提供坚实支撑。村党支部通过加强对集体经济组织、合作经济组织的领导，通过发挥集体经济组织在管理集体资产、开发集体资源、发展集体经济、服务集体经济组织成员等方面的作用，积极引导龙头企业、农民专业合作社、家庭农场、专业大户等新型农业经营主体与贫困户建立紧密的利益联结机制。尤其是将党支部建设与产业扶贫紧密融合起来，把支部建在产业链上，探索出“公司+合作社+高校+党员+农户”“党支部+合作社+贫困户”“党建+脱贫攻坚”等多种工作模式，通过党组织领导扶贫开发来促进自身建设，通过扶贫开发成效检验党组织建设成效。

1 抓党建促脱贫

——福建省强化基层党建决胜脱贫攻坚

基层党组织是确保党的路线方针政策以及扶贫决策部署能够贯彻落实的基础。在脱贫攻坚战中，福建省大力抓党建促脱贫，各地根据实际情况积极探索，通过深度融合筑牢党组织战斗堡垒，落地落实精准脱贫等方式加强基层党组织建设，以实际行动书写了基层党建促脱贫的福建实践。

“农村党建便利店”

2018年7月27日上午，新当选的西溪村党支部书记戴丽凤来到“农村党建便利店”，开始了一天的值班工作，她要为群众办事提供引导、讲解、经办的服务。“农村党建便利店”是西溪村大党委首创的抓基层党建与扶贫开发有机融合的模式，意在打造凝聚党员、服务群众的基层党建综合平台，探索出可借鉴的脱贫经验。

西溪村位于古田县凤埔乡北部，凤埔乡北部共有7个行政村，各村地处偏远、产业基础薄弱，人口分散，“空心化”严重，村级党组织服务群众能力不强，群众办事不便。而西溪村由于地理区位较好，基础配套相对完善，吸引了周边6个行政村的人口涌入，常住人口达2000余人。2015年，凤埔乡党委政府因势利导，整合7个行政村的力量，成立西溪中心村大党委，大党委首创“农村党建便利店”模式。“农村党建便利店”位于村里的一座面积约300平方米的旧粮仓，内设“一厅二中心三室四岗位”，即便民服务大厅，电商服务中心、乡村教育中心，工作室、接待室、档案室，党群社团、综治平安、计生管理、劳动保障4个服务岗位，制定了管理规定，构建党建为民服务体系。这家“便利店”功能齐备：便民服务大厅可为村民办理党务、计生、农保、医保、流动人口等6类37个项目；电商服务中心为村民购物、缴费、代购需求提供一站式服务；乡村教育中心是文化阵地，图书借阅、技术培训都在这里进行。通过党建理念、服务队伍、服务项目“三进驻”，普通的便利店变成了接地气的党建促脱贫综合服务平台，受到了群众的欢迎。

◎农村党建便利店

富民是“农村党建便利店”的一大宗旨。大党委整合7个村的资源优势，统一规划产业发展，对接产业项目与资金，实现产业抱团发展、规模发展。目前，茭白、反季节蔬菜、食用菌等12个党建促脱贫产业基地全部纳入“农村党建便利店”平台管理，带动21户贫困户75人参与，贫困户年均增收1.2万元。贫困户卢祖燕是党建促脱贫模式的受益者之一，卢祖燕2016年种起了茭白，出产的茭白由合作社、便利店搭建的批发、零售、电商渠道销往各地，2017年仅茭白一项就收入1万多元。除了产业扶持，大党委依托便利店平台，还开展了金融、智力、营销、就业、安置等方面的精准扶持。

“党建便利店”脱贫模式是在扶贫攻坚中不断探索形成的，目前已在古田县30多个村推广实施，辐射10多万人，助力3000多名贫困户实现脱贫。

把党支部建在产业链上

宁德市霞浦县溪南镇芹头村，下辖7个自然村，有756户3011人。由于自然资源匮乏，缺少主导产业，村民大多选择外出务工，青壮年大量外流，村子“空心化”现象严重。芹头村党支部一度软弱涣散，带富能力严重不足。2014年初，该村贫困人口达到38户132人。

为改变经济落后状况，芹头村党支部开始了全新的尝试。对原本涣散的党组织进行整顿转化，规范办事议事制度，坚持每月进村入户帮助贫困户谋划发展项目和解决困难，拉近党群干群关系。除此之外，还进一步创新党组织功能设置，把支部建到了产业链上，即在原有村级党支部的基础上，成立了朝生、银富春秋两个农业合作社党支部，对全村56名党员重新进行梳理，将从事与合作社相关产业的党员纳入合作社支部管理，从而进一步增强了党员抱团发展能力，并为后续的脱贫攻坚工作打下坚实的基础。

强有力的支部建立起来了，党员干部充当先锋，带头打好脱贫攻坚战。2014年，党员魏朝生筹资600万元建立温控蘑菇栽培示范基地，并多次带领村民到古田、莆田等地参观考察，学习食用菌栽培技术。这个项目带来了160万元的收益，吸纳38户贫困户以资金或土地入股其中。如今，在合作社中，贫困对象不仅是打工赚钱的务工者，也是享受经营分红的股东。收入的增加，使得贫困户们的干劲更足了。合作社的发展让村民们看到了致富前景，提振了村民的信心。不仅让村民以资金入股，党员干部还带头向村民传授技术，在村里温控蘑菇基地内经常会看到，党员杨开品向村民们讲解蘑菇下料的方法。经过3年多的努力，芹头村人均纯收入达12866元，集体收入达12万元，贫困户减少至12户35人。芹头村党支部也被评为“全县先进基层党组织”，实现了基层党建与脱贫攻坚双丰收。

宁德市大力推广把党组织建在产业链上的做法，坚持扶贫产业在哪里，基层党组织的“触角”就延伸到哪里。2018年，宁德在农业专业合作社、农业龙头企业、电商平台等建立党支部600多个，在中心村建立党委（党总支）75个，辐射带动 3 万多农民增收致富。

“村+村”党建联盟引领乡村抱团发展

塘前村、水源村都是龙岩市塘前乡美丽乡村建设示范村。但是，随着脱贫攻坚的进一步深入，村子小、资源单一、人才紧缺等制约因素逐渐暴露出来。为了突破制约，加快发展步伐。2019年，连城县在全县基层党组织中开展党建联盟创建活动。塘前乡抓住机遇，发挥塘前村、水源村地缘相连、血缘相亲的优势，创建“塘前村+水源村”党建联盟，通过信息互通、资源共享、产业协作、活动联办等方式，有效地解决了双方的发展瓶颈，为决战决胜脱贫攻坚夯实基础。

党建联盟建立后，以“党建联盟+丁町共享农庄”模式，两村共同发展休闲采摘农业，配套乡村旅游活动项目。两村联合引进丁町共享农庄，投资建设了辐射两个村子的有机蔬菜种植基地，种植了包括有机蔬菜、莲子、火龙果、百香果在内的蔬菜瓜果共420亩。还配套建设乡村旅游活动项目，以基地为核心，两个村10多户贫困户参与其中，或加入务工、管理，或参与激励性扶贫种植项目。塘前村贫困户张远寿心即使在今年的新冠疫情期间也感到很安心，因为他在基地里管理蔬菜种植，每月稳定收入3000元，不用为出不了远门而发愁。和张远寿心一样，目前，两个村30多户贫困户均在项目的带动下实现稳定脱贫。

村村携手，抱团发展，塘前村、水源村的党建联盟只是连城开展创建党建联盟行动以来的一个缩影。除村村联盟外，当地还拓展推广“村党支部+单位”“村党支部+合作社”等模式，根据各村特色、项目建设内容和挂钩单位需求，合理统筹全县资源，推动全县117家机关企事业单位与236个村党支部实现精准对接挂钩，助力乡村脱贫攻坚、乡村振兴。开展党建联盟创建活动以来，连城县村党支部间共建立党建联盟32个，机关企事业单位与村党支部联盟实现全覆盖，实现了村党支部由“单打独斗”走向“抱团发展”，携手打赢脱贫攻坚战。

点 评

习近平总书记指出：“农村要发展，农民要致富，关键靠支部。”（2012年12月29日、30日《在河北省阜平县考察扶贫开发工作时的讲话》）党建扶贫的一个重中之重的任务就是要发挥好党支部的主体作用，把党支部建设成为团结群众的核心。这就要求贫困村落党支部不仅要发挥党员的主体作用，还需要成为团结群众的纽带，当好村发展经济的“主心骨”。而主心骨，对于群众，是一种吸引、一种凝聚。一个党支部能够成为村民的“主心骨”，增强的是我们党整体的战斗力，提高的是群众对我们党扶贫工作的信任感。只有敢于担当、勇于奉献的党组织才能当好主心骨，才能有力支撑起全村的发展，真正把脱贫攻坚工作落到实处。古田县“农村党建便利店”、宁德市把党支部建在产业链上、连城县“村+村”党建联盟都是把党组织建设与扶贫开发有机融合，通过建大建强基层党组织，保证他们在脱贫攻坚战中可以充分发挥主导力量的作用，同时通过党组织领导扶贫开发来促进自身建设，通过扶贫开发成效检验党组织建设成效，实现二者的双推进。

2 把初心和使命写在八闽山水间

——带领群众脱贫奔小康的驻村“第一书记”

在脱贫攻坚的道路上，福建省有2900多名驻村第一书记扎根基层，紧紧围绕脱贫攻坚这个中心任务，团结带领当地党员干部群众搞建设、促发展、利民生，用自己的实际行动把初心和使命书写在八闽山水间。

贫困地区基础设施建设的奠基人

2019年2月1日，宁德市屏南县熙岭乡岭里村村民郑贵协告别他之前土木结构、条件简陋的老房子，搬进了建筑面积达220平方米的两层半楼房，当天亲朋好友陆续拿着伴手礼上门，郑贵协一边忙着招待，一边笑得合不拢嘴。郑贵协的房子位于岭里村造福工程安置点，住户只须负责室内装修的事情，屋外的道路、绿化、污水管网，配套建设的村级综合文化服务中心、休闲活动广场等，都由政府包办。

◎石源带领村两委干部深入摸排房屋安全隐患

这些设施建设的

完成离不开驻村第一书记石源。为了让群众能够享受到良好的配套设施和生活环境，石源带着村两委向群众多方征集意见，全面掌握他们的诉求，并将造福工程配套设施建设与乡村整体建设统筹考虑。为了筹集资金，他四处奔走："我们多跑一分、多做一分，村子的发展就多一分希望。我想，这就是我们驻村第一书记的初心。"在他的努力下，岭里村"孝德"文化广场、"孝德"文化门楼、村级综合文化服务中心、农民休闲公园、造福工程临河路段安全防护栏、照明路灯等一系列民生补短板工程顺利完成。如今和家人在公园里逛逛，成了郑贵协最大的爱好，他满怀感慨地说："不仅房子好，配套设施也好，这才是真正的造福工程啊！"

发展是需要基础的，贫困村所面临的一个要务就是要完善基础设施。福建省驻京办派驻政和县杨源乡翠溪村第一书记陈巍，初到翠溪村，就被眼前的景象深深刺痛：村集体经济收入为零，支委平均年龄在60岁以上，村民家中普遍没有卫生间……特别是生病的留守老人躺在散发着霉味的床上无人照料。

驻村的第一个月，陈巍通过走访调研、做规划，明确村里首先要抓基础设施建设，补上多年缺失的短板。开展这项工作需要大量资金，陈巍四处"化缘"。白天往省里、县里有关部门跑，晚上回村连夜开会做方案。陈巍"厚着脸皮"，找遍了能找的部门单位，终于从省财政厅争取到"一事一议"重点项目支持，建设了具有园林绿地、休憩亭院、健身设施等配置的乡村休闲公园；从省水利部门和农业部门争取到水毁工程修复、基本农田灌溉的专项资金，用于建设村里的拦河坝。除了获得专项资金，2017年，翠溪村还赢得中央福利彩票资金对该村投入的70万元和50万元特别扶持资金，用于加固沿河堤坝，拓宽河堤上道路。

除了依靠政府的力量帮助，陈巍还把"化缘"的目光投向了在京闽商，借助北京福建企业总商会这个平台，推动福建省"百企帮百村"精准扶贫专项行动在翠溪村落地生根。中泽农控股集团公司总裁、北京京华公益事业基金会理事长郑武在陈巍反复动员下赞助了50万元。陈巍用这50万元建成了翠溪村的养老院，他说：“农村养老院的可持续发展和村民养老模式，非常值得深入思考；建成村老人幸福院只是开始，希望帮助相关企业和政府探索成熟的运作模式，保证后期运营，为解决农村养老难探索经验。”

陈巍一年来的“化缘”为翠溪村赢得了充足的资金，让村子迎来了新生。在各级财政和社会资金的帮助下，翠溪村共完成基础设施投资300多万元，村容村貌大大改善。

贫困地区发展的谋划人

永泰县白云乡樟洋村，以前是一个以农业为主的贫困村。但现在这个名不见经传的村子有了自己的特色名片——御医故里，而打造这张名片的人，就是福建省民政厅派驻樟洋村党支部第一书记杨雪梅。2017年12月，杨雪梅到任樟洋村驻村第一书记，在调研中她发现，村子里出了一位清末慈禧太后和光绪皇帝的御医、全国中西医结合先行者——力钧。经过反复探讨研究，杨雪梅决定打造樟洋村“白云深处，御医故里”的名片，并以此作为带动樟洋村振兴的总抓手。

在杨雪梅的大力呼吁和四处奔走之下，力钧故居被修缮，樟洋村成功举办了两场关于力钧的研讨会，并联系CCTV老故事频道《大国名片》栏目组拍摄《百年力钧》系列纪录片，扩大了“御医故里”的影响。“御医故里”名片的推广，给村里带来了不小的变化，2018年3月，福州仁量生物制品有限公司在樟洋村流转56亩土地用于中草药种植。她希望在自己驻村的3年时间内拉动更多社会力量介入，借助力钧的名医效应深挖樟洋村的旅游潜质，建设中医药文化创作基地，发展旅游文创产业。

贫困地区要想发展，能够发现自身特色，寻找正确的发展方向很重要。像杨雪梅一样，在驻村第一书记冯志强的带领下，周宁县咸村镇云门村实现了从省级贫困村到国家级AAA景区的巨大蝶变。

贫困群众脱贫致富的领头人

福州市永泰县红星乡礼柄村村民江忠钦正在山林里滴灌、松土、做苗，他这数十亩依山而建的林地里种的是仿野生金线莲。野生金线莲素有“药王”“金草”等美称，是名副其实的“金叶子”。但是受地理、气候、技术等条件制约，仿野生金线莲的种植难度非常大。而礼柄村从几棵引种的野生金线莲树苗，到如今已经有200多亩的种植规模，都是得益于中国移动福建公司派出的福建省第五轮省级开发重点村驻村第一书记孙绍胜的努力。

孙绍胜驻村第一年，在研究规划乡村特色产业时，咨询了很多农业专家，发现礼柄村的海拔、气候、自然环境资源等非常适合种植仿野生金线莲。于是，由他牵头，福建中医药大学、绿茵农业发展有限公司等企事业单位经过实地考察后，开始联合种植仿野生金线莲。经过多次反复试验后，种植获得成功。看到产业扶贫丰收有望，孙绍胜因势利导，马上采取“公司+合作社+高校+党员+农户”的经营发展模式，联合政府、高校、企业等机构，建立起礼柄村金线莲种植基地。

仿野生金线莲基地的成功运营，前期可为农户提供金线莲种苗、技术指导，后期负责收购、销售，走上规模种植后，农户每户种植面积控制在10亩左右，管理得当，一斤金线莲可以让农民挣1000元，全年下来可以有4万多元的收入。建起来的基地，不仅盘活了农民闲置的土地，充分利用农村剩余劳动力，更带动了周边贫困户，增加农民收入，助力乡村振兴。

点评

选派优秀干部到农村贫困地区担任第一书记，是实现精准扶贫、推动广大农村贫困地区在全面建成小康社会进程中不掉队的有效举措。因为脱贫攻坚千头万绪的工作最终都要落实到驻村第一书记身上，包括通过驻村第一书记去动员、组织和带动广大农民群众理解、接受和执行党的政策主张；通过驻村第一书记的细致工作使党员和干部团结起来，成为有统一意志、统一行动、统一纪律的有机体。没有强壮的领头雁就做不了党员的主心骨。因此，扶贫工作的一项十分重要的任务就是要选派好驻村第一书记这只领头雁，只有加强领头雁的强中选优，强化驻村第一书记的主体责任，才能在具体的一项项扶贫工作中认真贯彻执行党的扶贫政策，落实各项党内制度，把支部的整体力量发挥到极致，既扑下身子真抓实干，又牢记使命把握方向，做好顶层设计。习近平总书记强调，脚下沾有多少泥，心中就沉淀多少真情。工作队和驻村干部要一心扑在扶贫开发工作上，强化责任要求，有效发挥作用。福建在扶贫工作中选派的驻村第一书记，都注重根据当地实际情况，创造性地做好顶层设计，选准有力抓手，让自己的想法和思路落地生根，通过持续巩固提升脱贫成效，想方设法把产业发展起来，为乡村振兴注入源源不断的动力。

3 坚强保障决战决胜

——福建省纪检监察跟进监督助力脱贫攻坚

高质量打赢脱贫攻坚战，必须彻底解决扶贫领域腐败和作风问题，堵牢体制机制上滋生扶贫腐败的主要漏洞，为实现脱贫攻坚重大目标进一步扫清道路。长期以来，福建省各级纪检监察机关坚持以人民为中心的发展思想，把整治贫困群众身边的腐败和作风问题作为一项重点工作，以专项治理为抓手，深入开展扶贫监督工作，有力地保障了决战决胜脱贫攻坚各项目标任务的落实。

以铁的纪律护航脱贫攻坚

2019年4月，外出务工回老家扫墓的福建省长汀县红山乡山阳村村民小潘听闻该乡已全部实现脱贫的消息感慨良多：“去年回来看到了我们村村情村貌的大转变，还听说了原村文书等人因扶贫领域优亲厚友问题被处分的消息，那时就对我们村脱贫工作充满信心。没想到，现在不仅是我们村，全乡都脱贫了。”

针对扶贫领域涉及资金量大、项目多、人员多等问题，龙岩市各级纪检监察机关把全面从严治党要求贯穿脱贫攻坚全过程，严格监督执纪问责。全市各级纪检监察机关还建立了“三个一批”直查快办工作机制、扶贫领域监督检查联合工作机制、扶贫领域“最后一公里”专项督查机制等，着力打通扶贫领域“最后一公里”。督促各职能部门履职尽责，齐抓共管，形成督查常态。尤其是长汀县的县、乡两级纪检监察机关共查处红山乡扶贫领域违纪问题9件19人，有力地助推了脱贫攻坚工作。

在省级扶贫开发重点县——连城县，县纪委监委专门召开工作推进会，要求县财政、审计等10个职能部门根据自身在扶贫领域的工作职责开展专项督查。2018年，连城县“1+X”相关职能部门共开展专项督查43次，涉及165个（次）单位，发现问题线索93条。

哪里有扶贫，哪里就有监督。2019年初的一天，正在田间劳作的长汀县大同镇天邻村贫困户兰某从镇纪委干部手中接过5000元危房改造补助款时，激动不已地说：“这钱真要回来了？太感谢你们了。”

兰某追回危房改造补助款得益于县纪委干部的一次入户走访。镇纪委根据县纪委干部走访中发现的该村原村主任范敦荣违纪问题线索，查实后给予范敦荣留党察看一年处分，罢免其村主任职务，并将收缴的全部违纪所得退还给兰某。

“打蛇要打七寸，抓问题要抓关键。”龙岩市纪委监委坚持问题导向，突出重点人和重点事，深入开展扶贫领域腐败和作风问题专项治理。开展城乡医疗救助资金督查工作，对全市7个县（市、区）开展专项审计和督查工作，发现问题线索12条；开展教育扶贫专项资金督查工作，市教育局、市脱贫办配合，采取交叉检查方式进行督查，发现问题线索31条，对11人进行问责；开展农村最低生活保障资金、危房改造资金督查，共发现问题17个。

沉下身子挂钩帮扶贫困群众

2017年初，一条对口帮扶的“红线”牵到了处于老区苏区的建宁县，“红线”的另一头是福建省纪委。这年10月，福建省纪委派出一名正处级干部到建宁县任副县长，主抓挂钩帮扶工作。随后，又派出5名年轻干部，分别到高峰、罗源、水尾、枧头、兰溪5个建档立卡贫困村担任驻村第一书记，组建起一支精干高效的扶贫团队。

“始终做到干部清清白白、项目清清爽爽、账目清清楚楚”，这既是福建省纪委常委会对帮扶干部的要求，也是对这支扶贫团队的期望。在5名年轻的驻村第一书记的带领下，各村两委班子找准穷根，相继启动建设了光伏发电、乡村旅游、水稻制种、艾草种植等产业发展项目，实现了村财增收、村民致富的目标。

这几年，在福建许多贫困乡村都可以看到纪检监察干部挂钩帮扶贫困群众的身影，他们沉下身去，与贫困群众结穷亲、交朋友，一户一策扶贫济困，确保一个都不掉队。

曾元进是武平县岩前镇龙井村的贫困户，家中有一位82岁的老母亲和身患疾病的妻子，还有一个8岁的女儿，在脱贫的路上走得异常艰难。

得知曾元进的情况后，武平县委常委、县纪委书记、县监委主任傅衍华主动与其组成帮扶对子。在傅衍华的指导帮助下，曾元进申请了3万元小额贴息贷款，利用自有山林养鸡致富。如今，除了养鸡之外，他还养了50箱蜜蜂、100多只鸭子，致富路越走越宽。

助力定西建设扶贫惠农资金监管网

“陇中苦瘠甲于天下”，地处陇中黄土高原的定西市是全国深度贫困地区，是甘肃脱贫攻坚的主战场。2018年1月，应福州市纪检监察机关邀请，定西市临洮县纪委监委考察组到福州市，了解如何运用大数据对扶贫工作进行监督。作为定西的对口协作市，福州市运用自身在大数据监督方面的优势，让科技手段借力东西部扶贫协作的东风，吹入陇中黄土高原，助力定西开展扶贫领域监督执纪问责工作，确保扶贫惠农资金落到实处。

考察组成员高乐乐说：“2017年底，福州来县里挂职的同志向我们介绍了福州市惠民资金网。当时打开网页一看，输入名字和身份证号就能查到领取补贴情况，发现问题还能一键举报，真是太方便了！”这种互联网思维和监督理念给他们留下深刻印象。

很快，通过东西部扶贫协作机制的牵线搭桥，临洮县纪委监委来到与临洮对口帮扶协作的福州市仓山区，实地考察了解惠民资金网建设、运营等情况。有了福州市的大力支持，临洮县成为甘肃省第一个开展大数据监督的县。2018年4月，临洮县惠农资金监管网正式上线。运行首日，访问查询量就突破7万人次。

其后，惠农资金监管网建设模式在定西全市迅速推广，福州市先后向定西投入帮扶资金238万元，用于该市六县一区网站建设，福州市纪委监委先后3次赴定西实地了解项目进展情况，并为当地干部讲授建设使用中的有效做法、试错经验。2019年1月24日，定西扶贫惠农资金监管网上线运行，成为全市纪检监察机关精准发现和查处扶贫领域腐败和作风问题的“千里眼”“顺风耳”。

“残疾人燃油补贴260元，公益林补助23.74元，天然林保护补助18.8元……”家住定西市临洮县火石沟村的王巨虎每逢来镇上办事，就要在便民服务一体机上查查自己领了多少补助。

不仅查询方便，群众监督更方便。临洮县惠农资金监管网上线没多久，就收到了中铺镇某村村民的实名举报：“我们村支书不符合政策条件，却享受了机动轮椅车燃油补贴。”接到举报线索后，县纪委及时转交中铺镇纪委办理，核查属实后，当事人违规领取的补助资金被追回。

监督平台具有比对分析、预警提示功能，能及时从数据中发现疑点，精准发现违规违纪问题。2019年9月，定西漳县纪委监委通过平台数据比对发现，该县公安局一民警在参加工作后仍存在违规领取低保金的问题。最终，该民警上交违规领取的城市低保金，并受到组织诫勉谈话处理。

运行一年多以来，定西扶贫惠农资金监管网基本实现了扶贫惠民资金发放结果可查询、发放的数据轨迹可追溯。截至目前，平台累计查询量超过3900万次，发现疑似问题线索16.1万余条，精准查处扶贫领域违纪违法案件337件，给予党纪政务处分529人。

点 评

脱贫攻坚来不得半点虚假、注不得半点水分。习近平总书记强调，要把全面从严治党要求贯穿脱贫攻坚全过程。在全国上下积极决战深度贫困的关键时刻，扶贫领域的腐败和作风问题无疑会产生极为恶劣的负面影响。村级组织是远离权力中枢的末梢，但是最接近人民群众，其在扶贫中的运行效果对百姓的影响最为直接。因此，福建省各级纪检监察机关紧盯贫困农村扶贫政策落实、项目资金使用等，到基层一线，使出绣花功夫，把监督工作做精、做实、做细，组织对尚未脱贫的贫困户开展100%入户访查、对已脱贫的按20%的比例随机开展入户访查，着力使问题发现在一线、解决在一线。既紧盯重要领域或工作环节的突出问题，促进各级党委政府以及相关职能部门认真履行脱贫攻坚的重大政治责任，又积极沉下身子与广大贫困群众一起谋划一项项具体的摆脱贫困任务，用情用心帮扶，与困难群众结穷亲，用辛勤汗水和满腔热忱书写着八闽大地纪检监察干部脱贫攻坚的精彩篇章。

4 传承红色基因　以党建促脱贫

——龙岩市探索老区苏区脱贫攻坚有效之策

龙岩辖区内7个县（市、区）均是中央苏区县，是古田会议召开所在地，是毛泽东思想的初步形成地，是红军故乡、将帅摇篮。据党史资料，全市共有革命遗址410处，13处全国文物保护单位中革命旧址有6处（24个点），省级革命文物保护单位22处；革命史专题博物馆（纪念馆）4家，革命史题材陈列展览博物馆（纪念馆）6家，全市馆藏革命文物3.5万件（套）；古田会议纪念馆、毛泽东才溪乡调查纪念馆、中央苏区（闽西）历史博物馆和长汀县瞿秋白烈士纪念碑等全国爱国主义教育基地4个。同时，龙岩又是一个扶贫工作的重点区域，下辖7个县（市、区）中有长汀、连城、武平3个省级扶贫开发工作重点县，脱贫任务艰巨。近年来，龙岩市大力传承红色基因，充分发挥闽西红色资源的巨大优势，坚持抓党建促脱贫攻坚，加快发展红色教育、红色旅游、林下经济等红色产业和生态产业，促进老区经济社会加快发展。至2018年底，龙岩市建档立卡贫困人口基本脱贫。

让红色基因成为脱贫攻坚的引擎

2019年12月，虽然已经是隆冬时节，古田会议会址景区游人如织，红色文化研学游热度不减。在古田镇五龙村的五龙溪餐厅，来此开展研学活动的200多名小学生正围坐在餐桌前，吃着红军饭，喝着南瓜汤。如今的古田，自全军政治工作会议召开后，一拨拨游客纷至沓来，红色

◎福州大学与古田会议纪念馆共建爱国主义教育基地和党员教育基地

旅游、红色培训等产业日益兴旺的同时，小镇居民在经济生活中也享受到越来越多的红利。

为了尽可能地保存与延续革命旧址的历史风貌，传承红色基因，2017年，古田会议旧址群启动新一轮修缮，包括古田会议会址、红四军司令部旧址（中兴堂）、红四军政治部旧址（松荫堂）等12处革命旧址。这其中有5处国家重点文物保护单位，修缮后的古田吸引了更多的人到此体验红色文化，如今古田旅游区已晋升为国家AAAAA级旅游景区。红色旅游热度持续，红色培训也如火如荼。目前已有百家单位在古田学院设立教学基地或教学点。2018年，古田干部学院共培训学员2.73万人次。

红色文化旅游和培训的快速发展，一方面让更多的人接受红色文化的熏陶，另一方面极大地带动了周边群众脱贫致富。开在古田游客中心商业街上的红古田扶贫爱心超市生意火爆。这家爱心超市一头连着贫困户，一头连着市场。借助古田会议会址区位优势和人气规模，爱心超市为贫困户提供集中展销平台，针对偏远地区，还负责上门收购。据扶贫爱心超市负责人谢启明介绍，超市已入驻展销贫困户及福欣牧业、川隆兔场、富康农林等经营主体扶贫农产品200多种，带动贫困户68户，辐射古田镇及周边乡镇，半年内销售额近百万元。

◎红古田扶贫爱心超市

在脱贫奔小康进程中，龙岩市充分发挥红色资源优势，打造百里红色教育参观旅游精品线路，进一步挖掘红色文化和故事，使红色与文化旅游互融互进，推动龙岩红色文化在新时代展现全新魅力，让红色文化内化于心、外化于行，激励老区苏区人民传承好红色基因，在脱贫攻坚的道路上回顾革命历史，重振革命精神。

筑牢战斗堡垒

长汀县四都镇上蕉村村民刘观音生，妻子身体不好，父亲又患有癌症，还有两个孩子要上学，家里的生计全靠他支撑。为了让两个小孩上学和帮助父亲治病，家里花了不少钱，日子过得艰难。2015年，四都镇积极开展“支部比项目，党员带民户”活动。村党支部书记、村主任吴水长创办 “林下经济基地党员工作室”，以发展林下种植为重点，开创了“支部+合作社+党员+农户（贫困户）”的发展模式，除了吸纳种植大户，还让村里的贫困户入股分红。通过政府的扶贫小额贴息贷款，刘观音生也投入了5万元钱。村里为刘观音生提供了工作岗位，让他每个月都有固定收入，如今，他每年都能有四五万元的收入，一系列的扶贫举措让刘观音生一家告别了贫困，脱贫之路越走越顺畅。

上蕉村党支部以党员带民户活动，党员先行先试为示范，打造长汀县林下经济示范村，支部引导、党员带头成立农民专业合作社，其中10户贫困家庭36人全部纳入这个合作社，每户贫困家庭每年可增收两三万元。像四都镇上蕉村一样，漳平市西园镇基泰村党员叶启义创办“党建+扶贫”工作室，带动群众和贫困户种植甘蔗，还依托贫困村项目资金建设红糖加工厂，为农户提供加工技术和设备，增加农户收入。

除了探索“党员工作室”，龙岩市还大力实施“红土先锋”基层党建典型培育，分领域创建500个“红土先锋党员工作室”，示范带动各级基层党组织和广大党员干部在脱贫攻坚一线主动作为、争先创优，并集中整顿转化软弱涣散村党组织。龙岩市永定区龙潭镇枫林村党支部书记严峰作为工作室领头人，于2017年7月建立村级“红土先锋党员工作室”，带头发展林下灵芝种植，村民严银传就在他的帮助下种植了15亩灵芝。

选优配强脱贫攻坚领头雁

一大早，连城县林坊镇陂桥村村民林寿辉便带着剪刀和袋子出门了，他骑着车来到自家的花棚中，为棚中的非洲菊剪枝、施肥。每天到花棚打理鲜花，已成为林寿辉现在生活的常态。曾经因为腿脚不便，干活受限，林寿辉因残入贫，只能干些轻活，收入微薄而不稳定。这一切的改变是从陂桥村原村主任林声明开始的，在他的带领下，村民们跟着种植花卉，林寿辉便是其中之一。

2009年，林声明发现了鲜切花种植的商机，开始种植非洲菊、玫瑰、百合等花卉，取得成功。如今，全村种植鲜切花的村民达到12户，其中包括3户贫困户，种植规模达到了70多亩。村里成立了花卉合作社，将大家种的花统一包装、统一定价、统一出售，不会因彼此间恶性竞争而影响收益。现在村里种的花大多销往漳州、厦门、福州等地，收入也比较稳定，每亩纯收入近万元。

陂桥村“一肩挑”的村党支部书记兼村主任林先英也是位经济能人。2009年她开始从事地瓜干行业，2012年开始任村主任，其间她的事业越做越大，如今更是有了两家地瓜干工厂。随着工厂规模扩大，林先英开始反哺乡亲，从2014年起，她优先雇请本村贫困户到工厂务工，解决就业问题，到工厂务工的村民年均收入有1万多元。林先英说："固定帮扶雇请的有9户贫困户，厂里最多雇请本村村民有40多人。"以经济能人作为乡村致富领头雁，带动贫困户及村民脱贫增收的效果显而易见。如今的陂桥村，7位村主干中有6位是经济能手，涵盖了种养、加工等各方面。在他们的带领下，陂桥村所有的贫困户已经脱贫。

点 评

继承革命文化，传承红色基因，是体现中国共产党人的初心和使命的重要内涵。习近平总书记指出，要充分挖掘和利用丰富多彩的历史文化、红色文化资源加强文化建设，坚持不懈开展社会主义核心价值观宣传教育，深入挖掘优秀传统文化，引导广大干部群众提升道德情操、树立良好风尚、增强文化自信。努力在脱贫攻坚行动中，强调传承红色基因的重大意义在于：一方面，它彰显了中国共产党人的奋斗目标和价值追求，是一笔极其宝贵的精神财富。在扶贫工作中融入红色基因，更是可以起到凝聚民心、彻底战胜贫困的巨大精神引领作用，从而激活贫困乡村经济动力。另一方面，将红色文化资源推向市场，构建新型红色文化产业模式，成为老区苏区脱贫攻坚的有效之策。产业化活力注入是红色遗产发挥作用的重要渠道，龙岩市充分把握这一特殊资源，深度挖掘红色文化的时代价值，通过以党建促脱贫的途径，努力营造有利于实现红色文化经济效益的产业生态，实现红色文化经济效益与思想价值的有机统一，取得了脱贫攻坚的巨大成效。尤其是通过"党员工作室"、"红土先锋党员工作室"、选优配强脱贫攻坚领头雁、储备人才生力军等措施极大地增强了基层党组织的战斗力，保障了党支部主心骨作用的充分发挥，将组织资源、组织优势、组织活力转化为攻坚动力，聚集党员致富能人和党员先锋模范作用，找准产业脱贫路子，带领贫困户稳定脱贫。

5 以“五心”工作法打造幸福社区

——福鼎市柏洋村抓党建促脱贫的实践

现在的柏洋村是远近闻名的小康明星村，家家住别墅，出门即是大马路，村里现代化幼儿园、主题公园、敬老院等设施一应俱全。2018年，柏洋村实现工农业总产值23.5亿元，村财收入600万元，农民人均年收入26830元。柏洋村还先后荣获“全国先进基层党组织”“全国魅力新农村十佳乡村”“全国小康建设明星村”等荣誉。但是20多年前的柏洋村，大部分村民还居住在半山腰的茅草房中，村里黄土地、泥巴路，人均年收入不足600元，村财负债高达43万元，是一个典型的贫困村。之所以出现如此巨变，得益于柏洋村充分发挥村党委的领导核心作用，坚持“五心”工作法。

◎柏洋村旧貌与新颜

以“五心”创建“五好”党组织

曾经的柏洋村之所以贫困，很大程度上是因为缺乏坚强有力的基层党组织。1993年7月，王周齐被推选为村党支部书记之前，村支部已经半年没有党支部书记，支部工作长期陷入瘫痪状态。之前，王周齐一直在外闯荡，年收入有七八万元。“当时我每年春节回家，看到乡亲们生活还很困难，心里很不是滋味，村民和乡干部多次请我回村。我想，作为一名党员，既然大家信任我，就要把责任担起来，带领村民脱贫致富。”王周齐明白，要想发展，必须打造带领村民致富的坚强堡垒。为此，他创新基层党建模式，以“五心”创建“五好”党组织。“五心”就是工作有信心、发展有恒心、办事有公心、为民有爱心、团结有诚心。在“五心”的指导下，柏洋村坚强的支部组织建立起来了。

支部立起来了，如何发挥效能，关键是党员干部带头。村里发展生产没有钱，王周齐毅然拿出自家积蓄的9.8万元，无偿借给村里办水泥化肥经营部。村两委班子成员一致承诺：3年内不领报酬。村里成立农业综合开发有限公司，种植东魁杨梅600多亩，开荒种药材300亩、苦柑100亩，开发弹涂鱼养殖基地800多亩。同时，建立7个党员示范基地，党员生产能手、科技示范户与240多户群众结对进行技术帮带。王周齐笑着说：“那时村民都不敢养弹涂鱼，怕亏本。为鼓励群众，村党支部发动党员带头养。群众

◎王周齐与群众交谈

一看有钱赚，就跟上来了。”

经过3年的艰苦奋斗，村集体的债还清了，村民生活有了改善。1998年，柏洋村利用丰富的土特产品资源，办起农副产品加工厂，进一步增加了村集体收入，村民的生活也渐渐好了起来。在村党支部的带领下，2000年，柏洋村脱贫了。村党支部的领头雁形象逐渐在群众心里树起来了。

带领村民乐业安居

在党支部的带领下甩掉了穷根，柏洋人看到了希望。王周齐的干劲也上来了。“当干部，就是一种荣誉、一份责任，既要有带领群众致富的能力，更要有主动服务百姓的觉悟，才能对得起村民的信任。”根据本村背山面海、山地区域面积大的特点，王周齐提出了“山海并进，工业富村”的思路，一方面引导群众在沿海滩涂养殖弹涂鱼，种植经济效益好的东魁杨梅、中药材等；另一方面，成立闽东首个村级工业区——柏洋工业小区。工业小区的成立为柏洋村带来发展后劲，集体经济开始有了很大起色。为了增强工业园区的发展后劲，村两委决定实施高科技战略，上高科技项目。2007年5月，返乡创业的经济能人邱礼文在王周齐的帮助下，投资6500万元成立华隆公司，引进北京钢铁研究院的法兰板项目，生产广泛运用于基础设施建设的环保建筑材料。由于这是个高科技项目，企业投入的研发资金大，资金周转紧张。村两委班子研究决定，以村集体收入入股企业，并发动28名党员、团员村民带头入股。2008年10月，第一批环保型法兰板试产成功，第二年正式投产，当年实现销售收入2亿元，2010年产品打入意大利、德国等国际市场。到2011年，全村已拥有20多家企业，其中高科技工业企业4家，实现产值12亿元。

工业园区的建立，让村民在家门口就可以转岗就业，实现了乐业的愿望。但是当时柏洋村原有大小自然村21个，2300多人，70%以上的

◎柏洋村工业小区

村民分散居住在偏僻山区，中心村面积不到1平方千米。2000年，利用沈海高速公路建设和福鼎市开始实施“造福工程”的契机，柏洋村采取“整村推进、集聚产业”的举措。一手筹划建设新村，一手以地引企，注入发展后劲。把田头、东溪、老虎岗等10个被人称为水、电、路“三不通”的自然村搬迁到山下集中统一建设新村——永和新村。

钟昌鸾就是此次搬迁的受益者，他从8.5千米外的田头自然村搬到了永和新村。搬迁后，学过企业管理的钟昌鸾再次由村里安排，到村里的钢材厂担任车间主管，一个月的工资顶过去一年的种粮收入。2013年，钟昌鸾一家的年收入就已达10万元。和钟昌鸾不同，村民吴思鸿是地地道道的农民，以前收入全靠耕种2亩田地，日子过得紧巴巴的。但他和钟昌鸾一样也靠“搬”迎来了新生活。十几年前，“造福工程”帮助他们一家人从山上搬到柏洋新村。2012年，夫妻俩拿出积攒的钱入股村办企业，成为股东。如今，儿子在村里一家企业当管理员，儿媳则在家里开网店，全家人的日子过得越来越红火。

2010年9月5日，时任中共中央政治局常委、书记处书记、国家副主席习近平深入福鼎市柏洋村视察，对柏洋村党总支坚持“五心”做法表示赞赏，给予了充分肯定。这给王周齐以很大鼓励。柏洋村群众的物质生活水平提高了，人居环境须要进一步提升，精神生活也要丰富起来。村里动工兴建了孝文化主题公园、文化中心、永和文化园、职工文化广场、幼儿园、廉政教育示范基地等一批重点项目和民生工程，配套了水、电、路、通信、数字电视等基础设施，彰显“新、绿、亮、洁、美”的新农村面貌。

点 评

基层党组织要真正发挥带领人民群众脱贫致富的领导核心作用，首先必须把自己建设得坚强有力，在人民群众中树立领头雁的形象，让人民群众相信你，愿意跟你走。这就应了一个道理：“扶贫工作千头万绪，基层干部要使出千方百计，扶贫成果才能干出优异成绩，贫困日子才能销声匿迹。”柏洋村党支部就是通过“五心”工作法，改变了原来党组织涣散的旧貌，赢得了群众的信任与支持，最终改变了全村的贫困落后面貌。“五心”工作法就是要求全村的党员干部通过办事有公心，公平公正赢得民心；通过工作有信心，创新机制聚民力；通过发展有恒心，实在干事带民富；通过为民有爱心，心系群众解民忧；通过团结有诚心，开门纳谏顺民意。我们知道，脱贫攻坚的核心要义是将群众的获得感落到实处，从这个意义上说，“五心”工作法就是一个扶贫扶到群众心里去的工作法。习近平总书记在走访贵州遵义农村时曾指出，政策好不好，要看乡亲们是笑还是哭。如果乡亲们笑，这就是好政策，要坚持；如果有人哭，说明政策还要完善和调整。“五心”工作法就是让支部工作正确地遵循党的方针政策，把好政策落实好，通过卓有成效的工作让老百姓看到党带领他们脱贫致富奔小康的决心和能力，最终赢得广大群众的信任，让他们愿意和党组织想在一起，干在一起。

第十二章 /

扶志扶智增强内生动力

习近平同志早在主政宁德时就强调，扶贫要先扶志，要从思想上淡化“贫困意识”。党的十八大以来，习近平总书记在多个场合反复强调“扶志扶智”在扶贫工作中的先行性和根本性作用。他指出，摆脱贫困首要摆脱意识和思路的贫困。扶贫必扶智，治贫先治愚。贫困并不可怕，怕的是智力不足、头脑空空，怕的是知识匮乏、精神委顿。这些思想，对脱贫攻坚具有极其重要的指导意义。坚持扶志扶智，一方面在于扭转人穷志短的恶性循环，摆脱精神贫困，激发群众自我发展意识，充分发挥贫困群众的积极性、主动性、创造性，变“要我脱贫”为“我要脱贫”，提振脱贫致富的精气神，增强发展的内生动力。另一方面在于提高贫困群体的科学文化素质和各种技能，大力开展教育扶贫、文化扶贫、技术扶贫，帮助他们开阔视野和提高自我发展能力。多年来，中央在精准扶贫、精准脱贫攻坚战部署中，把扶志扶智摆在非常重要的战略位置，要求调动各种资源帮助困难群体提高自我发展意识和自我发展能力。福建省大力发挥习近平同志早年在闽工作期间创造的许多行之有效的扶贫工作经验，贯彻中央战略部署，注重精准扶贫同扶志扶智相结合，上下联动、多管齐下、综合发力，促进脱贫攻坚工作不断深入，为彻底斩断穷根筑起牢固基础。

1 自力更生　感恩思进

——仙游县榜头镇陈国成脱贫记

作为“中国古典工艺家具之都”的核心生产销售区的榜头镇，位于福建省仙游县东北部，全镇共有23.8万人（含外来人口约5.5万人），是仙游县的人口大镇、经济重镇和历史名镇。

同时，由于贫困户内在发展条件的制约和限制，榜头镇的脱贫任务依然艰巨。在“扶贫、扶志、扶智”三位一体的扶贫模式与产业扶贫、健康扶贫、教育扶贫组合拳的帮助下，越来越多的贫困户借着精准扶贫优惠政策的春风摆脱贫困。其中，榜头镇上昆社区贫困户陈国成于2017年底脱掉贫困帽，开创了一条自力更生、感恩思进的脱贫之路。

突出政策引领，着力在措施帮扶上求保障

为了群众更多地了解党和国家的方针政策，榜头镇党委政府通过入户宣传、集中培训、座谈交流等多种形式，大力宣传精准扶贫、精准识别的工作措施、工作方法、国家政策，帮助和指导群众学习扶贫政策、制定脱贫规划、增强致富技能，不断提升贫困群众自我发展能力，汇聚扶贫攻坚的强大正能量，让促发展、促脱贫融入广大群众的“血脉”，成为“惯性动作”。

榜头镇贫困户陈国成一家5口人，其儿子及儿媳均为肢体二级残疾，无劳动能力，其孙子在上昆小学就读，一家人的生计全靠他替人养

◎陈国成及其旧屋

猪的微薄收入维持。特别是其妻子2016年患甲状腺癌，两次手术花费十几万元，更是让原本贫困的家庭举步维艰。一家5口人，住在陈旧不堪的土坯房中，每逢风雨，他总会担心房子漏雨垮掉，生活压得这个汉子喘不过气。

镇包片领导、扶贫挂钩干部、扶贫办干部、村干部等多次前往陈国成家，为其宣传精准扶贫优惠政策，帮助他落实了建房地块，又帮助他申请了造福工程、残疾补助等共计33500元。2017年初，他家的新房子顺利盖了起来。搬进新房，屋内电视、冰箱、洗衣机等现代化设备一应俱全，坐在屋里的陈国成觉得很踏实。并且，其妻子的疾病得益于精准扶贫医疗政策，也有所好转，精神一天比一天好，医疗费百分百报销，已基本实现“两不愁，三保障”。

扶贫与扶志扶智相结合的政策措施，不仅解除了困扰陈国成的外在穷面貌，同时也激发了陈国成对进一步改善家庭生活条件的信念和信心。

巧用扶贫资金，着力在经济增收上求突破

精准扶贫既要“输血”，更要“造血”，贫困群众有了增收项目，才能真正“拔穷根”。俗话说人穷志不短，陈国成始终相信，幸福生活

是干出来的。在医疗、住所有保障之后，他决定自主创业实现脱贫。

他的想法得到了榜头镇村干部、挂钩帮扶干部的大力支持和鼓励。扶贫干部们通过入户谈心、实地考察等方式，决定依托本村花生种植面积广等实际情况，帮扶陈国成开设一家花生油加工作坊。

产业发展方向的确立，让陈国成信心大增。通过中央、省级扶贫专项资金及村干部、亲戚朋友的资助和借款，陈国成筹集了创业第一桶金，在自己新房大厅里办起了榨油作坊。各方帮扶，催化了陈国成致富的内生动力。他购买了花生脱壳机、炒料机、螺旋榨油机、空压过滤机等一系列全自动化设备，实现了花生加工、榨油流水线作业。村里有许多村民种植花生，给陈国成提供了源源不断的原料，每天都有农户送货上门，且榨油后剩下的残渣，是很好的饲料和肥料，也可以卖给农户赚钱。

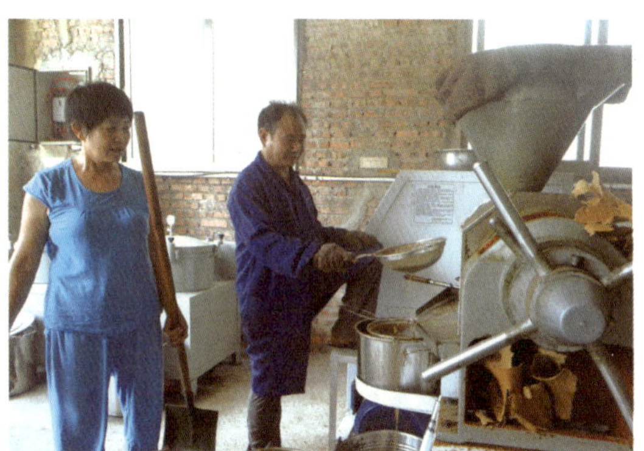

◎陈国成在自家榨油作坊工作

同时，在镇扶贫办的宣传倡导下，镇村干部也经常到他家购买花生油，此外，因当地临近天马山等景区，也有很多游客闻香前来购买，产品供不应求。目前，陈国成真正做到了一人稳定就业，脱贫致富一家。

牢记初心使命，着力在回报家乡上求作为

陈国成致富不忘乡亲，心中满怀真情，想为家乡做贡献。在他的带动下，该村的另一户贫困户陈某某也来到他的作坊打工，每天有60~80元的工资。陈某某全家有3口人，妻子早年患癌去世，次子智力残疾，

他得在家照顾儿子。陈国成看在眼里记在心里，主动找到陈某某并让他在自家的小作坊上班，这样他既能在自家门口就业，又能就近照顾儿子。陈国成说："我有困难的时候，大家帮了我，现在生活好了，我也要回馈大家，我要用实际行动告诉身边每一个想脱贫致富的人，脱贫致富都是流汗干出来的。"

点评

习近平总书记指出："'只要有信心，黄土变成金。'贫穷不是不可改变的宿命。人穷志不能短，扶贫必先扶志。没有比人更高的山，没有比脚更长的路。"（2015年11月27日《在中央扶贫开发工作会议上的讲话》）陈国成的脱贫经历，生动地说明了扶贫扶志的重点，既在于帮助贫困者避免人穷志短、丧失信心，又在于在关键环节关键时机扶有志者一把，帮他们起步。病在肌肤，疾在腠理。摆脱贫困首先在于摆脱意识和思路的贫困。在脱贫攻坚的进程中，陈国成人穷志不短，抓住了发展机遇，找到了增加收入、摆脱贫困的渠道。利用国家对于贫困户的政策扶持体系，他开始了自己的创业之路，使得原本生活支离破碎的家庭改变了旧面貌，实现了依靠国家救济到依靠自己勤劳脱贫的路径转变，在实现自己的初心和使命上也进一步体现着自身的价值，证明贫困户也可以为打赢脱贫攻坚战贡献力量。

2 昔日困境尚且突围　今朝致富岂能无路

——南安市三凌村发展红色文化带动脱贫攻坚

三凌村，地处南安市眉山乡的最边远地带，是安南永德老革命根据地的中心地带，中国工农红军闽南游击队第二支队的重要活动阵地。据载，1934年9月，红二支队队长尹利东带领红二支队和三凌村村民，在这里开展了被称为安南永德边区四大战役之一的“苦湖突围战”，取得以少胜多的胜利，有力地策应了红军主力北上长征。

2016年11月，泉州市档案局办公室副主任刘扬宇受派挂职任眉山乡党委副书记兼三凌村党支部第一书记，在走村入户调研中，他感到革命遗迹没有得到很好保存、红色记忆正逐渐消失。在他的带领下，三凌村整理革命历史遗迹，传承困境突围精神，开展红色文化建设帮助村民立志，刷新精神面貌探索致富路，利用红色文化资源发展旅游业增收，将红色文化作为新时期扶贫攻坚战中的重要抓手。

挖掘红色基因，增进民生福祉

就任第一书记的刘扬宇，花了近一个月时间徒步翻越一座又一座山头，重走当年艰难的突围路线，挨家挨户向村里的老人了解核实革命史实，到各级档案馆、党史馆、老区办、老促会等收集资料。为了核实苦湖突围战的一个人物细节，刘扬宇甚至千里迢迢追到广东，找到当时红二支队队长尹利东的后代。

三凌村的村民大多外出工作，逢年过节才会聚集在祖厝开展祭祀活动，因为长期外出，许多人对祖厝曾经的光辉历史并不熟悉。为了让更多外出乡亲了解和记住这段红色记忆，三凌村从2016年底开始在玉湖堂祖厝筹建地下革命档案史料馆。

为了让档案史料馆“图文并茂”，刘扬宇和村党支部书记叶谋城费了不少心思。收集资料期间，他们去永春、德化、安溪等地考察，翻阅了50多本史料，一笔一画地手写抄录，还去安溪找到革命烈士张石的后代，拍下了1958年颁发的革命烈士证明书，有些革命烈士照片模糊不清，他们就请专家帮忙修复，很多革命旧址图片也是通过多方查阅，扫描到电脑中。材料收集整理好后，还要进行筛选、反复修改论证，遇到有疑问的又要重新查阅资料，前前后后修改了十几遍。在整理史料内容过程中，该馆还广泛征求泉州市党史办、档案局、老区办和南安市民政局、南安市老区促进会等单位以及专家的意见。如今，三凌村地下革命档案史料馆占地面积约400平方米，馆内共陈列了19块展板，详细记述了三凌村地下革命史。

在搜集革命史迹的过程中，刘扬宇吃透了村情，他与村两委一起梳理出通过土地流转，以及引进企业发展光伏发电、茶叶、蜂蜜等项目的扶贫攻坚思路，坚决打赢脱贫攻坚战。

在贫困户叶春土家中有这样一笔账：在楼顶安装了5千瓦的光伏发电设备，每年有4000多元的收入；拿到5万元的贫困户贴息贷款，入股南安市级光伏发电站，每年可以分红1000元；在商会帮助下入股村里的光伏电站，每年可以分红1500元；利用产业扶贫资金养了4头牛，一年也可以增加好几千元收入。这是三凌村帮助贫困户脱贫的一个缩影，还有很多像叶春土一样的村民逐渐走上了脱贫之路。

发展红色旅游事业，启动乡村振兴引擎

经过近一年的规划和建设，作为南安市重点建设项目，眉山乡村旅

游三凌红色旅游配套设施——三凌村红色文化广场于2017年10月建成，总投资100多万元。建成后的三凌村红色文化广场占地面积900平方米，包括广场围墙、停车场、山门、卫生间、健身器材、绿化景观、苦湖突围战纪念碑等。

如今，这里已经成为广大村民休闲运动与学习红色文化的好去处，成为眉山乡广大干部群众接受爱国主义教育的新平台。苦湖突围战所展现出来的坚定信念、不畏艰难、敢于奋斗、勇于突围的精神，也深深烙印在三凌村老区人民的心中。这些项目成为当地新的红色旅游目的地，与周边的泉州华侨革命历史博物馆等连成一片，带动三凌村以红色旅游为突破口发展经济。

叶谋城表示：“随着时间的推移，很多革命历史被人们遗忘，建设纪念碑和革命档案史料馆就是希望大家铭记历史，发扬革命传统，丰富地方档案史料，为当地发展红色旅游作铺垫。”

传承红色精神，激活内生造血功能

整理革命历史遗迹，发扬和传承“苦湖突围战精神”，在新时期扶贫攻坚战中显得尤为重要，它是三凌村扶贫先扶志，确立精神支柱，找到脱贫攻坚突破口的具体举措。刘扬宇和村两委充分将“苦湖突围战精神”融入新时期扶贫攻坚战役中，以“扶贫先扶志”的理念帮扶贫困户激活内生动力。

雾罩岭自然村贫困户叶耀武已经记不清楚刘扬宇有多少次来到床边和他拉家常。叶耀武因风湿类疾病长期卧病在床。“你对手机、网络很熟悉，也有开网店的经验，村里和皇旗尖茶园配合制作‘三凌红’红茶，你可以在手机上推广、做客服。”在刘扬宇的鼓励下，叶耀武重拾信心，当起了一名“卧床电商”，有了稳定的收入。通过打造“三凌红”品牌，很多村民像叶耀武一样在脱贫之路上越走越好。

在刘扬宇与村干部的努力下，村里争取到各级扶助资金570多万元，三凌村也从眉山乡唯一没有路灯的村，到如今美丽和谐乡村初现雏形：筹措100万元入股南安农商银行，建设172千瓦光伏发电站，每年增加村财收入20万元；投资100多万元建设红色文化广场，休闲步道、体育设施、纳凉座椅一应俱全；与泛家居产业联盟企业泉州春光照明有限公司合作安装300盏路灯，路面的4700多块反光板、7.5千米防护栏、16个综治摄像头守护村民回家的路；引进的“茶娱饭候”电商平台，至今已为养蜂户帮销1000余斤蜂蜜；村集体注册成立的劳务公司已经产生效益；吸纳村集体400亩林地入股的林业合作社所种植的香樟树长势喜人。

点评

习近平总书记指出：“弱鸟可望先飞，至贫可能先富，贫困地区完全可以依靠自身的努力、政策、长处、优势在特定领域先飞。”（2015年11月27日《在中央扶贫开发工作会议上的讲话》）三凌村立足革命历史特色，挖掘红色资源，走出了一条红色文化与红色旅游、革命精神弘扬与脱贫致富融合发展的新路子。弘扬“苦湖突围战精神”，增强了全村决胜脱贫攻坚的责任感、使命感和紧迫感。三凌村抓住眉山乡村旅游项目的契机，结合丰富的红色旅游资源，探索开发利用多处革命历史遗迹，以红色文化的发展与繁荣带动村民增收致富，逐步将三凌村打造成传承红色基因、开展红色教育的阵地。红色文化兼具思想价值和经济效益，是唤醒贫困户自主脱贫意识的有效手段，既能帮助贫困群众树立脱离贫困、摆脱困境的斗志和勇气，也能成为具有地方特色的文化资本，进而转化成经济效益。

3 “艺术扶贫工程”

——福建省艺术馆的艺术精准扶贫之路

福建省自2004年在全国率先启动了以“关注农村、关注教育、关注贫困”为主题的“艺术扶贫工程”，为那些拥有艺术天赋的农村贫困儿童实现艺术梦想带来了希望。福建省深入调研山区农村学校的艺术教育状况，发现文化脱贫的重大意义和农村艺术教育严重匮乏的现实形成了鲜明对比。为此，福建省文化馆牵头组织了针对贫困、边远地区学校的艺术教育问题的系列帮扶。

实践证明，艺术在激活贫困人口的潜力和素质、挖掘贫困地区艺术资源、打造艺术产品等方面发挥着显著的扶贫效果。经过15年的发展，全省88个文化馆对口建设288个艺术扶贫基地，11360名志愿者深入山区和海岛等偏远贫困地区为当地孩子进行艺术普及，受益学生超过1200万人次，其中23410名农村学生获得各级艺术奖项，490名农村学生被各类艺术学校录取。优异的成绩使得福建艺术扶贫工程荣获中宣部“全国公共文化设施开展学雷锋志愿服务首批示范单位”、第三届文化部创新奖、全国十大文化创新工程、第十五届群星奖、2017中国年度文化人物奖等众多荣誉。

艺术教育惠及农村，艺术梦想不再遥远

2016年，福建省艺术馆、福建省艺术职业学校和福建省歌舞剧院首

次联办福建艺术扶贫工程福建艺术职业学院基地班，定向招收来自全省23个省级扶贫开发重点县的学生，学费全额减免，毕业后有机会被推荐到福建省文化厅所属院团工作。基地班的成立也标志着福建省艺术扶贫工程进入精准扶贫阶段。

福建省艺术馆馆长陈秀梅清楚地记得她的第一堂“艺术扶贫”课，她站在讲台上，所有孩子都用仰慕的目光打量着她。陈秀梅对基地班的孩子说：“今天我想对你们说，孩子们，只要你们努力学习，有一天，你们也会像老师一样，站在高高的讲台上，去帮助像你们一样需要帮助的人。”

福建省艺术馆副馆长宋珍珍谈道：“最让我印象深刻的是前往宁德市周宁县面试时遇到的一个男孩。那个男孩的父亲已经68岁，他的母亲已经去世了，从没接受过音乐教育的他，居然能清晰分辨出钢琴所发出的不同音阶的琴音，他的音乐天赋震惊了现场所有的老师。那个时候，我的脑海里只有一个念头，幸好我们遇到了他，幸好他赶上了精准扶贫的好时机，不然这样的天赋将会被埋没于乡村之间。”正是这些鲜活的个体进一步激活了艺术扶贫工程的内生动力，也就是不让有天赋的孩子因为贫困而失去专业的艺术教育机会。

传承民俗文化，传统艺术迸发新活力

在艺术扶贫的内容上，福建省艺术扶贫工程着力挖掘地方民俗文化特色，不断加强非物质文化遗产的传承和保护。福建具有丰富的原生文化艺术资源、非遗文化资源和民俗特色资源。艺术扶贫为传统文化的保护和创新提供了良好的机遇。福建艺术扶贫工程根据各地实际，丰富艺术扶贫基地校传统艺术培训科目，开展非遗“进校园”“进社区”系列活动，增加乡土民俗知识教育内容，各地相继开设了剪纸、闽剧、采茶灯、擂茶等富有地域色彩的非物质文化遗产课程。

作为全国最大的畲族聚居地，福安市通过对边远农村小学实施艺术扶贫工程，推动畲族传统文化进入校园，引导更多的孩子认识和关心畲族传统文化。福安市艺术扶贫工程结合实际，选点畲族学生较多的康厝畲族乡中心小学创建了畲族文化传习所，开展畲语进课堂、班班有畲歌活动，成立了师生畲歌小合唱团、畲族武术兴趣小组，把畲族文化精髓融入校园文化建设之中。畲族文化传习所是福建省第一所畲族民歌传习所。康厝中心小学畲族教师兰华贵说："畲族人称自己为'山哈人'，畲族没有文字，歌曲都是通过口口相传。我们邀请专家把畲族传统的民谣、歌舞等整理出来，做成三册教材，每一个孩子都要学习这些课程。"康厝中心小学三年级的畲族小姑娘蓝林桢说："每次回家我都要把刚学会的畲歌唱给妈妈听，很多歌曲连妈妈都没有听过。作为一个畲族孩子，能唱畲族自己的歌谣心里很高兴。"

福建是中国漆艺术的中心，也是全国漆画艺术发展的前沿阵地。2016年，福建艺术扶贫工程对准遇到困境的农民画群体，尝试用漆画技艺来呈现农民画，从材质、技巧等各个方面整体提升农民画的品质。同年6月，第一期福建省农民画创作群体漆画技艺培训班举办，学员作品惊艳亮相，受到各方瞩目。闽宁农民画创作群体漆画技艺实验班，以及全国农民画创作群体漆画技艺实验班的规模迅速扩大，学员范围覆盖了文化部命名的26个中国农民画乡。群体庞大的农民画家进入漆艺界，丰富了传承队伍。农民漆画关注民俗活动、百姓生活，接地气，大大丰富了漆画的创作题材。一些文创团队为农民画家进行文创设计，选出了有市场前景的农民画家进行签约并购买其版权，让农民画家可以从之后的市场活动中得到分成，真正做到产业结合。

创新艺术扶贫机制，帮扶合力共破瓶颈

除了以点带面展开帮扶以外，更重要的是，这一工程在实践中探索

出了一套较为完整的艺术扶贫机制。2005年，福建省艺术馆倡议全省文化馆共同参与福建艺术扶贫工程，依托各级文化馆，动员组织广大专兼职文化工作者，定时定点定员深入偏远的贫困山村，免费为农村孩子提供艺术教育。在此倡议下，全省共有88个文化馆参与艺术扶贫工作，参与率达95%，各文化馆还专门设置了艺术扶贫工作领导小组和艺术扶贫工作负责人，形成了完整畅通的艺术扶贫项目服务网络。在上下联动的项目化帮扶过程中，师资培训机制、艺术扶贫志愿服务机制、部门社会协调协同机制、艺术扶贫基地建设机制、基地班学生与艺术院校招生入学机制等接续创新，形成了师资质量有保障、志愿服务有后盾、扶贫资助有资金、学艺通道有跟踪、社会力量有协同的公共扶贫文化服务体系。

艺术扶贫工程以独特的“种植文化、养殖文化”的方式进行文化输送，把艺术工作延伸到农村艺术教育匮乏的地区，既弥补了农村艺术教育的空白，又满足了贫困地区学生对艺术的渴求，同时也打破了单纯以“文艺表演”为主的文化下乡传统模式，使文化下乡更加多样化、实用化和常态化。迄今为止，福建艺术扶贫工程已成为福建文化馆有史以来开展规模最大、范围最广、时间最长的公益性文化活动，并已产生了良好的推广和示范效应，为文化扶贫、教育扶贫和全面建成小康社会做出了积极贡献。

点评

习近平总书记指出：“扶贫必扶智。让贫困地区的孩子们接受良好教育，是扶贫开发的重要任务，也是阻断贫困代际传递的重要途径。”（2015年9月9日《给“国培计划（二〇一四）”北师大贵州研修班参训教师的回信》）福建艺术扶贫工程创新性地将“艺术输送”转变为“艺术造血”，为偏远农村地区的孩子施展艺术天赋提供了更畅通的渠道。将扶贫事业与艺术教育普及、地方文化传承、文化产业复兴相结合，同时发展了贫困地区的物质文明与精神文明，极大地丰富了人民群众的文化与艺术生活，弘扬了民族文化传统，提升了文化产业的竞争力，切实增强了地方人民的文化认同感和自信心。艺术扶贫机制的不断完善和公共扶贫文化服务体系的加速构建保障了这一工程实施的有效性、系统性和长期性，摆脱了传统文化下乡模式的浅表化和碎片化，让艺术之花在偏远的田野山村也能散发出迷人的芬芳。

4 “清风行动”

——福建省推动移风易俗与脱贫攻坚有效结合

大操大办、攀比之风、天价彩礼、随份子等传统陋习一直是阻碍脱贫攻坚的拦路虎，是桎梏贫困群众追求美好生活的沉重枷锁。2016年12月8日，时任福建省委常委、省纪委书记刘学新接到一封群众来信，反映长乐存在大操大办婚丧喜庆的不良风气。“婚结不起”“人死不起”成为不少长乐人的心中之痛。此后，长乐连续召开市委常委会议、移风易俗工作专题会和集中整治工作推进会，研究专项整治方案，成立6个专项工作小组，分领域、分部门进行综合治理。至此，一场从福州长乐起步的移风易俗“清风行动”迅速在全省拉开。

移风易俗专项整治过程中注重与脱贫攻坚工作相结合，通过扶贫扶志、思想扶正持续开展移风易俗工作，转变农民的思想观念，激活内生动力，努力确保群众实现物质和精神的双重脱贫。经过整治，长乐等重点地区的歪风陋俗得到有效遏制，群众如释重负，拍手称快，获得感与幸福感持续提升。据统计，三年多的时间里，长乐共有2.6万余场红白喜事经过动员引导新办、简办，累计节省资金逾38亿元。

抓党风，带民风，促新风

领导干部的言行，关乎党的形象，决定党在群众心中的分量。然而在过去，长乐地区不乏一些党员干部对歪风陋习的危害认识不足、警惕性不够，一定程度上助长了不良风气的滋生和蔓延。“带头抵制大操大

◎航城街道洋屿村党支部书记陈钦云在展示《移风易俗承诺书》

办，主动做到不吃请、不请吃、不收礼、不送礼、不发礼……”2016年12月12日，长乐51名处级领导干部在《不违规操办或参加婚丧喜庆事宜承诺书》上签名承诺，亮明态度，接受监督，取得了很好的效果。

在具体实践中，长乐创造性地推出了“1234”工作法：建立“一项制度”，即党员干部参加婚丧喜庆备案和公示制度；筑牢“两个基础”，即村规民约和红白理事会两个基础性支撑；打造“三支队伍”，由镇村网格员、宣传员、监督员三支队伍共同构成移风易俗工作体系；构建“四道保障”，即组织保障、舆论保障、监督保障和惩戒保障。在前期取得阶段性成果的基础上，长乐继续加紧工作步伐，突出整治重点，针对可能存在的对体制外人员约束力不够、机制不够完善、氛围营造不够等方面的苗头性问题精准施策，出台了包括实行各级领导挂钩督导、推行信用惩戒、倡导行业自律、挂钩政策资金补助、强化多元监督等在内的移风易俗十项措施。及时得当的管理机制和一系列组合拳的推出，将移风易俗工作引向深入。

党风政风的提振直接带来了社情民风的新气象。金峰企业家李景忠为女儿操办婚事，响应党委政府移风易俗号召，压缩宴席规模，不分发红包，还当场捐赠100万元给长乐区慈善总会，用于扶贫助困等慈善事业；营前街道黄石村企业家林苏将其儿子婚事节省下来的11万元资金，捐赠给村里的公益事业；首占镇塘屿村一户村民简办父亲丧事，省下8.6万元，捐给村敬老院，用作全村80岁以上老人的慰问金。

“一县一专项”整治歪风陋习

福建依山傍海，闽南、客家、莆仙等民俗文化多元共融。曾几何时，一些歪风陋习躲在传统习俗背后，在不同地区以不同方式存在，呈现不同特点。闽南地区的中秋“博饼”，闽东地区的“带彩打牌”，闽西、闽北地区的闹酒、斗酒……为此，福建省纪委监委在全省选取10个工作联系点，以点带面掀起一场移风易俗专项整治活动。随后，省纪委监委乘势出台《关于推动全面开展移风易俗专项治理工作的通知》，要求全省各地结合实际，找准本地区较为盛行、群众反映强烈的歪风陋习，开展“一县一专项”整治行动，推动移风易俗实现全覆盖。

◎荔城区新时代文明实践中心举办以“移风易俗大家说”为主题的百姓沙龙

“搬入棺，家什任人搬。”石狮市流传的这句闽南俗语，调侃的正是以往的丧事奢靡陋习。针对这股歪风，石狮市坚持高位推动、层层发动、整体联动，用专项整治的“钳子”，拔除了这根“刺”。现在的石狮不管有钱没钱，出殡花圈和表演队伍数量得到了节制，旧俗的“对年”“三载”办宴回礼也取消了，村民们再也不用忧心因为简办而丢面子了。

和石狮市一样，全省84个县（市、区）坚持问题导向，深挖当地根深蒂固的歪风陋习，制定具体治理方案，采取有力措施，开展专项治理。永安市把矛头指向当地盛行的“带彩打牌”，因势利导，狠刹不正之风。莆田市秀屿区针对“吃元宵”的陈规陋习开展重点整治，让元宵节回归到传统的“闹元宵”习俗上。“一县一专项”打破了陈规陋习，树立起一个个文明新风尚。同时，各地还注重总结经验，用制度规范“殿后”，把治理工作纳入干部考核、绩效考评、文明单位创建等，将移风易俗专项治理的成功经验以制度的形式固化下来，坚决防止反弹复燃。

文明乡风助力脱贫攻坚

谈起安溪县虎邱镇罗岩村从2017年起取消举办“佛祖生日宴”的老规矩，2016年底刚摘掉贫困帽的林双木开心不已。一场“佛祖生日宴”办下来，得花个三五千元。像他这种经济条件较差的家庭，根本承受不起。现在好了，他再也不用为了撑场面而犯愁了。移风易俗带来的人际关系净化，也让贫困户摆脱了人情债枷锁。平和县安厚镇龙门村贫困户赖向荣说：“多亏了政府倡导的移风易俗活动，亲朋好友的红白喜事不仅办得简简单单，而且都不收礼了。现在，我一年下来用于人情往来的开支就节省了近2000元。”

福建省扶贫办有关负责人介绍，奢靡的婚丧嫁娶之风，也是贫困群众脱贫路上的拦路虎。在推进精准脱贫的攻坚拔寨阶段，随着移风易俗的深入开展，让贫困户不再遭受人情往来、传统陋俗的绑架，无疑为精准脱贫增加了一注砝码。

点评

习近平总书记指出，精神文明建设是实施脱贫致富战略的重大内容之一。移风易俗，提倡文明的健康的生活方式是脱贫致富的必要条件。我们切不可物质上脱贫了，精神上却愚昧了。移风易俗与脱贫攻坚的有效结合是实现脱贫、防范返贫的必要保障，只有革新陈旧观念和落后思想，切实加强精神扶贫，才能从根本上巩固脱贫成果。这须要引导全社会营造“面子”变“慈善”的良好氛围，将贫困群众从人情负担、陈规陋习中解放出来，摆脱落后的思想观念和不良生活习惯，树立崇德向善、见贤思齐的理性价值观，切实把精力集中在谋发展、干事业和脱贫致富上。福建省清风行动注重疏堵结合、以点带面、示范带动，通过强化党员监督示范、建立红白理事会、完善村规民约、引导行业自律等手段有效遏制农村陈规陋习的蔓延势头，为乡风文明、脱贫攻坚提供了强大动力，以实际行动擦亮了“清新福建”的名片。

5 给孩子插上腾飞的翅膀

——明溪县多措并举推进教育精准扶贫

明溪县地处闽西北，属中央苏区二十一县之一，也是省级扶贫开发工作重点县之一。很长一段时间，当地的教育发展面临着极为矛盾的境地，一方面山区小县教育基础薄弱，贫困学生面临较多经济困难和学业困境；另一方面受外出经商氛围的影响，“教育无用论”在民间大行其道。明溪县委县政府清醒地意识到，要斩断贫困代际传递，办好教育是关键。为落实教育扶贫、彻底拔掉穷根，明溪县立足“不让一个孩子因家庭经济困难而失学”的目标，全面落实教育扶贫机制，着力推进“精准资助”和“资助育人”工作，全力推进老区苏区脱贫奔小康。2019年底，全县30个建档立卡贫困村全部退出贫困行列，1641户4922名建档立卡贫困人口全部脱贫。

推行“两单一册一函一访”工作机制

2018年，明溪县制定下发《2018年明溪县学生资助宣传工作方案》《明溪县教育系统2018年扶贫日活动方案》等文件，实行“两单一册一函一访”工作机制，大力开展国家学生资助政策进社区、进乡村宣传活动。利用圩日，组织教师深入县综合市场、乡镇设立咨询台，发放资助政策宣传单等，广泛提高贫困家庭对国家教育扶贫政策的知晓率。同时，各校充分利用LED屏、校园广播、校刊、宣传栏、招生公告、《致家长一封信》、家长会等形式，向学生、家长、社会广泛宣传资助政策，通过微信、网站、助学专刊、资助云等新媒体平台，全力做好资助宣传和信息报道。2018年8月，县教育局在县政府门户网站开展在线访谈，以“教育扶贫助力精准扶贫”为主题，解读教育扶贫政策，进一步增强了群众对教育扶贫政策的认识。明溪县教育资助宣传制度不断完善、宣传方式不断创新，努力做到资助政策家喻户晓、深入人心，收到了良好成效。

> “两单”即资助政策告知单和受助情况明白单；“一册”即学生资助工作宣传手册；“一函”就是县教育局与县扶贫办联合发函，提请异地就读建档立卡学生+所在地教育部门，协调其就读学校给予资助；“一访”即开展贫困学生家庭走访慰问。

扶志扶智，开展教育结对帮扶

扶贫先扶志、扶贫必扶智。明溪县从两方面入手：一是激发动力助“扶志”，挖掘贫困学生励志成才典型事例，每学期开设励志、感恩等专题讲座不少于两次，开展谈心谈话3~4次。比如，城关中学深入开展“与贫困学生谈心谈话”活动，要求每位教师每周至少与学生谈心一次，及时了解学生的思想动态，从心理上疏导，在精神上支持，解开学生思想上的“结节”，消除学生的自卑感。同时，密切家校联系，增强家校育人合力。第一中学在贫困学生中积极开展感恩励志教育，每年春节期间，利用往届清华、北大等校友返乡的契机，召开学生座谈会，听取励志故事，并通过校友会开展“手拉手”帮扶活动，提高了扶志效果。

二是结对帮扶广“扶智”，制订学业成绩提高计划，注重成绩分析，全县教师与贫困学生实现结对帮扶。2018年底，县教育局制定下发

©2019年3月17日，明溪职中阙勇东副书记一行到贫困学生王梅家家访，并带去慰问品

《明溪县教育系统开展“教师结对帮扶贫困学生”工作实施方案》。2019年1月1日，正式启动教师结对帮扶贫困学生活动，全面开展“扶志”“扶智”“扶助”工作。据初步统计，目前全县936位教师与697位贫困学生开展结对帮扶，实现了建档立卡贫困户和家庭经济困难学生结对帮扶全覆盖。为摸清贫困学生底数，确保结对帮扶工作有的放矢，县教育局推出“教师大走访”活动，全体教师全面深入家访，详细了解贫困学生的家庭、学习、思想等情况，建立学生信息档案，并制定相应的帮扶方案，有计划地实施精准帮扶。

职业中学2015级机械加工技术专业学生黄福圣，是建档立卡贫困户学生，因家庭经济困难想放弃学业，经教师向其家长详细解读中职资助政策后，他重返校园，不但享受到中职国家助学金及免学费等教育扶贫政策，还得到了勤工俭学岗位，有效地减轻了他的家庭经济压力。指导老师董南平在生活和学习上给予他无微不至的关心和帮助，点燃了黄福圣同学强烈的自信心和求知欲。2017年、2018年，黄福圣同学先后两次获得福建省中职学生焊接技能大赛一等奖，获2018年全国中职学生焊接技能大赛二等奖，在第三届“励志校园·感动福建”优秀学生典型宣传活动中，他荣获“福建励志先锋提名奖”。

实验小学一年级学生邓婕的母亲在一场车祸中去世，父亲断了9根肋骨，从此无法从事重体力活。为了挣钱养家，父亲在一家企业务工，没法按时为孩子准备午餐。邓婕经常饿着肚子去上学，功课也无人辅导。在教师大走访活动中，邓婕的班主任原丽梅了解到这一情况后，立即向学校反映。校长陈永明和原丽梅老师带上书包、图书、羽毛球拍和牛奶等物品上门慰问，与家长商定，让邓婕每天中午在学校附属幼儿园食堂免费就餐，为她提供一个午休床位，并安排科任教师辅导她的功课。说起学校对邓婕的关爱，邓婕的父亲邓九军感激不尽：“真心感谢学校对邓婕的大力帮扶。现在，我每天都能安心做工了。”

点评

扶贫需要人才支撑，人才的培养靠教育。教育，说到底是为了提高人的谋生能力，教育扶贫旨在斩断贫困的代际传递。教育能为扶贫攻坚和地区的长远发展提供源源不绝的智力支持。习近平总书记强调，让贫困地区的孩子们接受良好教育，是扶贫开发的重要任务，也是阻断贫困代际传递的重要途径。明溪县的教育扶贫实践将“扶志”“扶智”相结合，通过师生结对帮扶帮助困难学生树立自信心，切实解决贫困学生的思想、学业和生活难题。与直接的经济资助不同，师生结对帮扶是建立在全面激发贫困学生的内生动力基础上的有效教育扶贫模式，在多地的实践中显示出明显的优势。要“让每一个孩子都对自己有信心，对未来有希望”，只有坚持内外结合、精神和物质并举，将外在帮扶与内在驱动相结合，才能实现教育脱贫的标本兼治。

第十三章/

走具有福建特色的乡村振兴之路

打赢脱贫攻坚战和实施乡村振兴战略，作为党的十九大作出的重大决策部署，是补齐全面建成小康社会短板、解决发展不平衡不充分矛盾的重要途径。2019年，福建省完成建档立卡贫困人口全部脱贫、贫困村全部摘帽的任务。但是，脱贫摘帽不是终点，而是新生活、新奋斗的起点。按照中央提出的实施乡村振兴战略，脱贫后的农业农村农民还要进一步实现“产业兴旺、生态宜居、乡风文明、治理有效、生活富裕”发展目标，也就是说打赢脱贫攻坚战是乡村振兴的前提和基础，实施乡村振兴战略是脱贫攻坚的巩固和提升。党的十九届四中全会进一步明确提出“巩固脱贫攻坚成果，建立解决相对贫困的长效机制”。如何巩固脱贫成果，防止返贫；如何推进全面脱贫与乡村振兴的统筹衔接，建立长短结合、标本兼治的体制机制，实现乡村振兴、人才振兴、文化振兴、生态振兴和组织振兴；如何增强乡村振兴内生动力；如何团结和调动社会各界力量投入到乡村建设中，这些都是推进乡村振兴战略必须面对和解决的问题。

带着对这些问题的思考，福建积极对标乡村振兴战略的总体要求，出台了《2020年福建省实施乡村振兴战略十大行动重点任务》《积极应对新冠肺炎疫情影响决战决胜脱贫攻坚十九条措施》等指导文件，针对扶贫工作重心的转变，及时调整工作思路。在全面聚焦老区苏区脱贫奔小康方面，出台了《关于做好革命老区中央苏区脱贫奔小康工作的实施意见》，以老区优先、适当倾斜的原则，在坚持精准扶贫的基础上，加快振兴发展，全方位助力老区苏区脱贫奔小康。在关注少数民族发展方面，制定了《关于推进民族乡村打赢脱贫攻坚战行动计划》，以少数民族特色村寨建设为载体，大力推进民族乡村脱贫攻坚和振兴发展。在产业振兴方面，积极探索做好产业扶贫和产业振兴的衔接，重视产业选择上的长线和短线结合，重视农村集体经济的可持续发展，通过壮大农村集体经济带动贫弱人口实现共同富裕，使产业发展始终能够惠及贫弱群体。在人才振兴方面，创新工作思路，将脱贫攻坚中培养出的人才用到乡村振兴实践中，培养一支“懂农业、爱农村、爱农民”的人才队伍。在人居环境综合整治书写美丽乡村新篇章方面，印发《进一步推进“厕所革命”行动计划》《福建省农村人居环境整治三年行动实施方案》《福建省农村人居环境整治村庄清洁行动方案》等，实施农村“厕所革命”、农村垃圾治理行动、农村污水治理行动、农房整治行动、村容村貌提升行动等“一革命四行动”，加快补齐农村人居环境突出短板，促进生态振兴成为农民的内在追求。

1 不落下一个贫困户

——福建省大力实施综合保障性扶贫行动

做好社会救助兜底保障工作，是筑牢脱贫攻坚的“最后一道防线”。福建省通过健全完善监测预警机制，落实落细兜底保障政策，加强特殊困难群体关爱帮扶，加大对老区苏区建设发展扶持力度，积极开展社会救助兜底脱贫行动。

织密民生保障兜底网

林金仆是泉州市泉港区界山镇槐山村村民，他的家庭收入来源主要依靠两方面：一是他的临时工作，二是他的大儿子林平做协警每个月2000多元的收入。但是家里妻子体弱多病、小儿子残疾，还有两个孙子读书。家中本来就入不敷出，不幸的是，2015年11月，家中的顶梁柱大儿子林平突发脑溢血住院，经过多次手术仍然处于昏迷状态，住院费高达56万元，而且还需要长期治疗，为此，家里债台高筑，生活陷入两难。在林金仆一筹莫展时，当地政府了解到他的情况后，及时帮助其申请大病救助基金、疾病应急救助基金，前后报销了30多万元，后续还有生活救助、医疗救助、临时救助2万元可以领取，而且以后两个孙子上学所需的费用也可以申请教育救助。通过社会救助，像林金仆这样困难群众因病致贫、因病返贫问题得到有效缓解。在民生兜底工程中，福建省加大社会救助力度，织密民生工程“兜底”网，及时捕捉救助信息，保证让真正需要救助的群众及时得到“救命钱”。

林兴文是宁德市古田县城区人，今年57岁，他与妻子都患有心脏病，妻子做了心脏搭桥手术，林兴文也无法从事重体力劳动，仅仅依靠从搬运站提前下岗的1200元退休金维系生活。他的女儿与他们同住，自己依靠打零工维系生活，还要独自抚养一双子女。林兴文一家住在胜峰山上，房子是土木结构的二层老瓦房，屋顶经常漏雨，家中的地板有的已经腐烂。2019年，古田县出台《城市低保户、城市特困人员房屋修缮工作实施方案》，解决城区低保户、城市特困人员家庭住房危、漏问题。经过摸底排查、筛选核对，林兴文家成为首批认定的19户之一。当地民政部门为林兴文送上房屋修缮补贴，让林兴文修缮屋顶、翻新地板、粉刷墙壁。这笔1.5万元的资金让林兴文家的屋顶焕然一新，霉烂的地板也得到及时翻新。

古田县将城镇贫困群众纳入脱贫解困工作范围，在全力做好农村困难群众兜底保障工作的同时，推进低保对象关爱行动。县里参照建档立卡贫困户政策，探索出台《强化城乡低保对象及特困人员救助工作的实施方案》，让未纳入建档立卡贫困户范围的低保对象、特困人员，在教育、医疗、住房保障等方面享受与建档立卡贫困户相同的政策待遇。

◎古田县家庭医生签约团队到建档立卡贫困户家进行签约服务

目前，福建省民政部门健全救助申请家庭经济状况核对机制，实现与14个部门、21家商业银行的数据交换，对救助申请对象的户籍、房产等24项信息进行横向核对，提高精准识别水平。同时，进一步完善对象认定办法，细化家庭收入核算、刚性支出扣减等规定，低保救助从“收入型贫困”向“支出型贫困”适度延伸，加强重点困难群众摸底排查，及时将符合条件的对象纳入兜底保障范围，2019年净增低保对象2.85万人，全省低保覆盖面稳步提升。

落实落细兜底保障政策

龙岩市永定区湖雷镇桐田村的徐宝英老人是村里的建档立卡贫困户，今年69岁，体弱多病。因病常年瘫痪在床的丈夫于2017年去世，大儿子十多年前因病去世，38岁的小儿子也因病瘫痪在床，小儿媳因此离家出走，杳无音讯，留下还在读小学的孙子。全家就徐宝英一个人，既要照顾瘫痪在床的儿子，又要抚养读小学的孙子，平时没有什么经济收入，日常看病吃药费用多，致使家中生活特别困难。享受兜底保障脱贫政策后，徐宝英现在家里每月享受1000多元的低保金，家庭生活有了基本保障。

苏胜瑞，龙岩市永定区湖坑镇南中村的村民，今年53岁，至今未婚，有听力语言残疾，不能从事生产，生活没有固定的经济来源，低保政策让他有了基本的生活保障。在低保政策兜底下，低保金通过农村信用社转到城乡低保对象个人银行账号，能够准时保障好困难群众的基本生活，有效防止他们因病、因残、因学而返贫。

除了由政府出资的低保兜底，漳州市诏安县2019年还推出为贫困户定制的“医疗费兜底保障保险”项目。诏安县官陂镇凤狮村村民张志汉是这一项目的第一位受益人。2019年4月，一次意外的摔倒，差点让张志汉挺不过去。因为他天生免疫功能异常，从小患有特发性血小板减少性紫癜、癫痫，凝血功能本来就差，摔倒后当时立马大出血，怎么止也止不住，很快因缺血而陷入昏迷。父亲张益能在第一时间就将儿子送到了漳州正兴医院，但是高额的医药费还是愁坏了老两口。张志汉的病不仅会导致贫血，发病时还会口吐白沫，所以父母没有办法外出打工谋生。从9岁发病确诊到如今28岁，19年里为了帮他治病，家里已经负债累累，主要依靠父母打零工以及低保来维持生活，这一次摔倒，让本来就不宽裕的家庭更加窘迫和无助。幸运的是，2019年诏安县扶贫办为村子的所有建档立卡贫困户都购买了“医疗费兜底保障保险”，在现行基本医疗保险大病保险、医疗救助、医疗叠加保险政策全面实施的基础上，用医疗费兜底保险的形式将住院医疗费用还需个人自付的部分（最高限额10万元）予以兜底。张志汉家通过医保基本段补偿金、大病保险补偿金、医疗救助金、风险补偿金报销了45878.11元后，剩余费用全部由中国平安保险进行兜底。

像张志汉这样，自2019年诏安县推出为贫困户量身定制的“医疗费兜底保障保险”项目后，已累计理赔195.57万元，让1330名建档立卡贫困户从中受益。2020年，诏安继续为全县所有建档立卡贫困对象购买该项保险服务，充分发挥项目在脱贫攻坚中的杠杆、托底效益，进一步筑牢“因病致贫、因病返贫”的防火墙，帮助更多贫困人口得到保障。

加大对苏区老区的扶持力度

在福建社会救济兜底扶持行动中，持续加大对苏区老区的倾斜和扶持力度，继续扶持重点老区村114个，项目资金扶持做到全覆盖。福清市是福建省重点老区大县（市）之一，全市共有革命基点村33个、老区村103个。早在2010年，有关部门就大力支持老区村进行道路修缮、硬化建设。善山村是福清市的革命基点村，过去的村道是条泥巴路，每逢雨期洪水冲路，路上坑坑洼洼的。村里种植大量枇杷，由于道路不平，运输中伤了不少，影响收入。2010年11月，村里组织重新修缮这条路，进行水泥硬化，并把路加宽到3.5米。福清市老促会和老区办领导在实地考察后，当即决定补助7万元。道路修通了，村民可以将成熟的枇杷源源不断地运出山外。

同样高兴的还有一都镇普礼村的村民，从2010年3月开始，在福清市老促会和老区办等部门的支持下，村里投入了130多万元，进行普礼村胡楼桥头至罗汉里的4.3千米公路硬化改造。

在有关部门的大力扶持下，老区人民依靠自己的双手，投工投劳、多方筹集资金用于基础设施建设，至2012年，福清市老区行政村已基本实现了通镇道路硬化。2019年，福州市继续加大社会救济兜底扶持行动中对老区苏区的扶持力度，专门下发100万元资金给福清市的音西街道文楼村、新厝镇硋灶村等10个老区村，主要用于村路硬化、村路扩宽、围溪建坝和海堤建设等项目。

除了对老区苏区进行项目资金扶持的全覆盖外，福建省还实施“阳光1+1”（社会组织+老区村）牵手行动计划，动员1000个社会组织与1000个老区村结对帮扶和深度合作。

漳州市平和县国强乡凤山村是一个革命老区基点村，多年来，村子交通弱、耕地少，村民增收缓慢。但是凤山村也有自己的优势，那就是生态环境好，柚林散养土鸡，150天左右出栏，品质好，投资周期短，经济效益明显。漳州市闽西支乡协会与凤山村结对开展“阳光1+1牵手计划”，对接帮扶凤山村。协会制定了一份详细的扶贫济困实施条例，提出充分发挥凤山村高山自然生态优势，发展河田鸡养殖项目，帮助村民致富。为了能够有效运营项目，协会成立了领导小组，指定专人负责项目、资金管理。领导小组以慈善捐款的方式筹措第一期项目试点资金，项目建成后制定相应管护制度和措施，形成长效管护机制，确保村民长期受益。一连串的举动为凤山村量身定制了产业扶贫的路子。如今，在各级政府和社会组织的帮扶下，凤山村经济开始走上了一条新的发展道路。

点评

近年来，福建省牢记习近平总书记“确保老区苏区在全面建成小康社会进程中一个都不掉队”的嘱托，把老区苏区脱贫奔小康作为重大的政治任务和第一民生工程。目前，全省共有687个社会组织在863个扶贫项目上投入3亿元资金，参与老区苏区等贫困地区脱贫工作；同时推进“三社联动”，通过购买服务，在11个省级农村社区试点和100个市县两级城乡试点中实施社会工作专业服务项目。

兜底保障是脱贫攻坚的最后一道防线，是巩固脱贫攻坚成果、建立摆脱相对贫困长效机制的制度安排。兜底保障政策是以城乡低保制度为主的民政扶贫政策，以保基本、兜底线、促公平、可持续为准则，不断筑牢民生保障底线，让困难群众得到及时有效的最低生活救助，不仅体现党和政府的民生关怀，更是彰显社会公平正义的重要举措。

2019年底，福建省脱贫攻坚阶段性任务基本完成，防止返贫成为扶贫工作的重要任务。为此，福建开展了社会救助兜底脱贫行动，率先开展建立防止返贫机制探索，做到“一个不少，一户不落”。通过统筹用活用好农村低保、特困人员供养、临时救助等政策措施，对无法通过产业扶持和就业帮助实现脱贫的贫困家庭实行兜底保障，有效巩固了脱贫成果，防范了返贫风险。尤其是通过织密民生保障兜底网，及时精准检测、识别易返贫或因其他原因返贫的群众，确保第一时间进行保障，防止脱贫群众再次陷入贫困。同时，在落实落细兜底保障政策时，以发挥政府低保、救济基础作用为主，积极创新，引入银行、慈善机构、保险等社会力量加入兜底行列，提高兜底能力和效果。加大革命老区苏区的兜底保障倾斜，有效保障在脱贫攻坚大路上老区苏区一个也不能掉队。通过兜底保障措施，确保贫困人口和贫困地区同全省、全国人民一道进入全面小康社会。

2 建设少数民族特色村寨

——福安市探索少数民族乡村振兴之路

福安市是全国畲族人口最多的县级市，全市共有少数民族乡3个、少数民族村105个、少数民族自然村504个，现有少数民族人口8万人，其中畲族人口7.59万人，占到全国畲族人口的11.3%。近年来，福安市以少数民族村寨建设助推民族乡村脱贫攻坚和乡村振兴，2019年，102个少数民族村实现脱贫摘帽，少数民族村农民年人均纯收入达16100元，大部分少数民族特色村寨试点村集体经济年收入达10万元以上，5个村被国家民族事务委员会命名为中国少数民族特色村寨，17个村被列入第三、四批中国少数民族特色村寨保护与发展建设试点村。

培育扶持特色产业，助推民族乡村脱贫攻坚

福安市甘棠镇过洋村，四面环山，下辖过洋村、过洋新村两个自然村，总人口1074人，其中畲族人口800多人，是典型的少数民族村。在政府优惠贷款的资金扶持下，过洋村通过大面积种植茶苗实现脱贫，村里还成立农丰种植合作社，由20多个社员组成，租赁土地种植黄金芽、安吉玫瑰、金观音、金牡丹等品种，茶苗远销广西、云南、贵州等地。2017年，过洋村农民人均可支配收入达17658元。雷白细是该村村民，过去，因缺乏生产资金，他只能靠打零工养活全家7口人，时常需要靠邻里接济度日。2016年，甘棠镇政府将其纳入扶贫重点对象，帮助他申请小额贴息贷款1.5万元，购买了茶苗。2017年底，种植的茶苗陆续开始出

售，由于行情好，价格不断上升，扣除成本开支，当年纯收入达6万余元。2018年开春，雷白细又向农村信用社申请贷款3万元，用于茶苗的扩大再生产。和雷白细一样，通过种植茶苗，该村许多村民实现了脱贫。

穆云乡溪塔村则通过种植刺葡萄实现了奔小康的梦想。2013年该村成为全国刺葡萄种植基地以来，刺葡萄成了村民们的“致富果”。2018年，溪塔村刺葡萄种植户有140多户，种植面积达1200多亩。按每亩平均收入1.5万元至1.6万元计算，果农年人均收入超过2万元。因溪塔刺葡萄甘甜且有独特口味，又是无公害绿色农产品，先后获得国家地理标志商标和中国名特优新农产品等殊荣。溪塔村作为原产地，很重视引导果

◎溪塔葡萄沟

农注册商标、打响品牌。村里统一组织技术培训，加上规范生产、包装、销售流程，该村刺葡萄由粗放的生产销售方式向品牌化、规模化经营方式转变。溪塔村将村名作为产品品牌印在鲜果外包装上，还打上二维码，消费者只要扫描二维码，便可实现果品溯源。而且许多果农通过电商平台拓宽销售渠道，网上采摘、一键下单，大多客户也是通过网络订购葡萄。葡萄种植户蓝伏銮就是使用微商平台出售葡萄，通过老客户介绍新客户不断扩大销售网络，而且还通过客户推广了自家葡萄园的美丽风光。

同样，穆云乡虎头村的水蜜桃也是声名在外。2005年，虎头村党支部牵头成立了虎头村水蜜桃种植专业合作社，发展水蜜桃种植，逐年吸收农户会员达283人，由桃农、水蜜桃专业户、营销户组成。由于其产出的水蜜桃有果大核小、果肉清香、味甜多汁等优点，被誉为穆阳“仙桃”“闽东珍果”。2018年，全村水蜜桃年产量1000多吨，年产值2000多万元。虎头水蜜桃2012年获得农业部“国家农产品地理标志”称号，虎头村也在2014年被评为民族特色产业示范基地。虎头村水蜜桃种植专业合作社还对全乡56户贫困户社员实行一对一挂钩帮扶，2015年被确定为福安市精准扶贫示范社。

融合农业优势和文化特色，推动民族乡村旅游业发展

穆云乡溪塔村、虎头村并未仅仅满足于通过刺葡萄、水蜜桃种植实现脱贫，而是将农业产业优势与民族文化特色相融合，发展独具特色的民族乡村旅游业。

溪塔村有穆阳溪支流秀溪、茶园溪从村前流过，畲族群众在种植刺葡萄时，充分利用溪面空间搭架栽培，让葡萄藤蔓自然交错穿插，从而绵延出一条长达6千米的水上葡萄沟，与新疆吐鲁番葡萄沟、河北昌

黎葡萄沟并列为“中国三大葡萄沟”。2016年，溪塔葡萄沟荣获中国农学会葡萄分会和中国果品流通协会葡萄分会联合授予的“中国最美葡萄沟”称号。每到葡萄成熟季节，溪塔村会举行刺葡萄文化节，当地畲民穿上传统民族服饰，在葡萄架下唱起山歌，溪上绿荫蔽日，流水潺潺，耳畔山歌清亮，别具一番情趣，吸引了不少游客前来尝葡萄、赏美景，感受畲乡风情，体验丰收喜悦。如今，溪塔畲村旅游品牌逐步打响，每年来此采摘、旅游的游客达百万人次，带动了周边乡镇农副产品和旅游业的发展。

每年4月，千亩桃花盛开，虎头村成为春季赏花的品牌旅游目的地，吸引温州、福州等地50多万游客前来观赏。虎头村为进一步推动旅游发展，村党支部结合美丽乡村建设，注重做好规划设计，走好“旅游兴村”的路子，全力打造集现代农业、特色村寨、民俗文化、观光休闲、生态旅游于一体的美丽畲村，并积极举办桃花节吸引游客。2018年的桃花节，到村里看桃花的游客达到了70多万人次，村民每户增收2000到20000元不等，村中开发出的农副产品也很畅销。畲族糍粑有着畲族“美食三宝”之美誉，随着穆云乡旅游发展，畲族糍粑因香甜可口受到游客青睐。村民吴庆全兄弟从第一届桃花节就开始研究生产“美味糍粑”，在原材料采购、工艺生产上精益求精，现场手工捶打出的糍粑色白味好，很受欢迎。仅桃花节一天，糯米就用了100多千克，仅此一项就为吴庆全兄弟带来非常可观的收入。

目前，溪塔村、虎头村所在的穆云乡以“白云山下，最美畲乡”为总目标，根据各村既有的农业优势、文化特色，按照《穆云畲族乡乡村旅游发展总体规划》，正逐步推进“桃花源里”——虎头、“最美葡萄沟”——溪塔、“廊桥人家”——玉林、“悠然田居”——南山等10多个特色村庄的建设和开发，夯实“一村一品一特色”美丽乡村建设，打造全域乡村旅游区，实现发展目标。

点评

福建是少数民族散居省份，56个民族成分齐全，少数民族人口79.69万人，占全省总人口的2.16%。全省有19个民族乡（畲族乡18个、回族乡1个）、1个省级民族经济开发区（福安畲族经济开发区）和567个民族村。少数民族地区聚集区域一般较为偏远，许多地方经济社会发展情况与沿海较发达地区存在一定差距。可以说，少数民族地区是福建全省脱贫攻坚的“硬骨头”，是全面建设小康社会亟待补足的一块“短板”。少数民族脱贫工作紧紧连着民族团结这个大方向，而民族团结是各族人民的生命线，千方百计加快少数民族和民族地区的经济社会发展，是增强民族团结的核心问题。习近平同志在福建工作期间与闽东畲族群众结下深厚感情，始终关注畲族群众及其他少数民族群众的脱贫奔小康状况，2015年他在对国家民委《民族工作简报》第6期《“中国扶贫开发第一村”福建宁德市赤溪畲族村各族群众全面迈入小康生活》的批示中要求：“要以时不我待的担当精神，创新工作思路，加大扶持力度，因地制宜，精准发力，确保如期啃下少数民族脱贫这块硬骨头，确保各族人民如期脱贫。”福安市以少数民族特色村寨建设为载体，以特色农业产业为依托，结合特色民族文化，走出了独具特色的民族村寨脱贫奔小康的发展之路，有力有效地推动了全省少数民族脱贫攻坚向纵深发展和乡村振兴。

3 活了乡村　富了乡亲

——屏南县文创助推乡村振兴

屏南有众多的古村落，2015年以来，屏南县依托丰富的传统村落资源和优良的自然生态环境，以改革思维发展文创产业，用文化唤醒乡土，用创意激活乡村，把日渐空心化的农村建设成为美丽家园，走出了一条“党委政府+艺术家+农民+古村+互联网”的文创助推乡村振兴新路，形成了龙潭、四坪、双溪、漈下、厦地、前汾溪等一批文创特色村，呈现出“人来、村活、业兴、文盛”的良好态势。屏南文创助推乡村振兴经验，被福建省委深改办列为改革典型复制推广案例，并上报中央深改办。

用文创激活古老村落

秋色斑斓，醉美龙潭。连日来，屏南县熙岭乡龙潭村每天都热闹非凡：龙潭公园的现场演奏会、龙潭美术馆的画展、龙潭戏院里咿呀咿呀的四平戏……一场场丰盛的文化大餐轮番上演，不仅凝聚了新老村民，更让外地游客流连忘返。

看完表演赏美景，绿水青山入眼帘。在龙潭村，欣赏美景无须远行，抬头便是白云蓝天、绵延青山，低头便是巷道幽幽、小桥流水。视觉的转换，让人更加深刻地感受到龙潭作为文创古村的深厚内涵和独特风采。

然而，三年前的龙潭，还是一片人去楼空村冷落的景象。原本1400多人口的龙潭村，因为村民外出务工、经商，只剩下200多人。

2017年5月，龙潭村文化创意助推乡村复兴项目启动，随着文创团队的入驻，一座座老宅变身为书吧、茶室、民宿，龙潭村重现生机，仅两年多时间，村里就恢复到600多人，更有香港、上海、江西等地100多人在此安家长住，成为“新村民”。

“梁上更新瓦，庭内藓无痕。行家施妙手，老屋客盈门。”村民陈孝眷用一首新诗，写出了他对龙潭新气象的感慨。他知道：故乡，又回来了！

龙潭村只是近年来屏南文创激活古老村落的一个生动缩影。

屏南山奇水秀，全县有157个行政村400多个自然村落，其中中国历史文化名镇名村就有3个，中国传统村落22个，这些散落于绿水青山之间的古村落犹如繁星点点，熠熠生辉。然而，随着大量农村人口的外出务工、经商、求学，屏南也像其他村庄一样，“空心村”不断涌现，老屋凋敝、乡村冷落。

◎龙潭村

如何才能做好传统村落的保护、发展以及历史文化的传承，推动古村落旧貌换新颜，群众脱贫奔小康？

屏南县委县政府经过深入调研和反复论证，提出了以文创助推脱贫攻坚和乡村振兴的全新思路。他们把传统村落保护开发作为全县的重点工作，把一些看似派不上用场却极具乡韵乡愁的土墙黑瓦、古巷旧厝和犁耙镐头等，当作人无我有的稀缺资源，通过文创加以活化利用，激活乡村地理价值和每个人的个体价值。同时，改变以往“偏重塑形”“大拆大建”的乡村建设老路，通过编制发展规划，出台扶持政策，循序渐进地引领引导发展文创产业，确保传统村落在保护中开发，在“塑形”的同时“铸魂”，建设有情怀有活力的美好乡村家园。

在此基础上，成立由县委县政府主要领导担任总指挥长的传统村落文化创意产业项目指挥部，构建县、乡、村三级联动互动的工作格局，以坚决的行动落实项目，以优质的服务引人留人。

屏南县以村落为平台，文化为底色，创意为底线，实施村落文化创意产业项目计划，结合全域旅游创建、美丽乡村建设等，打造比传统农村更高级的生活方式和创业方式，达到引人留人、创业兴村的目的。县里每年安排1000万元专项财政预算资金，作为文创引导资金，整合2000万元专项债以及其他相关资金优先保障试点村落文创项目实施和基础配套建设，相继出台《屏南县促进文化创意产业发展的实施意见》等政策，规划引领、合理布局，试点先行、培育典型，总结提升、借鉴推广，树立品牌、蓄积优势，改革创新、高效推进，屏南文创引领的乡村振兴精彩画卷由此铺开。

引人才借智升级

作为屏南传统村落文创产业总策划，入夏以来，林正碌匆忙的脚步，在漈下到双溪、龙潭到四坪这几个村子间频繁转换着，指导古宅修复、古村文创项目设计，为画友上课，乐此不疲。

林正碌和他的团队是屏南首批引进的文创人才。他倡导的“人人都是艺术家”公益教学活动，率先在漈下村试点，为村民提供油画教学。上至八旬老妪，下至七岁孩童，油画创作蔚然成风，并卖向世界各地。随着文创的植入，千年古村日渐复苏，古村旅游风生水起。在漈下村成功实践的基础上，屏南县持续发力推动，在双溪镇设立文化创意基地“安泰艺术城”，为“人人都是艺术家”公益教育项目搭建起更广阔的舞台，全国各地画友慕名而来。

在田园诗境的厦地村，瑞典籍华人艺术家程美信牵头实施“人人都是电影家”公益教学活动，开展电影培训、古村摄影写生等活动。

在有竹编传统的前洋村，复旦大学张勇教授团队修缮恢复古民居，开辟竹编、陶瓷博物馆，邀请印度尼西亚、美国的竹编艺术家与村民共同创作大型竹编装置艺术品，推动竹艺复兴，打造以竹文化为主题的“竹韵前洋”。

在棠口村，中国美术学院艺术管理与教育学院在此设立社会实践基地，高校学子纷至沓来写生创作，秀美山水入画来……

传统村落保护与发展，招才引智很重要。为壮大文创人才队伍，屏南创新实践，着力“三引三创”，破解乡村谁来振兴、如何振兴问题。

“三引”，即创新人才政策引进“高人”，不拘一格引才用才，对高端“文创”人才及其团队，采取“一人一议”“一事一议”方式，给予特殊待遇，给足才华施展空间；改善创业环境引回“亲人”，创新返乡创业奖补政策，让返乡创业者与外来客商享受“无差别”待遇，吸引大批外出人员回乡创业；优化人居环境留住“新人”，改善村落基础条件和生活创业条件，通过复办乡村小学、提升医疗设施、整治人居环境、为外来人口发放居住证、授予“荣誉村民”称号等，引导城市居民到村里认租修缮房屋长期定居。如今，龙潭、四坪两村有“新村民”100多人，龙潭村回流村民300多人。

“三创”，即创新老屋流转机制，全面推行“老屋认租15年或20年”模式，以村委会为中介平台进行老屋流转，避免出现哄抬租金、权益纠纷等无序现象，也解决了闲置民居“保”与“用”难题；创新古村修缮机制，建立“‘新村民’出资、驻创专家设计、村委会代为建设”运作模式，既便利租户，又实现技艺传承和老屋保护；创新项目管理机制，试行乡村建设项目“工料法”计算工程成本管理机制，由村委会自行购料、聘请工匠、组织施工及全程监督，提高工程效率，节约工程成本，增加农民收入。目前，全县累计完成老屋修缮改造近300栋。

徜徉屏南乡村，文创催生的惊艳无处不在。

甘棠漈下村，一位位面朝黄土背朝天的农夫，放下锄头握画笔，纵情油画世界，画古街老巷，绘长溪流水，卖向天南地北，自信满满。

屏城厦地村，一场场乡村文化盛宴接连开演，还有竞相落地的公益电影培训班、摄影写生基地、艺术驻创基地等，寂寥“书乡”重焕生机……

文创产业发展为屏南乡村带来了源源不断的人流、物流、信息流，改变了过去单一低效的生产方式和生活方式，催生了文创与扶贫、旅游等不同领域跨界融合新业态，赋予乡村发展新的活力，让一批古村呈现出由里及外的振兴之势。

在优化环境、吸引优秀人才集聚深度参与乡村建设的同时，屏南还大力实施文创“种子”工程，将文创公益教学纳入农村劳动力转移就业培训计划，采用工匠带工人做法，组织当地农民工匠技能培训，并组建乡村文创急需的地方特色古建筑修缮队伍，实现大部分村民就地就近就业。通过开展“人人都是艺术家”公益教学活动，贫困户、残障人士等帮扶对象就地转型为农民画家或农民创客，有效激发脱贫内生动力。仅安泰艺术城就累计培训县内贫困户500多人、残疾人150多人，其中一些残障人士售画年收入高达数十万。2018年，屏南县经福建省委、省政府评估考核顺利脱贫摘帽。

文创，推动了精准扶贫。同样，文创推动了乡村振兴。

目前，仅四坪、漈下、龙潭、双溪村就有100多幢老宅被租用，艺术创作室、咖啡屋、酒吧、餐馆、民宿等新兴经营主体已达100多家。特别是南京先锋书店、上海阿罗巴图教育集团、天津泰达当代艺术博物馆等一批企业落地乡村，逐步形成了“一村一特、一村一品”的发展格局。文创村落自主文化活动空前活跃，各种露天实景演出、音乐会、话剧、快闪等富有时代气息的文化活动异彩纷呈，带动了各乡镇各种文化节庆活动的开展，形成了“四季屏南·乡村有约”文化旅游创意活动品牌，极大繁荣了乡村文化，促进了乡风文明，提高了乡村治理水平。

◎四坪村

点评

习近平总书记指出，没有比人更高的山，没有比脚更长的路。要重视发挥广大基层干部群众的首创精神，让他们的心热起来、行动起来，靠辛勤劳动改变贫困落后面貌。屏南县坚持从实际出发，因地制宜，改革创新，文创引领，走出了一条具有闽东特色的乡村振兴之路，逐步形成了“文创+精准扶贫”“文创+全域化旅游”“文创+古村复兴”“文创+传统产业融合”的发展格局，使一批古村重新焕发生机，成为人们向往的宜居宜业宜游胜地，呈现出“人来、村活、业兴、文盛”的良好态势，2017年获评“中国传统村落文创发展示范县”，其相关经验得到了福建省住建厅、农业厅的高度肯定并向全省推广。

屏南文创助推乡村振兴的经验，给我们以深刻启示：脱贫攻坚、乡村振兴，首先要有一个好思路、好路子。要坚持从实际出发，因地制宜，理清思路、完善规划，找准突破口。屏南县正是依托丰富的传统村落资源和优良的自然生态环境，把一些看似派不上用场却极具乡韵乡愁的土墙黑瓦、古巷旧厝和犁耙镐头等，当作人无我有的稀缺资源，以大力发展文化创意产业为抓手，推动传统村落保护，带动乡村文化旅游，繁荣农村文化事业，改变村民精神面貌，把日渐“空心化”的农村建设成为美丽家园。实践证明，只有真正把自己的比较优势发挥好，使贫困地区的发展扎实建立在自身有利条件的基础之上，才能取得实实在在的成效。其次，脱贫攻坚、乡村振兴，关键在人，在人的观念、能力和干劲。贫困群众是脱贫攻坚的对象，更是脱贫致富的主体。贫困地区最缺的是人才。屏南县正是把激发贫困人口的内生动力、把扶贫与扶志扶智结合起来，不断创新实践，着力“三引三创”，优化创业环境，实现了引才引智、引人聚力、活业兴村，在一定程度上破解了乡村谁来振兴、如何振兴的难题。

4 从贫穷山村到“文明村”

——厦门市军营村的脱贫振兴之路

军营村曾经是厦门市最穷的一个高海拔村，地处高山，耕地面积非常有限，据时任该村村委会主任高泉国回忆，当时的军营村有700多户村民，种植400多亩茶叶，村民主要收入来源就是种茶，人均年收入280元，没有通电，只有一条从同安县城到村里坑坑洼洼的土路。

1986年和1997年，时任厦门市委常委、副市长和福建省委副书记习近平两次到军营村调研。军营村党支部书记高泉阳清晰地记得：

◎军营村

“习书记第一次来，要军营村多种茶，多种果，保持水土不流失，并要求我们带领村民种植柿子林，修建管理房。”“习书记第二次来，看到我们满山遍野的茶园，看到茶农为茶叶的销售发愁，就支持兴建茶叶加工厂。”按照习近平同志当年提出的脱贫之路，军营村不等不靠，弱鸟先飞，以滴水穿石的功夫把昔日的贫困村变成了远近闻名的“生态村”“文明村”。

扶贫扶志，因地制宜激发造血功能

军营村的老书记高求来回忆说：“最根子的问题是思想问题，尽管政策下放了，但是村民的思想还没放开，村民都不敢去开荒种茶。”当时村民主要种植水稻和地瓜，大量的山地撂荒，茶园也没有得到很好的打理，村民是既吃不饱饭，也赚不到钱。习近平同志的话极大地振奋了村民的信心，让他们意识到几万亩的山地就是他们的“金娃娃”。按照习近平同志指明的方向，大家开始开荒种茶。同时，同安县农办为军营村提供了一批广西无籽柿子苗，并解决了3万元扶贫资金，村民们种植了200亩柿子林，并用那笔资金修建了管理站。1990年，军营村250亩柿子林承包出去，每年有了8000元的租金收入，赚到了村财收入的“第一桶金”，茶园面积也从400多亩增加到了1000多亩。村民的人均年收入从200多元涨到了900多元，基本解决了温饱问题。

1997年，时任福建省委副书记习近平再次来到军营村，当时的军营村茶叶种植面积已经达到2800多亩。但是没有先进的制茶设备和工艺，茶叶价格一直上不去。习近平同志交代县农办负责为村里拨付了资金，支持军营村建立现代茶叶加工厂和购买设备。有了加工厂和设备，军营村的茶叶外形好了，质量高了，价格自然也就上去了。

探索创新，脱贫基础上实现深度转型

2010年，军营村村民高水银和其他几位村民联合办起了西营茶叶专业合作社，将以往小农经济各自为政的状况变为“抱团取暖”。合作社主要办了三件事：一是申请了11千米的机耕路，让全村茶园的基础设施得到了明显的提升；二是请来了专家，为村民传授先进的种茶和制茶技艺；三是注册了商标，并通过无公害认证，提升了茶叶的市场价值。就拿注册商标这一项来说，注册商标后，合作社对茶叶进行了精美的包装和质量标准划分，最高的一斤可以卖到280元，比原先的价格高出很多。

除了合作社外，在军营村的茶叶经济转型中，龙头企业也发挥着重要作用。恒力茶叶公司总经理高树足投入5000多万元兴建了4500亩有机茶园，其中2093亩通过了绿色食品认证。他倡议通过“合作社+农户”“企业+农户”模式推广新技术。就这样，军营村家家生产茶叶，与合作社签订合同，统一运营服务，统一利润分配。合作社不断改良茶叶新品种，以保护价向茶农收购茶叶，为茶农解决销售难题，帮助茶农增加收入。依托专业合作社推动特色产业发展的新机制，军营村村民人均年收入于2013年首次突破万元大关。

习近平同志两次到军营村调研时，都反复强调要做好森林绿化、保护绿水青山。多年来，村民们上山开垦、整理土地，山坳种茶叶，山坡种水果，山顶大力造林……如今，绿色资源变成了乡村旅游资源，借助旅游业的兴起，村民们又搞起了民宿、农家乐等。2019年4月，厦门旅游集团与军营村成立合作公司，正式参与到军营村的旅游开发中。合作公司目前正在打造统一的民宿运营平台，引导村民对现有民宿进行改造提升，并将符合标准的民宿纳入统一管理、运营，以提高乡村旅游的接待与服务水平。守护多年的绿水青山，变成了金山银山。昔日的偏远山村，实现了华丽转身。

党建引领，不断拓宽致富路

2016年4月，厦门市委党校和同安区委党校在军营村、白交祠村设立了高山教学点，成为厦门市干部培训和主题教育的重要基地。这不仅促进了军营村党建更上一层楼，也为军营村振兴注入了新动力。自挂牌成立以来，高山党校共举办200多个培训班次，培训学员1万多人次。

“高山党校”的成立在客观上推动了军营村乡村旅游的发展。厦门旅游集团提出以党建为引领，以旅游、文创为手段，打造以文化引领带动的“党建主题乡村振兴示范区”和“高山乡居村落型休闲度假区”，努力通过政治文化、生态文化、乡村文化和传统文化的发掘，激活厦门高山乡居旅游产业，以产业兴旺带动村民实现生活富裕。

现在的“高山党校”吸引了越来越多的合作单位，2019年7月，厦门大学马克思主义学院和同安区委组织部签订共建协议，在高山党校建立思政课实践教学基地，军营村成了“厦门大学思想政治理论课实践教学基地”。同年9月，福建省委党校、福建行政学院在厦门高山党校授牌成立现场教学基地，并与厦门同安区签署合作协议。

“高山党校”仅仅是军营村以党建为引领，突破发展瓶颈的举措之一。2016年底以来，在党建富民强村工作中，军营村党支部积极作为，自觉担负起为全市乡村旅游提供可推广、可复制的发展道路的使命，探索“乡村旅游+现代农业”的产业融合。

◎高山党校

军营村积极试点推行农村股份合作制改革，通过土地流转，和省级重点农业龙头企业百利种苗公司合作建设“军营红”番茄基地，利用军营村海拔高、昼夜温差大等特点种植经济价值高的越夏小番茄。一方面，基地未来将作为瓜果采摘项目融入军营村乡村旅游的大局；另一方面，基地将提供上百个就业机会，帮助村民实现家门口就业。

在党支部的引领下，军营村的乡村旅游提档升级，村民们的致富之路越走越宽。如今的军营村生产发展、生活富裕、乡风文明、村容整洁、管理民主，已经变身为远近闻名的“生态村”“文明村”，堪称乡村振兴的典范。

点评

军营村是厦门海拔最高最偏僻的山村，习近平同志任厦门市委常委、副市长时，专门到这里工作调研，并因地制宜地提出了“山上戴帽，山下开发”的发展思路，即山上植树造林，山下种果种茶，发展多种经营。正是依照这一思路，军营村走出了一条生态建设与脱贫致富有机结合的绿色发展之路。这一脱贫典型案例说明了这样一个基本道理：脱贫要有好的思路，一个好的脱贫思路指明了一个偏远贫困山村致富发展道路；而好的思路不会从天而降，它只能来自脚踏实地的认真调研，即“放下架子，打掉官气，主动上门”。由此，再往深处思考，好的思路和凡事讲求脚踏实地调研的客观基础，在于党的领导干部要始终将思考的着眼点聚焦于中国社会现实的实践和人民大众的现实生活，始终坚持将人民的利益放在首位的初衷和使命。这些，我们可以从习近平同志当年到军营村调研细节中，得到深刻的体会和领悟。同时，这一脱贫典型案例还告诉人们，只要坚定不移遵循好的脱贫思路，抓住机遇，艰苦创业，注重实效，实现脱贫致富的目标就一定不会是件遥远的事。

5 乡村振兴的领头雁

——尤溪县梅仙镇半山村党支部书记林上斗

“实施乡村振兴战略，村一级基层干部必须勇于担责、善于谋事，当好领头雁。”这是尤溪县梅仙镇半山村党支部书记林上斗说过的话。林上斗，半山村人，1962年出生，1981年秋入伍到原南京军区空军某雷达旅，从士兵做到旅长。2015年3月，林上斗从旅长岗位转业，婉拒了大企业“待遇不变”的橄榄枝，放弃在省城福州的优越生活，经军地有关部门批准后，自愿带着党员组织关系回到生他养他的半山村。当年6月，在村级组织换届中，林上斗当选村党支部书记。在他的带领下，半山村这个昔日的贫困村实现了向省级美丽乡村示范村的蝶变。

发挥党建的引领带动作用

林上斗说：“必须加强党建，发挥村党支部的引领带动作用。”因此，他上任的第一件事就是组建坚强的村党组织，推荐了一批人品端正、才干服众的党员干部充实领导班子。新组建的党支部坚强团结，凝成合力，一心一意谋发展。大小事宜都由村党支部和村民委员会商议后交村民代表会决策施行，让群众由“让我干”变成“我要干”，主动参与家乡建设，极大地激发了他们的主人翁意识，发挥他们建设家园的积极性。通过抓党组织建设，林上斗将半山村党支部由原来的全县软弱涣散状态变成全县先进基层党组织。

强有力的党组织建立起来了，关键是要充分发挥其引领带动作用。

林上斗认为，村干部树起率先垂范、公正坦荡的形象更重要，在乡村建设中，村支书的品行和才能是特别有效的凝聚力。他坚持以身作则，处处身体力行。任村支书以来，林上斗不领村里一分钱工资补贴，不以公权为自家谋私利，村财务所有资金款项来去光明正大。

带领半山村旧貌换新颜

刚上任的林上斗所面对的半山村，基础条件差，村里90%的劳动力外出打工，田地荒芜；环境脏乱，村子附近的5条沟渠都变成了垃圾场；村民观念落后，赌博成风；经济落后，是尤溪县最穷的村子。“没有好环境，怎么谈得上好生活？必须马上整治！”林上斗带领村两委班子下定决心进行环境整治，开展移风易俗活动。

◎半山村旧貌与新颜

林上斗首先治赌，销毁赌具，没收赌资，全部充公。开始村里的人对此并不买账，甚至有人扬言要对林上斗不客气。但他没有退缩，群众也从开始的不理解到渐渐理解进而支持，很快，半山村的赌博现象消失了。治赌的同时，林上斗大力倡导“诚实为人，诚信做事，诚心相待”的“三诚”文化，将公园命名为“三诚

◎林上斗和村民讨论半山村的发展

公园”。组织半山村先后开展半山好人、好婆媳、平安家庭评选活动和以邻里和睦为主题的“半山夜话”，在村里开展家庭和睦、尊长爱幼、邻里互爱等传统美德宣传教育。每年春节，林上斗都率村两委筹划“三天乐”活动，游园、抽奖、体育竞赛、文艺表演……夫妻齐上阵、老幼都登台，乡情加深了，人心更齐了。

在开展移风易俗的同时，林上斗大力整治人居环境，通过召开美丽乡村动员大会和党员村民代表大会30多场，组织播放相关电视录像100多次，并和村两委成员一道挨家挨户给村民发放家园共建倡议书。多管齐下，群众转变了思想观念，自觉拆除旱厕39个、粪厂4个、猪圈18个，砍伐绿竹12万多根，腾出养鸡坪、蔬菜地26块。他和村两委多方筹措资金，在全县率先实现了村道铺设沥青路面，在1.5千米的主道两侧安装了100盏太阳能路灯，强电、弱电管线全部下地，建成“三诚”主题公园、垂钓鱼塘、生态停车场、标准化篮球场等一系列项目，实现全村Wifi和重点路段监控全覆盖。村容村貌发生了翻天覆地的变化。

带领村民共同致富

风气正了，环境美了。如何发展乡村经济，带领村民脱贫致富，是林上斗一直在思考的问题。半山村自然生态环境良好，河岸边和半月岛上保留了众多香樟、榕树、桂树等古树名木，树龄在200年以上的香樟树就有30多棵。半月岛外围的树丛竹林中，吸引了两三千只白鹭、夜鹭、池鹭等在此安家栖息。林上斗聘请闽南师范大学专家团队，立足半山村区位资源优势，实行高起点高定位的规划设计，确定把半山村打造成为“闽中山水养生村”“闽中生态旅游村”。对接县里实施的“我家在景区”活动，开展以“坐竹排，观鹭鸟，环游半月岛，看名木古树”为主线的特色乡村旅游，取得了良好的经济效益和社会效益。近三年来，半山村共接待游客4万余人，旅游业收入达400多万元，农民就业增收的空间得到了拓展，大多数在村劳动力直接或间接参与了旅游业和相关配套产业的工作，许多在外打工的村民也陆续回到家乡就业。竹排船工林上政，曾是村里的贫困户，早年儿子溺水而亡，生活更添艰辛。上了年纪后，到处求工却处处碰壁。自从村里开发旅游产业后，他就在家门口务工，一边当竹排船工，一边当保洁工，如今每个月可以拿到2000多元，日子是越过越好了。

针对半山村村小地少、山多水多的实际情况，林上斗整合集体资源，建立公平高效的经营管理制度。半山村村民以每人交股金200元的形式入股合作社，陆续把耕地、宅基地、林地进行整合，村两委只提出意见，资金管理、运作经营由合作社负责。半山村的生态旅游开发、土地流转利用等项目全部由合作社经营管理，经济效益大大提高。合作社按照“民办、民管、民受益”的原则，已种植150多亩牡丹、20多亩桂树，并开发了全省首批面积最大的270亩绿桐基地。2017年，村里依托合作社，推广种植新品种黄金百香果，由合作社垫付搭架、果苗资金；收成时，由村合作社统一收购，统一使用“半月岛”品牌对外销售。如今，200亩黄金百香果项目在半山村落地，成功销往全国10多个省，百香果成为村民的致富果。

在林上斗的带领下，村民人均纯收入从2014年的7346元增加到2017年的10790元，11户37人实现了脱贫。如今的半山村环境变美丽了，民风更良好了，田地没抛荒了，旅游兴起来了，村民变股民了，钱袋鼓起来了，还先后获得全国首个中华鹭鸟保护地、省级美丽乡村示范村和县级先进党组织等称号。由于林上斗在短短两年多时间里便使半山村发生了翻天覆地的变化，福建省委提出希望半山村能够带动周边村子发展，成立联合党支部，2017年5月，尤溪县建立了通汶联村党总支，以半山村为主导，联合带动通演村、汶潭村发展，林上斗担任联村党总支书记。如今的林上斗正通过更加强大的基层党组织带动更多的乡村实现发展。

点评

村党支部书记作为村两委班子的主心骨、发展经济的领头雁、农民群众的当家人，更是基层党组织发挥领导核心作用的关键。2018年2月，习近平总书记在主持召开打好精准脱贫攻坚战座谈会上指出，要培育懂扶贫、会帮扶、作风硬的扶贫干部队伍。军人出身的林上斗就是这样一位扶贫好干部，他以敢于担当的胆识和情怀、发展乡村经济的能力、服务人民群众的意识，承担起振兴半山村的使命。他的行为印证了这样一个事实，在脱贫攻坚战中，虽然没有枪林弹雨，但同样有冲锋陷阵、奉献牺牲。在具体的扶贫工作中，他通过加强党建，充分发挥党员干部的示范引领作用，建成强有力的村党支部，为后来深入开展扶贫工作提供了坚强的组织后盾；通过治理赌博和人居环境，使半山村的村容村貌发生了翻天覆地的变化；通过因地制宜、找准产业，带领人民群众迈向共同富裕。

攻下一座座贫困堡垒，须要拼尽全力；防止返贫，须要从严从实，对已脱贫人口全面排查、查漏补缺，对不稳定脱贫户、边缘户加强动态监测、及时帮扶；提高脱贫质量，须要下“绣花”功夫，提升产业扶贫和就业扶贫水平，做好易地搬迁群众后续帮扶工作，更好激发贫困群众的内生动力……

在夺取脱贫攻坚战全面胜利的紧要关头，我们需要林上斗这样的典型。正是他在带领半山村村民实现脱贫奔小康的过程中，以实际行动诠释了一个共产党员的初心和使命。

6 书写美丽乡村新篇章

——福建省深入推进农村人居环境综合整治

如今，当你进入闽东山海，各个乡村村容整洁，风景优美，引人入胜。向前推个几十年，却并非如此。“一个土坑两块板，三尺破布围一圈”，“旱厕”遍及农村各个角落，垃圾乱扔、污水横流、臭气熏天等脏乱差问题普遍存在。近年来，宁德市大力实施“一革命四行动”，打出农村人居环境整治组合拳，农村人居环境大为改善，乡村穿上了美丽的新装。

“厕所革命”革出乡村新风貌

2016年，宁德市在全市范围内选择了14个改厕试点和两个改水示范村，采取“市级财政奖励一点、县乡财政投入一点、村民自发筹集一点”的全省首创方式，开展农村旱厕改水冲式卫生厕所改造，同步完成村庄污水处理工作。

霞浦县牙城镇凤门村主村有85户410人，日产生活污水量约13吨，以前旱厕粪便池的污水直接排放到房前屋后的水沟里，天气一热，蚊虫滋生，臭气熏天。2017年初，凤门村启动了改厕改水项目，建设完成了涵盖污水管道、总容量25吨的三格化粪池以及人工湿地的污水处理系统。将每家每户的生活污水、粪水通过污水管道，流至三格化粪池沉降处理，再经过人工湿地处理，达到二级B的分化标准后排放。如今的凤门，村道通畅、屋舍整齐、沟渠清澈，完全换了新模样。

凤门村的改厕改水只是宁德市推进村“厕所革命”的一个缩影。截至2019年，宁德市累计投入资金7.6亿元，完成改厕村庄1802个村，占比84.4%，完成污水治理村庄1785个，占比83.6%，其中兜底解决了3807户贫困农户的户厕改造，惠及农村人口126万人。2019年5月30日，农村人居环境整治暨“厕所革命”现场会在宁德市召开，宁德农村“厕所革命”的显著成效得到了国家认可。

垃圾治理改善乡村环境

在“厕所革命”、污水处理的同时，宁德还全面展开农村垃圾治理，周宁县探索出一套治理有效、可复制的乡村垃圾治理样板。

魏陈祥是周宁县泗桥乡赤岩村的村民，2019年，他领了一个“大奖”，是由村委会颁发的2019年第一季度“最美微花园”奖励。“微花园”是2018年1月赤岩村两委制定的乡村环境治理模式。农村环境整治老大难问题也曾一直困扰赤岩村，村主任周岩育无奈地说：“街边小巷污水横流，村民随意吐痰丢烟头，垃圾扔了劝，劝了扔。家家‘自扫门前雪’就算不错了，有的门前也不扫，垃圾桶就几米远，垃圾都不扔进去。”村两委会想了很多治理办法，例如在宣传栏上贴环保标语，请来保洁员天天打扫，增设垃圾桶等，但是村民随意丢垃圾的习惯不改，垃圾仍是堆积如山。

于是，村两委制定了“微花园”建设模式，对有意愿种花美化的村民进行登记造册，村两委发放花卉种苗，村民自备花盆、地块并负责管理微花园。在村干部的带头作用下，越来越多的村民加入其中。为了进一步提高村民的种植热情，包村干部联合村两委干部不定期回访花园管理情况，每季度开展“最美微花园”评选活动，给予优胜者一定奖励。

如今的赤岩村已经成了一个花开四季的大花园，每家每户都将房前屋后的空地改造成花园绿地，种上五颜六色的花儿，或摆满一盆盆绿植花卉。

微花园的打造，逐步唤醒了赤岩村村民爱护环境的意识。家门口美了，大街小巷的垃圾处理也得跟上。村两委趁热打铁，召开村党员会议、村民代表会议、村民会议，制定了《村规民约》《村民垃圾处理责任》《保洁工作职责》，推行“收起垃圾箱，垃圾不出户”的管理模式，有效提升了村民参与人居环境整治的自觉性、主动性。村里还组建了一支由8名保洁员组成的保洁队伍，实行“户集、村收、村运”模式。每天8时至9时，垃圾车响起铃声，村民们就将自家垃圾倒入垃圾车中。这种集中清运垃圾的方式有效避免了乱堆乱放现象。

周宁县李墩镇东山村一开始就引导村民进行乡村垃圾分类。在东山村可以看到，村民家门口，两个不同颜色的垃圾桶组装在一起，桶上分别写着“湿垃圾”“干垃圾”字样。每天14时后，保洁员叶佛珍等便骑着车上门收集干湿垃圾，同时给每户村民评分，按月评比给予表扬奖励。如今的东山村，村道、巷道洁净如新，花圃、步游道铺设的鹅卵石清新雅致，房前屋后绿树环绕。

2018年，宁德市已经完成632个村庄的垃圾治理，全市2135个行政村新一轮的农村垃圾治理任务已基本完成，实现垃圾治理行政村全覆盖，并且通过试点、推广，全市基本建立起“户分类、村收集、镇（乡）中转、县（市）处理”的垃圾长效处理模式。

保护传统村落，留住乡愁

廉村是首批国家历史文化名村之一，是“开闽第一进士”薛令之的故乡，薛令之官至左补阙兼太子侍讲，为官清廉，唐肃宗为此赐村名为“廉村”，是中国历史上唯一由皇帝敕封以“廉”字命名的村庄。2014

年，廉村被列为福建省重点扶持的名镇名村。在政府的大力支持下，该村从建筑整治修缮、历史环境要素修复、绿化美化提升、设施完善建设等方面入手，逐年分步实施修缮工作。目前，廉村已成为一个集历史文化、廉政文化、民俗文化、爱国主义教育和旅游观光等功能于一体的基地，成为宁德市历史文化保护传承的一个重要窗口。

以廉村为典型，宁德市以保护“乡愁”为核心，以“政府主导，因地制宜，活态传承”为主线，大力推进名镇名村建设。经过十几年来的保护、挖掘、申报，宁德共有中国历史文化名镇名村5镇14村，省级历史文化名镇名村6镇28村，总数全省第一；中国传统村落141个，省级传统村落126个，数量也为全省第一。宁德市还充分利用历史文化名镇名村资源，大力发展旅游业，积极推进古镇古村文化旅游产业融合发展，创建9个国家A级旅游小镇、7个省级旅游村，带动乡村经济发展，助力脱贫攻坚。

点评

脱贫攻坚要落到实处，乡村要振兴，生态宜居是关键。良好的生态环境是农村最大的优势和宝贵财富。推动乡村自然资本加快增值，实现农民富裕、农村美丽的和谐统一，确保脱贫攻坚和乡村振兴战略落地生根，要以改善农村人居环境为突破点。习近平总书记在全国生态环境保护大会上强调，要持续开展农村人居环境整治行动，打造美丽乡村，为老百姓留住鸟语花香的田园风光。当前，福建发展不平衡不充分问题在乡村最为突出，主要表现在农村尤其是贫困村落基础设施和民生领域欠账较多、农村环境和生态问题比较突出、乡村发展整体水平亟待提升等方面。宁德市人居环境治理仅仅是福建省的一个缩影。脱贫攻坚行动中，福建省各地把农村人居环境整治作为实施乡村振兴战略第一线，通过探索和总结，涌现出许多典型做法和案例，有效推进“一革命四行动”。通过政府主导、广泛动员各方力量、优化整合各种资源集中拔寨攻坚，通过实施农村垃圾治理行动，加快生活垃圾有效治理，加快农业废弃物处理利用等措施，加快提升村容村貌，持续改善农村人居环境，建设美丽宜居的社会主义新农村。通过改善农村人居环境，尤其有利于从源头上攻克农村贫困难题。通过改善农村人居环境，吸引更多的工商资本、技术人才参与到乡村振兴之中，促进资金、技术、智力等资源向农村流动。因此，把改善农村人居环境作为实施乡村振兴战略的突破点，改善效果最直观，农民感受最明显。

后记

2020年是决战决胜脱贫攻坚、全面建成小康社会的收官之年。党的十八大以来，以习近平同志为核心的党中央从全面建成小康社会要求出发，把脱贫攻坚摆在治国理政的突出位置，作为实现第一个百年奋斗目标的重点任务，作出一系列安排部署，全面打响脱贫攻坚战。脱贫攻坚力度之大、规模之广、影响之深，前所未有，取得了巨大成就，历史性地解决了中华民族千百年来的绝对贫困问题，实现富起来的飞跃。

在脱贫奔小康的过程中，福建的经验极为典型。习近平同志的第一本著述《摆脱贫困》，就是基于福建宁德地区的脱贫实践而写的。2016年，中共福建省委宣传部承担中央马克思主义理论研究和建设工程课题“福建省精准扶贫、精准脱贫实践研究”并通过结项。2020年是脱贫奔小康的收官之年。因此，坚持以习近平新时代中国特色社会主义思想为指导，在承担中央马克思主义理论研究和建设工程课题的基础上，编写一本全面反映福建摆脱贫困的做法和经验以及福建奋斗在脱贫第一线干部奉献精神的图书极富现实意义。

本书编写工作是在中共福建省委宣传部的领导下，由福建省中国特色社会主义理论体系研究中心牵头，福建社会科学院中国特色社会主义理论体系研究中心具体组织实施。黎昕任主编，参加编写的有张文彪、许维勤、曲鸿亮、周道华、张锦周、谭敏、耿羽、鄢木秀、黄太勇。

为提升本书编写水平和质量，我们还专门邀请中央党校（国家行政学院）、中国社会科学院的专家和福建从事扶贫工作的部门和理论工作者进行审读，参加审读的领导和专家学者有：中共中央党校龚维斌，中国社会科学院陈光金、张翼、王春光、刁鹏飞，中央宣传部理论局侯军，中共福建省委政策研究室谭亚川，中央马克思主义理论研究和建设工程首席专家郑传芳，福建省农业农村厅潘良镇，福建师范大学张华荣，福建农林大学戴永务等。各位领导和专家学者从不同的角度提出了宝贵意见，对完善图书内容、提升图书质量大有裨益。

福建省委宣传部，各设区市委宣传部，省扶贫办，省扶贫基金会、省扶贫开发协会，省政协农业和农村委员会等对本书的编写给予了精心指导和大力支持。在编写过程中，我们参考和援引了《人民日报》、新华社、《光明日报》、《福建日报》和相关省区市、设区市（州）媒体的通讯、报道，国务院扶贫办和人民网、相关省区市、市（州）、县政府网站及相关单位网站的有关资料，在此表示衷心感谢！

编　者

2020年12月

图书在版编目（CIP）数据

脱贫奔小康的福建经验 / 福建省中国特色社会主义理论体系研究中心编. --福州：福建人民出版社，2020.12
ISBN 978-7-211-08514-9

Ⅰ. ①脱… Ⅱ. ①福… Ⅲ. ①扶贫－经验－福建
Ⅳ. ①F127.57

中国版本图书馆CIP数据核字(2020)第171206号

脱贫奔小康的福建经验
TUOPIN BENXIAOKANG DE FUJIAN JINGYAN

作　　者：福建省中国特色社会主义理论体系研究中心
责任编辑：何水儿
出版发行：福建人民出版社　　电　　话：0591-87604366(发行部)
网　　址：http://www.fjpph.com　　电子邮箱：fjpph7211@126.com
地　　址：福州市东水路76号　　邮　　编：350001
经　　销：福建新华发行（集团）有限责任公司
印　　刷：福州德安彩色印刷有限公司
地　　址：福州市金山浦上工业区B区42幢
开　　本：787毫米×1092毫米　1/16
印　　张：25.75
字　　数：346千字
版　　次：2020年12月第1版　　印　　次：2020年12月第1次印刷
书　　号：ISBN 978-7-211-08514-9
定　　价：80.00元